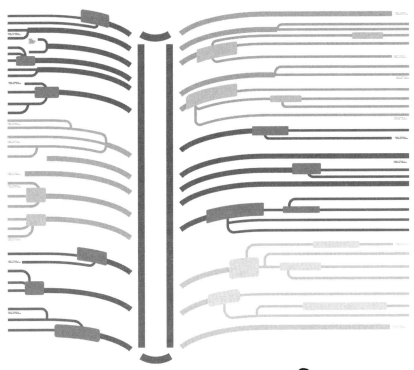

大夏书系 | 阅读教育

特级教师思维导图名著领读

吴再柱 / 著

华东师范大学出版社
·上海·

目 录
CONTENTS

001　序

001　《朝花夕拾》领读
001　　一、《小引》里透露了哪些信息
003　　二、《朝花夕拾》与作者生平有何关联
011　　三、《朝花夕拾》拾起了哪些"花"

017　《西游记》领读
017　　一、玄奘西天取经
018　　二、《西游记》主要内容简介
019　　三、齐天大圣传
020　　四、唐僧奉旨取经
022　　五、八十一难
031　　六、人物形象

038　《骆驼祥子》领读
038　　一、祥子的沦落史
044　　二、祥子的身边人
051　　三、祥子的不幸根源

- 058 《海底两万里》领读
  - 058 一、作品常识
  - 060 二、惊险时刻
  - 062 三、尼摩船长

- 072 《红星照耀中国》领读
  - 072 一、序言与目录
  - 074 二、篇目与内容
  - 080 三、问题与人物
  - 084 四、立场与情感

- 092 《昆虫记》领读
  - 092 一、作者作品
  - 094 二、单篇阅读
  - 106 三、语言品味

- 113 《经典常谈》领读
  - 113 一、见森林：整体感知
  - 114 二、见树木：单篇导图
  - 122 三、见文化：经典列举
  - 129 四、见情怀：技法略谈
  - 131 五、见智慧：思想探微

138 《钢铁是怎样炼成的》领读
138   一、保尔的成长史
146   二、保尔的多维度
151   三、保尔的身边人

163 《艾青诗选》领读
163   一、订好计划
164   二、知人论世
172   三、揣摩意象
174   四、品味语言

182 《水浒传》领读
183   一、"逼上梁山"与"某十回"
187   二、"官逼民反"与"替天行道"
188   三、逼上梁山的好汉们

211 《儒林外史》领读
211   一、内容简介
229   二、走近代表性人物

250　《简·爱》领读
　　250　　一、童年：从倔强与仇恨到同情与善良
　　254　　二、情感：从相恋相爱到决意离开
　　263　　三、归途：从拥抱亲情到回归爱情

270　《红岩》领读
　　270　　一、整体感知
　　271　　二、书名含义
　　274　　三、情节梳理
　　276　　四、方法点拨
　　277　　五、人物名片
　　278　　六、片段赏析

285　《唐诗三百首》领读
　　285　　一、作者作品
　　286　　二、编排体例
　　286　　三、单篇吟诵
　　295　　四、寻踪阅读——坐观垂钓者：孟浩然诗选读
　　302　　五、宏观梳理

序

"名著阅读"作为当下语文教育领域的热门话题，其重要性在《义务教育语文课程标准（2022年版）》中得到进一步强调。该版课标将"整本书阅读"视为一种关键的拓展型学习任务群，提出"综合运用多种方法阅读整本书""提高整体认知能力，丰富精神世界"，在第四学段（7—9年级）的课程目标中要求"感受经典名著的艺术魅力，丰富自己的精神世界"。这一改革不仅彰显了国家对名著阅读的深切关注，而且为广大学生提供了更为广阔的学习舞台和更为丰富的阅读体验。

然而，名著阅读对于许多学生而言，常常被视为一项艰巨的任务。他们往往觉得名著是难以消化的"大部头"，一些作品文字晦涩难懂，人物关系错综复杂，主题思想深奥多元。尤其是在课业负担沉重的时候，名著阅读更是一个不小的挑战。与此同时，名著阅读在中考语文试题中所占的分值却在逐年攀升，这无疑对学生的阅读能力和文学素养提出了更高的要求。

为了应对这些挑战，我们需要积极探索更为有效的阅读策略。其中，以思维导图的形式打开名著，便是一种值得尝试的方法。思维导图能够以一种直观、清晰的方式展现名著中的人物关系、情节发展和主题思想，可帮助读者快速抓住故事的核心要素，深入理解作者的写作意图和作品所传达的价值观。这种可视化的学习方式不仅能够提升读者的阅读兴趣，还能够培养读者的批判性思维和创新能力。

2023年，笔者有幸受邀以视频课的方式主讲初中必读名著。在准备过程中，笔者深入研读了《朝花夕拾》《西游记》等12部必读名著，并撰写了名著领读讲义。为了帮助学生更好地理解和记忆名著内容，笔者设计了直观的思维导图，并在名著领读过程中加以展示。同时，笔者精选了近年来全国各地的中考语文真题作为范本，以便读者能够更直观地了解名著阅读在考试中的应用。

2024年秋季义务教育语文教材改版，《红岩》《唐诗三百首》两部经典作品被纳入必读书目。因此，在本书中，笔者共领读了14部名著，涉及古今中外多个领域的经典之作。在领读过程中，笔者始终坚持以思维导图为辅助工具，引导读者逐步深入名著的世界，感受文学的魅力。

尽管笔者在本书的撰写过程中付出了诸多努力，但由于时间仓促和个人学养的限制，书中难免存在不妥之处。同时，选用的中考真题主要通过网络获得，对于命题者和提供资源者，笔者在此表示深深的敬意和感谢。对于书中可能出现的年份、地域等信息上的出入，也敬请读者谅解和指正。

愿此书能够成为广大中学生名著阅读路上的良师益友，陪伴读者共同成长。

吴再柱

2024年11月24日于武汉

《朝花夕拾》领读

一、《小引》里透露了哪些信息

想要读好《朝花夕拾》,有一个好办法,那就是从《小引》着手。《小引》向我们透露了哪些信息呢?这个问题,笔者想从三个方面来谈。

1. 作者心境

《小引》的开篇这样写道:"我常想在纷扰中寻出一点闲静来,然而委实不容易。目前是这么离奇,心里是这么芜杂。一个人做到只剩了回忆的时候,生涯大概总要算是无聊了罢,但有时竟会连回忆也没有。"

其中的"纷扰""芜杂""无聊"是三个关键词。作者还说,创作这一组文章,是"虽生之日,犹死之年",由此可见作者当时的处境是非常艰难、非常窘迫的。

为什么会这样呢?我们可以从《小引》最后一段中看到一些端倪。其实,这也交代了《朝花夕拾》的篇目以及创作背景。

2. 创作背景

作者在《小引》的最后一段里说,《朝花夕拾》的十篇文章的写作"环境也不一":"前两篇写于北京寓所的东壁下;中三篇是流离中所作,地方是医院和木匠房;后五篇却在厦门大学的图书馆的楼上,已经是被学者们挤出集团之后了。"这是什么情况呢?

这里先得了解一个重大的历史事件:"三一八"惨案。

1926年3月12日,冯玉祥的国民军与奉系军阀(张作霖的军阀)作战期间,日本军舰掩护奉军军舰驶进天津大沽口,炮击国民军,守军死伤十余名。国民军坚决还击,将日舰驱逐出大沽口。日本联合英美等八国于16日向段祺瑞执政府发出最后通牒,提出撤除大沽口防御设施的无理要求。

3月18日,北京群众5000多人,在天安门广场举行"反对八国最后通牒国民大会"。段祺瑞政府竟下令开枪,打死47人,伤200余人,李大钊在斗争中负伤。北京女子师范大学学生、北京学生运动领袖之一刘和珍,在"三一八"惨案中遇害,年仅22岁。

"三一八"惨案后,鲁迅先生接连写了七篇檄文。其中《记念刘和珍君》,追忆这位"始终微笑的和蔼的"学生,痛悼"为了中国而死的中国的青年",愤怒声讨反动政府的无耻行径。

鲁迅先生在"三一八"惨案后,遭到反动政府的通缉,不得不过起颠沛流离的生活,曾经先后避居山本医院、德国医院等处。尽管生活艰苦,他还是写了不少散文诗和《〈二十四孝图〉》《五猖会》《无常》三篇散文。这便是"流离中所作"的"中三篇"。而"写于北京寓所的东壁下"的两篇,是作者在"三一八"惨案发生之前,在北京寓所创作的《狗·猫·鼠》《阿长与〈山海经〉》。

1926年9月,鲁迅先生接受了厦门大学的聘请,南下教书。在繁忙的教学之余,鲁迅先生在厦门大学的图书馆楼上写了很多作品,其中就包括《从百草园到三味书屋》《父亲的病》《琐记》《藤野先生》《范爱农》五篇散文。

在北京创作的五篇,加上在厦门创作的五篇,构成了《朝花夕拾》的主要部分。再加上在广州所写的《小引》和《后记》,便成为《朝花夕拾》的全部。其创作城市和时间如下。

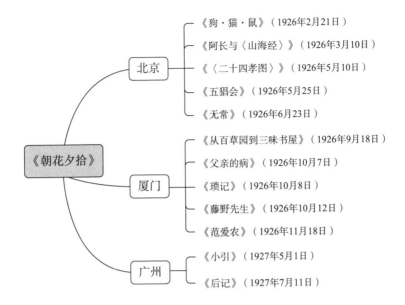

3. 书名由来

《小引》中说:"这回便轮到陆续载在《莽原》上的《旧事重提》,我还替他改了一个名称:《朝花夕拾》。"这便是书名的由来。既然无法"带露折花",便只有"朝花夕拾"了。

"朝花夕拾"有什么好处呢?"他们也许要哄骗我一生,使我时时反顾。"通俗地说,"朝花夕拾"可以存留儿时的记忆,可以缓解思乡之情,还可以慰藉现实的窘迫。

从《朝花夕拾》这个书名出发,我们也许会认为该书写的都是作者的童年往事。其实并非如此,这一点我们可以从下文中作深入了解。

二、《朝花夕拾》与作者生平有何关联

《朝花夕拾》的内容与作者生平有何关联?或者说,了解作者生平,对阅读理解《朝花夕拾》有何好处呢?

这里简要梳理如下。

鲁迅(1881年9月25日—1936年10月19日),原名周樟寿,浙江省

绍兴府会稽县人。父亲周伯宜，秀才出身，但乡试屡考未中；母亲鲁瑞，是一名家庭主妇。

1888年，7岁的周樟寿开始在家接受启蒙教育，读《鉴略》。《五猖会》里写的，就是他当时发生的一些事情。

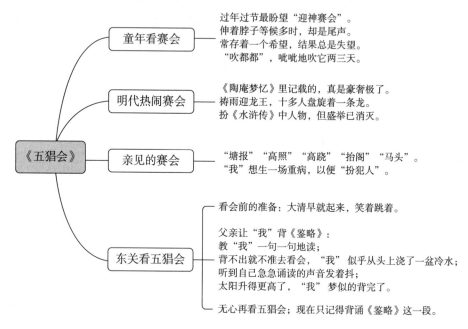

《五猖会》先写童年看赛会，然后写《陶庵梦忆》里的热闹赛会，接着写自己见过的比较隆盛的赛会，之后转写父亲要求"我"背书。"我"失望、郁闷至极，但最后终于背书成功，得以去看五猖会……文章委婉地谴责了封建强权教育对孩子天性的扼杀。

1892年，周樟寿就读于绍兴寿镜吾开设的私塾三味书屋。在三味书屋里，他一直读到17岁。《从百草园到三味书屋》《阿长与〈山海经〉》等文章都与这段读书生活密切相关。

《从百草园到三味书屋》写的是作者的童年往事。此时的周樟寿，是一个在百草园短短的泥墙根那一带找寻到无限乐趣，进入三味书屋也能沉迷后花园或者课上悄悄描绣像的小顽童。

作者写百草园，描绘了一个快乐的儿童乐园，其间穿插了"美女蛇"的传说和冬天雪地捕鸟的故事，可谓趣味无穷。三味书屋则是一个"全城中称为最严厉的书塾"。但作者通过课间学生溜到后园嬉耍、老私塾先生在课堂上入神读书、学生乘机偷乐两个小故事的叙述，使三味书屋充满了谐趣，表现了儿童不可压抑的快乐天性。

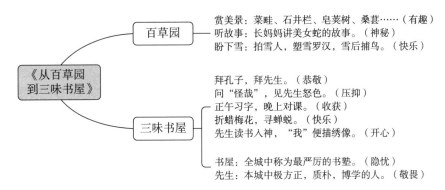

《阿长与〈山海经〉》记述了作者儿时与阿长相处的情景，描写了长妈妈善良、朴实而又迷信、爱唠叨、"满肚子是麻烦的礼节"的特点。对她寻购赠送自己渴求已久的绘图《山海经》之事，作者充满了尊敬和感激，表达了对这位劳动妇女的真诚的悼念以及对年幼无知的时光的深切怀念。

该文语言平实形象，处处流露着真情，在丝毫不造作的叙述中，将读者带入鲁迅儿时的世界中，令人觉得特别可亲。

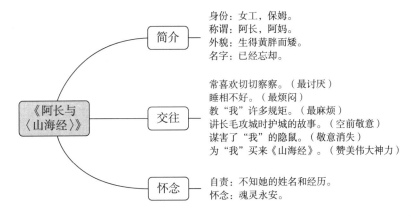

1893年，祖父周福清因为科举舞弊案而被革职下狱。入狱八年，周家每年必须花费大笔资金，使周福清得以活命，因此事家道开始衰落。

1896 年，作者 15 岁时，父亲周伯宜去世，家道更加艰难。周伯宜本名凤仪，秀才出身，因屡应乡试未中，一直闲居在家。祖父科举舞弊案案发后，父亲被革去秀才身份，十分伤感。父亲常借酒消愁，后为病魔所缠，又为庸医所误，死时年仅 36 岁。父亲的病故让鲁迅对中医产生了严重怀疑，也便有了《父亲的病》一文。

《父亲的病》一文里的两个"名医"（一个未点名，一个名曰陈莲河）所开药方的药引一个比一个独特。作者用讽刺的笔调，表现了某些中医的故作高深。父亲的病一步步恶化，庸医相继借故辞去。本文表达了作者对庸医误人、故弄玄虚、勒索钱财、草菅人命的深切痛恨。这大概是作者后来到日本去学习"新的医学"的主要原因之一。

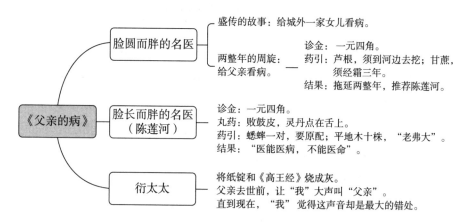

1898 年，作者 17 岁，离开家乡的三味书屋，进入金陵的新式学堂江南水师学堂，改名为周树人。1899 年，转入江南陆师学堂附设矿路学堂。

《琐记》主要讲述了作者为了追求新知识，冲破封建束缚，离开绍兴去南京求学的经历。文章回忆了衍太太的虚伪，批评了洋务派办学的弊端，记述了接触进化论的兴奋心情，并简要叙述了到日本留学前夕的琐碎事情，反映了当时社会的教育状况和封建思想的束缚。

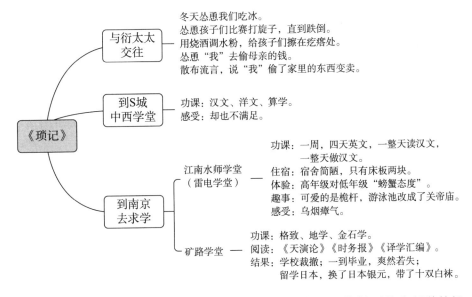

作者在南京矿路学堂期间成绩优异,使他在毕业后获得了公费留学的机会。《藤野先生》一文具体记述了作者的这段求学经历和心路历程。

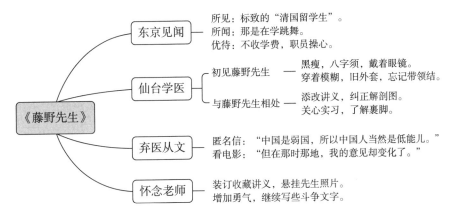

1902年3月,21岁的周树人离别祖国,到日本留学。1904年8月进入仙台医学专门学校学医。他想用医学"救活像我父亲似的被误的病人的疾苦,战争时候便去当军医",为反压迫、反侵略的斗争出力;还想以医学为宣传新思想的工具,启发人们社会改革的信仰,达到改造国家的目的。

《藤野先生》记叙了作者从东京到仙台学医的几个生活片段。其中有

"清国留学生"的生活状况,有由东京到仙台的旅途回忆,有在仙台的食住情况,也有受到具有狭隘民族观念的日本学生排斥的情景,还有看电影受到的强烈刺激,重点记述了藤野先生的可贵品质。

残酷的现实,使作者终于认识到"医学并非一件紧要事",重要的是改变人们的精神,于是1906年秋便弃医从文,离开仙台去东京,决定用文学唤醒人民,使祖国富强起来。

1909年,作者从日本归国,先后在杭州浙江两级师范学堂和绍兴府中学堂任教员,在绍兴山会初级师范学堂任校长。这个时期,是作者内心极其苦闷的时期。

1911年的辛亥革命曾一度让作者满怀振奋与希望,然而,紧随其后的却是袁世凯称帝、张勋复辟等一系列令人震惊的历史丑剧接连上演。这些事件让作者深刻意识到,辛亥革命并未能真正改变中国沉滞落后的现状。社会的动荡不安、民族的深重灾难,以及个人婚姻生活的不尽如人意,都如同沉重的枷锁,让作者深感苦闷与压抑。

1912年,作者受蔡元培之邀,到中华民国临时政府教育部工作。袁世凯做大总统后,作者随政府搬到北京,历任教育部社会教育司第一科科长、教育部佥事。后来受钱玄同影响,重新投身新文化运动,并兼任北京女子高等师范学校教授和北京大学兼职讲师。直到1925年,被教育部总长章士钊非法免职。

《范爱农》一文,追叙了作者在日留学时和回国后与范爱农接触的几个生活片段,描述了范爱农在革命前不满黑暗社会、追求革命,辛亥革命后又备受打击和迫害的遭遇。范爱农是一个孤傲、正直、倔强、追求革命的爱国者,但在封建社会与旧势力面前,他无法立足,最终失足溺亡。

该文通过范爱农的悲剧遭遇,揭露了封建社会对正直爱国的知识分子的摧残,同时批判了辛亥革命的不彻底性。作者在文中表达了对旧民主主义革命的失望,以及对范爱农这位正直倔强的爱国者的同情和悼念。

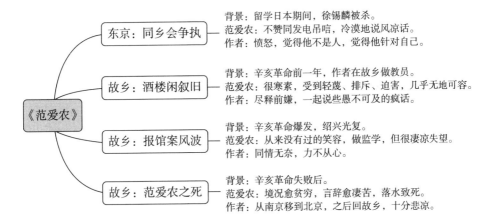

1918年,作者37岁,首次以"鲁迅"为笔名,在杂志《新青年》上发表中国现代文学史上第一篇用现代体式创作的短篇白话文小说《狂人日记》。1921年12月,他还生动地塑造了阿Q形象,发表中篇小说《阿Q正传》。

这里,有一人不得不提出来。他就是陈西滢(1896—1970年),江苏无锡人,现代评论派主要成员,曾长期与鲁迅论战,是鲁迅的"铁杆反对派"之一。陈西滢曾在自己的专栏《闲话》中说自己的家乡无锡是中国的"模范县";曾在《致志摩》中攻击鲁迅"有他们贵乡绍兴的刑名师爷的脾气""他没有一篇文章里不放几支冷箭"等;1925年支持当局压迫北京女师大学生和教育界进步人士而组织"教育界公理维持会"。因而,鲁迅在《无常》《二十四孝图》和《狗·猫·鼠》里,便讽刺陈西滢等所谓的"绅士们""文士们""教授们""正人君子们"。

先说《无常》。该文主要描述了鲁迅儿时在乡间迎神会和戏剧舞台上所见的"无常"形象。无常是一个浑身雪白、粉面朱唇、活泼而滑稽的鬼,手持破芭蕉扇和铁索,性格爽直公正,深受民众喜爱。文章通过无常这个"鬼"和现实中的"人"的对比,揭示了人间社会的不公和缺乏公正裁判的现象,并对打着"公理""正义"旗号的"正人君子"进行了辛辣的嘲讽。同时,作者也表达了对无常的敬佩和赞美之情,无常成为民众对于公正裁判的一种寄托和追求。

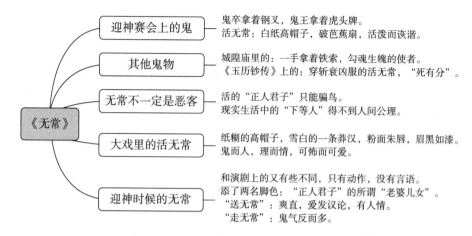

再说《〈二十四孝图〉》。作者记述儿时阅读《〈二十四孝图〉》的感受，揭示封建孝道的虚伪和残酷。作品着重分析了"卧冰求鲤""老莱娱亲""郭巨埋儿"等孝道故事，批判了封建孝道不顾儿童性命，将"肉麻当作有趣""以不情为伦纪，诬蔑了古人，教坏了后人"的本质。作品对当时反对白话文、提倡复古的倾向予以了尖锐的抨击。

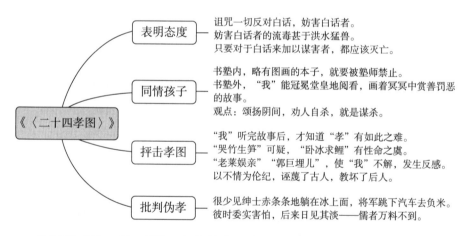

最后说《狗·猫·鼠》。文章首先回击了"现代评论派"对作者"仇猫"的诬蔑，揭露了他们卑劣的手段，然后说明自己"仇猫"的近因，刻画出"猫"的主要特征，再对童年进行追叙，交代了"仇猫"的远因。作者表面上说讨厌猫，实际上鞭挞了具有与猫类似习性的一类人，如当时社会上的一些"正人君子"、军阀统治者的帮凶。

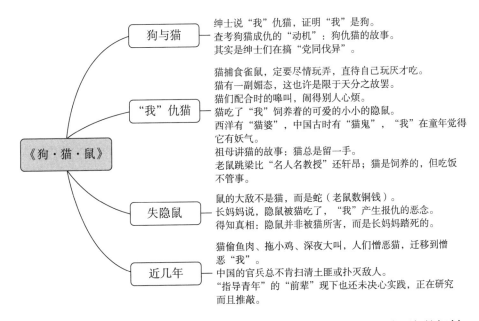

鲁迅先生在1926—1936年经历了从北京到厦门、广州再到上海的辗转。期间积极参与爱国运动，进行文学创作与翻译，最终于1936年在上海逝世。

以上简要梳理了鲁迅先生的一生，这也是《朝花夕拾》一书创作的前前后后。

三、《朝花夕拾》拾起了哪些"花"

《朝花夕拾》是鲁迅先生唯一的一部回忆性的散文集，原名《旧事重提》，后来改为《朝花夕拾》。作品的前七篇，反映了作者童年时代在绍兴的家庭和私塾中的生活情景，后三篇叙述他从家乡到南京，又到日本留学，然后回国教书的经历。

作品揭露了半封建半殖民地社会种种丑恶的不合理现象，展现了作者作为有抱负的青年知识分子，在旧中国茫茫黑夜中，不畏艰险、寻找光明的艰难历程，抒发了作者对往日亲友、师长的深切怀念之情。

这里，既有严厉而慈爱、被庸医误诊而死的父亲，又有既愚昧迂腐而又善良热心的保姆阿长；既有方正、质朴、博学、严而不厉的寿镜吾先生，又有毫无民族偏见、教书严谨认真的藤野先生;既有多嘴多舌、自私自利的衍太太,又有孤傲、正直、倔强、觉醒的知识分子范爱农;等等。

钱理群、温儒敏、吴福辉等学者在《中国现代文学三十年》中这样评价《朝花夕拾》:"是作者与读者的精神对话:作者掏出心来,真诚地袒露自己生活与内心的秘密、真实的欢乐与痛苦,希望引起读者(听众)的共鸣、联想、议论与诘难,达到精神的互补……""充满了个体生命的童年时代与人类文化发展的童年(原始)时代所特有的天真之气。这里展现的是一个'人间爱者'对于人类生存的基本命题'爱'与'死'的童年体验的追记与成年的思考。"

今天,让我们也"掏出心来",做一个"人间爱者"吧!热爱生命,热爱生活,热爱家人,热爱学习,热爱工作,热爱祖国。这样,当我们在某一天也"朝花夕拾"的时候,便能够如冰心先生所说的那样:"愿你生命中有够多的云翳,来造成一个美丽的黄昏。"

考题集锦①

1.《朝花夕拾》是鲁迅所写的_____,原名《_____》。读《朝花夕拾》,我认识了严谨治学的老师_____;读《朝花夕拾》,我走进了鲁迅先生童年生活过的百草园和_____;读《朝花夕拾》,我从阿长身上感受到了_____的好品质。

◎ 参考答案
回忆散文集;旧事重提;藤野先生;三味书屋;善良。

2. 阅读文段,回答问题。
第二天爱农就上城来,戴着农夫常用的毡帽,那笑容是从来没有见过的。
"老迅,我们今天不喝酒了。我要去看看光复的绍兴。我们同去。"

---

① 全书"考题集锦"中的考题多数搜集自互联网,有部分修改,主要是格式、语法方面的调整。

（1）这两句分别用了什么描写手法?

（2）对刻画范爱农这一人物形象有何作用?

◎ 参考答案

（1）外貌描写（或神态描写）、语言描写。

（2）表现了辛亥革命后的范爱农心情愉快的一面，刻画了范爱农在革命前不满黑暗社会、追求革命的特点。

3. 请概括《五猖会》的主要思想内容。

◎ 参考答案

《五猖会》记述了作者儿时盼望观看迎神赛会的急切、兴奋的心情，和被父亲强迫背诵《鉴略》的扫兴而痛苦的感受。指出强制的封建教育对儿童的伤害，批判了封建思想习俗的不合理。

4.【2023·齐齐哈尔市中考题】阅读下面文字，回答问题。

但前回的名医的脸是圆而胖的，他却长而胖了：这一点颇不同。……他一张药方上，总兼有一种特别的丸散和一种奇特的药引。

（1）文中的"他"指的是＿＿＿＿＿＿＿＿＿＿＿＿，这种"奇特的药引"是＿＿＿＿＿＿＿＿＿＿＿＿＿＿。

（2）《朝花夕拾》中《父亲的病》和《藤野先生》两文分别写到了"庸医害人"和"看电影事件"，这两个事件触发了鲁迅怎样的思想变化？

◎ 参考答案

（1）陈莲河；一对蟋蟀。

（2）庸医害人，鲁迅希望"救治像我父亲似的被误的病人的疾苦，战争时候便去当军医，一面又促进了国人对于维新的信仰。"鲁迅毅然到日本学医，想学医救国。看电影事件使他深刻认识到国民的麻木，于是决定弃医从文。

5. 作者在批判、讽刺封建旧制度、旧道德时，多用_____手法。表面上很冷静地叙述事件的始末，其实是反话正说，在叙述中暗含着"言在此而意在彼"的巧妙讽刺。如在《父亲的病》中，对庸医的行医过程细细道来，没有正面指责与讽刺，但字里行间处处蕴含着作者激愤的批判和讽刺。

◎ 参考答案

反讽。

6. 作者在散文中常用对比手法。如《五猖会》通过"我"前后心境的对比，表达了对封建社会的反感和批判；《无常》通过无常这个"鬼"和现实中的"人"对比，深刻地刻画出了现实生活中某些"人格"不如"_____"的人的丑恶面目；《狗·猫·鼠》中，作者对_____的爱和对猫的强烈憎恨形成了鲜明的对比。

◎ 参考答案

鬼格；小隐鼠。

7.【2022·重庆市中考A卷题】根据《朝花夕拾》的相关内容按要求答题。

（1）鲁迅写人常用白描，寥寥几笔，人物形象就跃然纸上。请根据书中两处白描填出对应的人名。

①但前回的名医的脸是圆而胖的，他却长而胖了：这一点颇不同。（　　　）

②这是一个高大身材，长头发，眼球白多黑少的人，看人总像在藐视。
（　　　）

（2）不少读者运用短语来表达对《朝花夕拾》全书的理解，如"慈爱与悲怆""温馨的回忆与理性的批判"等。请另用一个短语表达你的理解，并简述这样表达的理由。

短语：_____

理由：_____

◎ 参考答案

（1）①陈莲河；②范爱农。

（2）示例1：童年的记忆与成长的省思。《朝花夕拾》是鲁迅先生回忆童年、少年和青年时期不同生活经历与体验的散文集。书中充满了对童年生活的温馨回忆，如《从百草园到三味书屋》中描述的百草园生活，充满了童趣和欢乐；同时，也包含了对封建教育制度和封建家长制的批判，如《五猖会》中对父亲强迫背诵《鉴略》的无奈和不满。这些回忆与批判相互交织，共同构成了鲁迅先生对过去生活的深刻省思。此外，书中的许多篇章展现了鲁迅先生在成长过程中的思考和感悟，如《父亲的病》中对传统医学的反思，《琐记》中对求学经历的回顾等。这些内容不仅呈现了鲁迅先生的个人成长历程，也折射出当时社会的种种问题和矛盾。

示例2：迷茫与笃定。鲁迅在人生道路上经历了由迷茫至笃定的转变。起初，他对于未来的人生方向并未有明确的规划，后因父亲不幸离世，他萌生了学医的念头。然而，在日本学医的过程中，遭遇了匿名信的侮辱，感受到在电影院目睹同胞麻木不仁的刺痛，这些经历促使他深刻反思，并最终毅然决然地放弃了医学，转而投身于文学创作。

8.【2022·宜宾市中考题】 鲁迅《朝花夕拾》书名中"朝花"和"夕拾"即提示了本书编选文章的文体、内容及整体上的写作价值，请任举其中一篇予以简析。

◎ 参考答案

示例1：《朝花夕拾》是鲁迅先生的一部回忆性散文集，其中"朝花"代表着早年时候的美好记忆，而"夕拾"则意味着在晚年时期对这些记忆的重新拾起和回忆。以其中的《藤野先生》为例，这篇文章记叙了鲁迅先生从东京到仙台学医的几个生活片段，包括在仙台的食住情况、受到日本具有狭隘民族观念学生的排斥，以及重点记叙的藤野先生的可贵品质等。文章以回忆的口吻，生动展现了鲁迅先生早年的求学经历和他与藤野先生之间的深厚情谊。

从文体上看，《藤野先生》是一篇典型的回忆散文，具有真挚的情感和生动的叙述特点。从内容上看，它反映了鲁迅早年的求学生涯和对恩师的深切怀念。而从写作价值上看，这篇文章不仅展现了鲁迅个人的成长历程和思想变化，更通过对藤野先生的描写，表达了对师生情谊的珍视和对知识的渴求。同时，文章也隐含了鲁迅对当时社会现实的深刻反思和对未来的期望。

示例2：《从百草园到三味书屋》这篇文章，从书名中的"朝花"角度来看，可以看作鲁迅先生对童年时期在百草园度过的无忧无虑、充满乐趣的时光的回忆，那些时光如同早晨绽放的花朵一般美好而珍贵；而从"夕拾"的角度来看，是他晚年时重拾这段记忆，将其记录下来。

在文体上，这是一篇回忆性散文，语言生动流畅，充满了童趣。内容上，文章详细描述了百草园里的种种景物和趣事，以及后来到三味书屋学习的经历，展现了儿童热爱自然、追求自由快乐的天性，也反映了封建教育对儿童天性的束缚。在写作价值上，这篇文章不仅让我们感受到了鲁迅先生的童真童趣，也引发了我们对教育方式的思考，具有深远的意义。

《西游记》领读

一、玄奘西天取经

《西游记》中描绘的唐僧前往西天取经的传奇故事，在历史上是有真实原型的。那是在唐太宗贞观元年，即627年，一位年仅27岁的年轻和尚，名叫玄奘，出于对佛法的执着追求和对知识根源的探索，毅然决定踏上前往天竺（今印度）的求学之旅。他冒着巨大的风险，秘密穿越国境，独自一人踏上了这段充满未知的旅程。

玄奘从长安出发，穿越了中亚的广袤土地，经过今天的阿富汗和巴基斯坦，一路上历经重重困难与艰险。他凭借着坚定的信念和顽强的毅力，最终成功抵达印度。在那里，他潜心学习了两年多，并在一次盛大的佛教经学辩论会上担任主讲，以其渊博的学识和独到的见解赢得了广泛的赞誉。

645年，即贞观十九年，玄奘满载而归，回到了长安。他此行共带回佛经657部，这一壮举在当时引起了极大的轰动。后来，玄奘亲自口述其西行途中的所见所闻，由其弟子辩机整理成《大唐西域记》一书，共计12卷。然而，该书的主要内容侧重于描述沿途各国的历史、地理及交通状况，并未包含太多引人入胜的故事情节。

直到玄奘的另外两位弟子慧立和彦悰撰写的《大慈恩寺三藏法师传》问世，玄奘的取经经历才被赋予了更多的神话色彩。从此，唐僧取经的故事开始在民间广泛流传开来。到了南宋时期，出现了《大唐三藏取经诗话》;金代院本中则有《唐三藏》《蟠桃会》等剧目;元代杂剧更是涌现了吴昌龄的《唐三藏西天取经》、无名氏的《二郎神锁齐天大圣》等多部作品。这些作品都为后来《西游记》的创作提供了丰富的素材和灵感。吴承恩正是在此基础上,经过不懈的努力和再创造,最终完成了这部伟大的文学巨著。

二、《西游记》主要内容简介

《西游记》全书100回,大致分三部分。

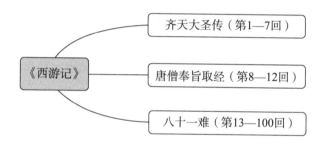

第一部分齐天大圣传:在前七回中,故事以石产仙猴为开端,描绘了孙悟空的非凡出身。他不仅在龙宫中大闹一场,夺取了定海神针,还在地府中掀起风波,勾销了生死簿。最终,他更是直冲凌霄宝殿,大闹天宫。

第二部分唐僧奉旨取经:从第8回至第12回,故事转向取经的缘起和取经团队的形成。如来说法,观音菩萨开始寻找取经人,唐僧的出世为取经团队增添了核心人物。这一部分还介绍了取经团队中其他四名成员,为接下来的取经之路做好了铺垫。

第三部分八十一难:从第13回到第100回,故事进入了西天取经的艰难历程。孙悟空被迫皈依佛教,成为唐僧的护法弟子。在猪八戒和沙僧的协助下,他们一路斩妖除怪,历经九九八十一难,共41个故事。最终,他们成功到达西天,取得了真经,修成了正果。

三、齐天大圣传

在吴承恩笔下，世界分为四大洲：东胜神洲、南瞻部洲、西牛贺洲、北俱芦洲。孙悟空的故事从东胜神洲开始。

地点	事件	称谓	命名人
东胜神洲·花果山	一块仙石，内有仙胞，一日迸裂，产一石卵。因见风，化作一石猴。	石猴	
东胜神洲·花果山	他瞑目蹲身，将身一纵，径跳入瀑布泉中。"花果山福地，水帘洞洞天。"	千岁大王美猴王	众猴
南瞻部洲·灵台方寸山、斜月三星洞	拜菩提祖师学道：长生之道、七十二变、筋斗云。	孙悟空	菩提祖师
东海龙宫	大闹东海龙宫，得四件宝贝：藕丝步云履、锁子黄金甲、凤翅紫云冠、如意金箍棒。		
幽冥界	悟空拿过簿子，把猴属之类，但有名者，一概勾之。太白金星奉旨招安。	弼马温	玉帝
东胜神洲·花果山	鬼王投奔称庆。战败巨灵神、哪吒。太白金星二次招安。	齐天大圣	鬼王、玉帝
天界、东胜神洲·花果山	偷吃蟠桃，偷吃佳酿，偷吃仙丹；打退哪吒，战败五个天王，与二郎神斗法，从八卦炉逃脱，被压到五行山。		

从石猴出世到成为齐天大圣，再到最后成为斗战胜佛，这可以说是前无古人后无来者的"猴子奋斗史"。若将其推而广之，则代表着一个人不同层面的需求，大体符合马斯洛需求层次理论模型。

其具体表现如下：

阶段	需求层次	具体表现
石猴出世	生理需要、安全需要	那猴在山中，却会行走跳跃，食草木，饮涧泉，采山花，觅树果；与狼虫为伴，虎豹为群，獐鹿为友，猕猿为亲；夜宿石崖之下，朝游峰洞之中。

续 表

阶段	需求层次	具体表现
美猴王	社交的需要	美猴王领一群猿猴、猕猴、马猴等,分派了君臣佐使,朝游花果山,暮宿水帘洞,合契同情,不入飞鸟之丛,不从走兽之类,独自为王,不胜欢乐。
孙悟空	尊重的需要	美猴王得了姓名,怡然踊跃,对菩提前作礼启谢。"小的们,又喜我这一门皆有姓氏。"
弼马温	尊重的需要	弼马昼夜不睡,滋养马匹。日间舞弄犹可,夜间看管殷勤,但是马睡的,赶起来吃草;走的捉将来靠槽。那些天马见了他,泯耳攒蹄,都养得肉肥膘满。
齐天大圣	尊重的需要	齐天大圣是个有名无实的官衔,悟空不懂官衔的品级大小,也不计较俸禄的高低,只要有个名分就高兴了。住进齐天大圣府后,悟空无所事事,整天东游西逛,云来雾去,广交神仙朋友,无论职位高低,都称兄道弟。
斗战胜佛	自我实现	孙行者却又对唐僧道:"师父,此时我已成佛,与你一般,莫成还戴金箍儿,你还念甚么《紧箍儿咒》捆勒我?趁早儿念个《松箍儿咒》,脱下来,打得粉碎,切莫叫那甚么菩萨再去捉弄他人。"唐僧道:"当时只为你难管,故以此法制之。今已成佛,自然去矣,岂有还在你头上之理!你试摸摸看。"行者举手去摸一摸,果然无之。

四、唐僧奉旨取经

取经人有唐僧、孙悟空、猪八戒、沙和尚、白龙马。

1. 取经责任人:唐僧

地点	事件	称谓	命名者
西牛贺洲	灵通本讳号金蝉,只为无心听佛讲,转托尘凡苦受磨,降生世俗遭罗网。	金蝉子	如来佛祖

续　表

地点	事件	称谓	命名者
江州、金山寺	投胎落地就逢凶，未出之前临恶党。父是海州陈状元，外公总管当朝长。出身命犯落江星，顺水随波逐浪泱。（父，陈光蕊；母，殷温娇；外公，殷开山。）	陈江流	法明和尚
金山寺、江州、长安	海岛金山有大缘，迁安和尚将他养。年方十八认亲娘，特赴京都求外长。总管开山调大军，洪州剿寇诛凶党。状元光蕊脱天罗，子父相逢堪贺奖。复谒当今受主恩，凌烟阁上贤名响。恩官不受愿为僧，洪福沙门将道访。小字江流古佛儿，法名唤作陈玄奘。	陈玄奘	法明和尚
长安	玄奘秉诚建大会，观音显像化金蝉。太宗道："日久年深，山遥路远，御弟可进此酒：宁恋本乡一捻土，莫爱他乡万两金。"三藏方悟捻土之意，复谢恩饮尽，辞谢出关而去。	唐三藏	唐太宗

2. 其他取经人

人物与地点	缘由
孙悟空 （五行山）	观音菩萨与惠岸行者行经五行山。悟空在此等待了五百年。"我已知悔了。但愿大慈悲指条门路，情愿修行。"菩萨也说道："圣经云：'出其言善，则千里之外应之；出其言不善，则千里之外违之。'"
猪悟能 （福陵山云栈洞）	"我本是天河里天蓬元帅。只因带酒戏弄嫦娥，玉帝把我打了二千锤，贬下尘凡。一灵真性，竟来夺舍投胎，不期错了道路，投在个母猪胎里，变得这般模样。是我咬杀母猪，打死群彘，在此处占了山场，吃人度日……"
沙悟净 （流沙河）	"我是灵霄殿下侍銮舆的卷帘大将。只因在蟠桃会上失手打碎了玻璃盏，玉帝把我打了八百，贬下界来，变得这般模样……"观音菩萨给他取名为沙悟净。此后，他洗心涤虑，再不伤生，专等取经人。
白龙马 （蛇盘山鹰愁涧）	"我是西海龙王敖闰之子。因纵火烧了殿上明珠，我父王表奏天庭，告了忤逆。玉帝把我吊在空中，打了三百，不日遭诛。望菩萨搭救搭救！"

五、八十一难

1. 八十一难梳理

序号	名称	地点	简介
1	金蝉遭贬	西牛贺洲灵山	第11、57、100回等提及唐僧前世。唐僧前世金蝉子为如来二徒,因不听说法,被贬却真灵,转生东土。
2	出胎几杀	江州	附录。唐僧的父母二人成婚不久,不幸遭受歹人刘洪与李彪的谋害。
3	满月抛江	江州、金山寺	附录。出生第二天,殷温娇为了不让孩子被贼人所害,将孩子缚在板上,抛到江里,让其顺流而下,自生自灭。孩子被法明和尚救起。
4	寻亲报怨	江州	附录。乳名江流儿,养到十八岁取法名玄奘。玄奘得知身世,到江州寻母,得母家书到长安告御状伸冤。
5	出城逢虎	河州卫外山岭	第13回。贞观十三年九月望前三日,唐僧带着两名御赐随从出发,遇到山岭崎岖路段,失足掉进坑里,被老虎精手下妖邪抓进洞里。
6	落坑折从	河州卫外山岭	第13回。落坑后,两个随从被剁碎分吃。唐僧因本性元明,妖精们不敢吃,后被太白金星救出。
7	双叉岭上	双叉岭	第13回。刘伯钦太保路遇三藏,领其到自家住宿,遇见一头斑斓猛虎从对面撞来。太保使钢叉杀死猛虎。
8	两界山头	两界山（五行山）	第14回。收了孙悟空,出了大唐边界,猛兽六贼被孙悟空打死,孙悟空不服管束,观音给了紧箍儿。
9	陡涧换马	蛇盘山鹰愁涧	第15回。在蛇盘山鹰愁涧,小白龙吃掉唐僧的白马,唐僧落泪。观音菩萨收服小白龙,命其作为唐僧取经路上的坐骑。
10	夜被火烧	观音禅院	第16回。路经观音禅院,悟空炫耀袈裟,老方丈金池起贪婪、不轨之心,制造了火烧禅院一幕。
11	失却袈裟	黑风山黑风洞	第16、17回。黑风山黑熊精趁夜色大火,偷走锦襕袈裟。孙悟空上山索要袈裟,不能取胜。请来观音菩萨帮忙收服黑熊精,找回袈裟。

续 表

序号	名称	地点	简介
12	收降八戒	乌斯藏国界高老庄	第18、19回。路经高老庄,收服霸占高翠兰的猪刚鬣。观音菩萨给取法名猪悟能,唐僧给他取名猪八戒。
13	黄风怪阻	黄风岭黄风洞	第20回。行至八百里黄风岭,遇上黄风怪手下虎先锋,虎先锋施"金蝉脱壳"计将唐僧掳走,抓进黄风洞。
14	请求灵吉	黄风岭黄风洞	第21回。悟空双眼被黄风怪"三昧真风"吹伤。经太白金星指点,悟空请来灵吉菩萨,降服黄风怪。
15	流沙难渡	流沙河	第22回。八百流沙界,三千弱水深。鹅毛飘不起,芦花定底沉。
16	收得沙僧	流沙河	第22回。八戒难降水妖,悟空恳求,观音派惠岸收服水妖,点化给唐僧做徒弟,取名沙悟净。
17	四圣显化	西牛贺洲,第一站	第23回。梨山老母变作母亲,带着变为女儿的观音、文殊、普贤菩萨,在大庄园里,以招上门女婿的方式,对唐僧师徒以示警诫。
18	五庄观中	万寿山五庄观	第24回。途经万寿山五庄观,三徒偷吃人参果,被清风、明月痛骂。悟空难忍,推倒人参果树,半夜偷跑,却被赶来的镇元大仙用"袖里乾坤"抓回五庄观。
19	难活人参	万寿山五庄观	第25、26回。镇元大仙跟孙悟空打赌,要是能医活人参果树,就与之结八拜之交。悟空请求观音菩萨救活人参果树。
20	贬退心猿	白虎岭	第27回。西行路过白虎岭,白骨夫人三次变成良善之辈欲抓唐僧,吃唐僧肉,都被悟空识破,最终被孙悟空打死。唐僧恼恨,赶走悟空。
21	黑松林失散	黑松林、碗子山波月洞	第28回。路过黑松林,唐僧叫八戒化缘,八戒迟迟不归;又叫沙僧去寻八戒,唐僧误入波月洞。八戒、沙僧寻来打斗要人。
22	宝象国捎书	宝象国	第29回。黄袍怪夫人即宝象国三公主百花羞求情,黄袍怪同意放走唐僧。师徒三人来到宝象国,帮三公主把家书捎给国王,国王让人读完家书,问何人帮他解忧。群臣不语,国王让唐僧师徒去营救三公主。

续 表

序号	名称	地点	简介
23	金銮殿变虎	宝象国、碗子山波月洞	第30、31回。八戒、沙僧来抓黄袍怪，但打不过。八戒逃走，沙僧被抓，黄袍怪施法把唐僧变成斑斓猛虎。八戒即将请回悟空。唐僧恢复原身。
24	平顶山逢魔	平顶山莲花洞	第32回。师徒路经平顶山，遭遇金角、银角大王。两怪为长生不老，要吃唐僧肉。银角大王移来三座大山压住悟空，掳走唐僧、八戒、沙僧、白马以及行李。
25	莲花洞高悬	平顶山莲花洞	第33、34、35回。悟空打死金角、银角的老母亲九尾狐狸精，收了她的法宝幌金绳，搭救被高高吊在洞里的唐僧等人。
26	乌鸡国救主	乌鸡国救建宝林寺	第36、37、38、39回。师徒路经救建宝林寺。是夜，乌鸡国国王鬼魂来向唐僧伸冤。悟空设计告知太子，上离恨天兜率宫找太上老君，用金丹救活国王。
27	被魔化身	乌鸡国	第39回。师徒四人带着乔装后的乌鸡国国王，来到皇宫。假国王想杀他们，被太子劝住。悟空把事情缘由说破，定住百官，假国王打不过孙悟空。
28	号山逢怪	六百里钻头号山	第40回。师徒不畏风餐露宿，途经号山，遭遇牛魔王之子红婴大王红孩儿。悟空明知红孩儿是妖魔，但唐僧对悟空有些反感，悟空便不敢说破。
29	风摄圣僧	火云洞	第40回。红孩儿恼恨孙悟空掼摔他，施妖风把唐僧裹挟进火云洞。
30	心猿遭害	火云洞	第41回。悟空从山神土地那里得知这妖精是牛魔王之子后，到火云洞找红孩儿攀亲戚拉关系，结果红孩儿根本不认，两人随即大打出手。
31	请圣降妖	火云洞	第42回。悟空降服不了红孩儿，到南海普陀山请观音菩萨相助。观音用金箍儿收了红孩儿，让他做善财童子。
32	黑河沉没	黑水河	第43回。师徒路经衡阳峪黑水河，被泾河龙王第九子鼍龙抓进水府，扬言要请其舅舅西海龙王一起吃唐僧肉添寿。悟空求助老龙王，唐僧被救。
33	搬运车迟	车迟国	第44、45回。师徒路经车迟国，发现这里敬道灭佛。和尚们过得苦不堪言，天天做苦力，给道士们搬运物料盖道观。

续　表

序号	名称	地点	简介
34	大赌输赢	车迟国	第46回。悟空带着八戒、沙僧戏耍三清观。次日陪着唐僧一起到车迟国宫殿倒换关文，正好撞上虎力、鹿力、羊力大仙三位国师。双方斗法，悟空使计，三大仙皆输。
35	祛道兴僧	车迟国	第46回。车迟国从此祛道兴僧，善待佛教。
36	路逢大水	通天河、陈家庄	第47回。离开车迟国，继续西行，遭遇八百里通天河。师徒来到东岸边陈家庄暂住，获悉此处有个灵感大王，每年要吃一对童男童女，今年正好轮到老来得子的大户老陈家。
37	身落天河	通天河	第48回。灵感大王得知唐僧师徒经由此处，施法术让八月天飘起鹅毛大雪，将通天河整个冻结成冰，引诱唐僧上钩。唐僧身落通天河。
38	鱼篮现身	通天河	第49回。唐僧被抓后，悟空去南海请观音菩萨。这妖本是观音荷花池里的金鱼成精，观音拿个篮子，分分钟就把鱼精装进篮子带回南海。唐僧获救。
39	金兜山遇怪	金兜山金兜洞	第50回。师徒来到金兜山。唐僧叫饿，悟空出去化斋。因山里妖气重，悟空再三嘱咐，只能坐等，不得乱动。大圣前脚走，八戒就坐不住，领着唐僧进了一座宅院。哪知宅院是妖怪所变，专引行人自投罗网。大圣化斋回来，与妖怪打斗。妖怪探囊取出金刚琢，把大圣金箍棒摄了去。
40	普天神难伏	金兜山金兜洞	第51回。悟空上天请玉帝帮忙，玉帝派托塔李天王和哪吒父子前来降妖，结果兵器全被独角兕套走。请来火德星君、水德星君，均无可奈何。
41	问佛根源	金兜山金兜洞	第52回。悟空向如来问独角兕的来由。原来是太上老君的青牛，七年前下界，偷了老君的金刚琢。最后，青牛被太上老君收走。
42	吃水遭毒	西梁女国子母河	第53回。师徒来到西梁女国。唐僧和八戒误饮子母河泉水，快速怀胎。经老婆婆指点得知，解阳山破儿洞里有口落胎泉，喝一口那泉水，就能堕胎。
43	西梁国留婚	西梁女国	第54回。女儿国国王听说大唐国唐王御弟经过这里，请她倒换关文放行，她却要唐僧入赘，当女儿国国王。

续 表

序号	名称	地点	简介
44	琵琶洞受苦	毒敌山琵琶洞	第55回。女王等人和唐僧来到城门口,孙悟空正要施法定住众人,不曾想,一阵妖风裹走了唐僧。悟空兄弟三人一路追赶女妖精。蝎子精曾在雷音寺佛前听经,扎了如来。昴日星官将其降死。
45	再贬心猿	西行山岭之间	第56回。唐僧遇到拦路强盗,被吊在树上。悟空三人随后赶到。见唐僧被吊在树上,悟空打死一伙强盗。唐僧厌恶,再次将其逐走。
46	难辨猕猴	西天雷音寺等	第57、58回,六耳猕猴变成大圣模样,要奔西天取经。遇上真猴王,两猴骂斗。唐僧、观音、天庭、地府,均无法分辨。打到灵山大雷音寺殿前,如来用金钵盂将猕猴降住,孙悟空将其打死。
47	路阻火焰山	火焰山	第59回。唐僧、悟空再次和好,师徒继续西行,八百里火焰山阻挡道路。问路人得知,要过火焰山,须向翠云山铁扇公主也就是罗刹女借来芭蕉扇,方能寂灭这火焰山大火。
48	求取芭蕉扇	翠云山	第60回。悟空来到翠云山找铁扇公主借芭蕉扇,铁扇公主怪孙悟空害了他儿子红孩儿,一扇子将孙悟空扇到了小须弥山。灵吉菩萨送悟空定风丹,悟空二次来到翠云山再借芭蕉扇,铁扇公主这次扇不动孙悟空,跑进洞里不出来了。
49	收缚魔王	翠云山	第61回。悟空找旧日的兄弟牛魔王索借芭蕉扇。牛魔王不借,二人大打出手。后来牛魔王骑着辟水金睛兽到碧波潭赴约。后在佛祖跟前四大金刚的帮助下,大圣拿到芭蕉扇,吹灭火焰山。
50	赛城扫塔	祭赛国金光寺	第62回。师徒来到祭赛国,看到这里的和尚披枷带锁。问明原因,乃是三年前金光寺丢失了镇寺之宝舍利子佛宝。国王以为是金光寺众僧偷的,便折磨他们,让他们交出舍利子佛宝。
51	取宝救僧	乱石山碧波潭	第63回。悟空带着八戒去乱石山碧波潭要舍利子佛宝。打斗起来,万圣龙王被活活打死,龙宫被毁。但孙悟空难以降服九头虫,便邀请正好经过这里的二郎神来帮忙对付。九头虫不敌,逃走。悟空取回舍利子佛宝,救下全寺僧侣。

续 表

序号	名称	地点	简介
52	棘林吟咏	荆棘岭	第64回。师徒经过荆棘岭，木仙庵树妖裹挟唐僧进庵里，以谈论诗词为由，想让唐僧跟杏仙交合。唐僧不从。直到天明，孙悟空三人找来，发现与之谈诗论道的是些树精后，猪八戒一顿钉钯，把树妖全部铲除。
53	小雷音遇难	小西天小雷音寺	第65回。继续往西走，唐僧急于求成，误把小雷音寺当成灵山大雷音寺，结果被黄眉大王抓获。悟空被装进金铙之中出不来。黄眉大王要吃唐僧肉。五方揭谛上天庭请来二十八星宿，用尽九牛二虎之力才把孙悟空救了出来。
54	诸天神遭困	小西天小雷音寺	第66回。悟空请来大圣国师王菩萨徒弟小张太子，但无济于事。孙悟空沮丧地哭起来，弥勒佛祖前来帮忙，说那搭包是他的后天袋。弥勒跟孙悟空联合，使计抓获他的手下黄眉童子，救出唐僧等人。
55	稀柿衕秽阻	小西天驼罗庄、七绝山稀柿衕	第67回。猪八戒大显神威，摇身一变，变成一头大大的猪，用大猪嘴拱开这些烂泥柿子，拱出一条道路，让唐僧过了稀柿衕。
56	朱紫国行医	朱紫国	第68回。师徒四人来到朱紫国，唐僧找朱紫国国王倒换关文。孙悟空和猪八戒闲来无事，本要上街选购一些油盐酱醋，机缘巧合之下，揭了皇榜，医治国王。
57	拯救疲癃	朱紫国	第69回。被孙悟空医好的朱紫国国王，大肆宴请唐僧师徒。国王闲谈中说出病因：三年前，麒麟山獬豸洞的妖怪赛太岁，抢走国王爱妃金圣宫。国王因惊恐和思念金圣宫而生病。
58	降妖取后	朱紫国麒麟山獬豸洞	第70、71回。金圣宫还穿着五彩仙衣，一般人摸不得，国王被蜇得浑身不舒服。众人仓皇之际，紫阳真人赶来，收走五彩仙衣，随后众人欢喜收场。
59	七情迷没	盘丝岭盘丝洞濯垢泉	第72回。师徒来到盘丝岭，遭遇盘丝洞的七个蜘蛛精。唐僧被抓，悟空变作老鹰，叼走正在洗澡的女妖精的衣物。猪八戒调戏女妖精不成，反被她们吐出的蜘蛛网捆住。孙悟空救出唐僧和猪八戒，七个蜘蛛精逃跑。

续 表

序号	名称	地点	简介
60	多目遭伤	黄花观、紫云山千花洞	第73回。七个蜘蛛精向同门师兄黄花观观主说明情况,观主恶心陡起,用毒枣茶水毒倒唐僧、八戒和沙僧。悟空与之缠斗,杀死七个蜘蛛精,但被观主身前的千只眼发出的金光打退。经观音菩萨指点,悟空找来多目怪克星——紫云山千花洞毗蓝婆菩萨,降服蜈蚣精。悟空随后救活唐僧等人。
61	路阻狮驼	狮驼洞	第74回。一路向西,师徒来到狮驼岭。太白金星提醒,这里光小妖精就有四万七八千,老妖魔更是手可通天、通西方。悟空记挂在心,让唐僧他们先躲起来,不要着急赶路;摇身一变,变成总钻风、小钻风,探口信,忽悠小妖精散伙。
62	怪分三色	狮驼洞	第75回。悟空被狮怪吞进肚子里。狮怪饮药酒,欲毒死悟空。悟空饮酒后撒起酒疯,将狮怪折磨得死去活来。
63	城里遇灾	狮驼洞	第76回。大魔头和二魔头屈服,三魔头不屈服,还计上心头。三魔头从满洞妖精中选出十六个,抬着轿子送唐僧师徒走了四百里狮驼岭,来到狮驼城。
64	请佛收魔	狮驼国	第77回。半夜时分,孙悟空救出唐僧、八戒和沙僧。师徒要翻墙逃跑,不料被妖魔们得知,又被拿了回来,只有悟空逃跑。悟空拜请如来,如来令文殊、普贤菩萨分别收伏青狮和白象。如来使鹏怪落在自己头上,现了原身。
65	比丘救子	比丘国(小子城)	第78回。唐僧师徒来到比丘国,得知比丘国国王荒淫无度,得了病。国丈要国王收集1111个小孩,剜心做药引子治病,唐僧大骂国王是昏君,忍不住落泪。
66	辨认真邪	比丘国、清华仙府(清华洞)	第79回。假唐僧(孙悟空所变)来到宫殿,国丈要用唐僧的心做药引子。孙悟空现出原形,要拿国丈的黑心做药引子。鹿精国丈带着国王的宠妃狐狸精跑回柳林坡清华庄。猪八戒打死狐狸精,孙悟空正要打死鹿精,南极老寿星赶来拦住,说这鹿精是他坐骑。寿星治好国王的病。孙悟空把1111个孩子放出来。

续 表

序号	名称	地点	简介
67	松林救怪	黑松林,镇海禅林寺	第80回。师徒路经黑松林,遇上一个女子纠缠。孙悟空不想搭理,奈何唐僧心慈手软要救。师徒四人带着女子来到镇海禅林寺。寺院里许多和尚前来观瞧。
68	僧房卧病	镇海禅林寺	第81回。唐僧住进寺里,夜间病倒。这一住就是三天。三天里,妖精色诱迷杀了六个和尚,之后被孙悟空假扮的小和尚捅破。妖精裹挟着唐僧回了老窝陷空山无底洞。
69	无底洞遭困	陷空山无底洞	第82、83回。妖精知道唐僧是金蝉子转世,想采集他的元阳,成就她太乙金仙的美梦,将唐僧拿到洞里,逼迫唐僧跟她圆房。唐僧不肯,妖精被赶来的孙悟空钻进肚子里一顿戏耍后,答应放唐僧。
70	灭法国难行	灭法国	第84、85回。师徒来到灭法国。灭法国,顾名思义,消灭一切佛法。灭法国国王两年前许下大愿,要杀一万个和尚,现在就差四个……孙悟空改灭法国为钦法国。
71	隐雾山遇魔	隐雾山折岳连环洞	第85、86回。师徒路经隐雾山,被艾叶花皮豹子精惦记。妖精用分瓣梅花计将唐僧抓获。孙悟空等人打上门来,妖精弄个假头颓糊弄孙悟空等人,说唐僧已经被他们吃了。孙悟空哪里肯信,后来兄弟三人灭了豹子精,救出唐僧。
72	凤仙郡求雨	天竺外郡凤仙郡	第87回。师徒来到天竺国外郡凤仙郡。知道这里连年干旱后,唐僧明知故问谁会祈雨,孙悟空当仁不让,表示愿意帮忙。
73	失落兵器	玉华县	第88回。告别凤仙郡,四人来到玉华县。三件神兵利器放在院中,霞光万道,瑞气直冒,惊动了距离城池七十里外豹头山虎口洞的黄狮精。黄狮精将三件神兵利器盗走。
74	会庆钉钯	豹头山虎口洞	第89回。悟空三人乔装来到虎口洞,假借看宝贝之名进到洞里。三人见到自己的兵器便拿起,显出本相,欲剿灭这群妖精。经过一番战斗,黄狮精逃跑,悟空三人打死满洞妖精,烧了洞府。

续 表

序号	名称	地点	简介
75	竹节山遭难	豹头山虎口洞	第90回。妖精是个九头狮子,是东极妙岩宫太乙救苦天尊的坐骑下凡。欲灭此妖,需请他主人太乙救苦天尊。于是孙悟空跑到东极妙岩宫,请来太乙救苦天尊,降服九灵元圣,救出唐僧。
76	玄英洞受苦	金平府慈云寺、青龙山玄英洞	第91回。师徒来到金平府慈云寺。此时正值正月十五元宵花灯会。唐僧四人忙里偷闲,参观花灯会,不料遭遇假佛祖辟寒、辟暑、辟尘三个大王。三大王将唐僧裹挟进青龙山玄英洞,要吃唐僧肉。孙悟空带着猪八戒、沙僧,叫战三个犀牛精,却不能取胜。
77	赶捉犀牛	青龙山玄英洞	第92回。悟空一着急,上了天庭,经太白金星明示,孙悟空请出三个犀牛精的克星——二十八星宿中的角木蛟、奎木狼、斗木獬、井木犴,下界斩杀了三个犀牛精,救出唐僧。
78	天竺招婚	舍卫国、毛颖山	第93、94、95回。路经舍卫国,唐僧被舍卫公主选中为驸马。公主乃月宫里的玉兔所变,知道唐僧是金蝉子转世,想采集唐僧元阳真气。多亏孙悟空火眼金睛,识破妖精的真相。妖怪难敌悟空,遁入毛颖山。太阴星君和嫦娥仙子赶到,将妖精带回天宫。悟空救出真公主。
79	铜台府监禁	铜台府	第96、97回。师徒来到铜台府,被诬告为强盗,被押到县衙审讯。孙悟空心知唐僧该有此劫难,便一并认罪。收押入狱后,悟空夜游地府,要回寇员外鬼魂,又托梦寇母,传话知府,救活寇员外,真相大白。
80	凌云渡脱胎	灵山	第98回。师徒来到灵山脚下,玉真观金顶大仙前来迎接,言说要送他们师徒上灵山。唐僧凌云渡脱去凡胎;阿傩、伽叶传了无字经,燃灯佛祖派白雄尊者点破,唐僧给了阿傩伽叶紫金钵盂,得了真经。
81	通天河遇鼋湿经书	通天河	99回。老白鼋前来接唐僧过通天河,问起当年之事(让唐僧代问佛祖,他几时能脱本壳,修成人身),唐僧如实回答,说忘记问了。老白鼋一气之下,将唐僧师徒连带经书卸进河中,自己走脱。至此,九九八十一难圆满完成。

2.经典故事

《西游记》中有许多脍炙人口的情节,广为流传。比如,石猴出世(第1回)、龙宫借宝(第3回)、大闹天宫(第5回)、大战二郎神(第6回)、黑风山除妖(第17回)、猪八戒招亲(第18回)、大战流沙河(第22回)、偷吃人参果(第24回)、三打白骨精(第27回)、宝象国救公主(第29—31回)、平顶山窃宝(第32—35回)、乌鸡国救主(第36—40回)、大战红孩儿(第40—42回)、车迟国斗法(第45回)、智斗青牛怪(第50—52回)、女儿国奇遇(第54回)、真假美猴王(第57回)、三调芭蕉扇(第59—61回)、金光寺寻宝(第62回)、小雷音寺擒黄眉(第65回)、孙悟空当医生(第69回)、智盗紫金铃(第70回)、盘丝洞除怪(第72回)、狮驼岭斗三魔(第74—77回)、比丘国救儿童(第78—79回)、三探无底洞(第80回)、玉华县收徒(第88回)、观灯遇犀牛(第91回)、天竺国降玉兔(第95回)。

六、人物形象

唐僧:慈悲心肠,志向坚定,为人诚实善良,但有时昏庸固执、是非不分。

孙悟空:忠诚勇敢,嫉恶如仇,神通广大,敢于斗争,富有正义感,但有时性情急躁、骄傲自负。

猪八戒:好吃懒做,自私自利,好贪女色,但为人憨厚,关键时刻不含糊。

沙和尚:为人忠厚老实,寡言少语,脚踏实地,任劳任怨,但缺乏变通。

考题集锦

1.【2021·毕节市中考题】被鲁迅先生称为"神魔小说"的《_____》是中国古典文学中最富想象力的作品之一。前七回讲述主要人物的身世和

_____的故事。作品中一个深受人们喜爱的角色_____，虽然好吃懒做，见识短浅，爱搬弄是非，爱占小便宜，说谎，贪恋女色，遇到困难就嚷嚷散伙等，但也不失忠勇和善良。

◎ 参考答案

西游记；大闹天宫；猪八戒。

2.【2022·柳州市中考题】阅读名著选段，完成（1）（2）小题。

那毛女即便回身，转于洞内，对罗刹跪下道："奶奶，洞门外有个东土来的孙悟空和尚，要见奶奶，拜求芭蕉扇，过火焰山一用。"那罗刹听见"孙悟空"三字，便似撮盐入火，火上浇油，骨都都红生脸上，恶狠狠怒发心头，口中骂道："这泼猴！今日来了！"叫："丫鬟，取披挂，拿兵器来！"随即取了披挂，拿两口青锋宝剑，整束出来。

（1）以上文字选自文学名著《_____》，作者是明代小说家_____。

（2）罗刹听见"孙悟空"三字，为何会怒发心头、骂从口出？请根据原著回答。

◎ 参考答案

（1）西游记；吴承恩。

（2）因为她的儿子红孩儿劫持唐僧，想吃唐僧肉，被孙悟空请来的观音菩萨收做善财童子，她觉得儿子被孙悟空坑害了。

3.【2023·苏州市中考题】下面是一首以孙悟空故事为题材的七言绝句，请在空缺处填入恰当的内容（所填内容在格律上不作要求）。

无　端

何永沂

_____好自称孤①，说甚齐天堕恶途。

无端压入_____，尽日唐僧咒紧箍。

[注]①称孤：古代君王自称为孤，诗中指石猴称美猴王一事。

◎ 参考答案

水帘洞（花果山）；如来掌（五行山）。

4.【2022·河北省中考题】阅读下面从《西游记》中摘录的文字，回答（1）—（3）题。

摘录一：

行者见三个老道士，披了法衣，想是那虎力、鹿力、羊力大仙。下面有七八百个散众，司鼓司钟，侍香表白，尽都侍立两边。行者暗自喜道："我欲下去与他混一混，奈何'单丝不线，孤掌难鸣'，且回去照顾八戒、沙僧，一同来耍耍。"（第44回 法身元运逢车力 心正妖邪度脊关）

摘录二：

长老道："不曾与他见个胜负，只这般含糊，我怎敢前进！"大圣笑道："师父，你也忒不通变。常言道：'单丝不线，孤掌难鸣。'那魔三个，小妖千万，教老孙一人，怎生与他赌斗？"长老道："寡不敌众，是你一人也难处。八戒、沙僧他也都有本事，教他们都去，与你协力同心，扫净山路，保我过去罢。"（第75回 心猿钻透阴阳窍 魔王还归大道真）

（1）根据"摘录一"文字的内容，说说"单丝不线，孤掌难鸣"的意思。

（2）阅读名著，可以丰富心灵、陶冶情操，也可以汲取人生经验、提升思想境界。请你联系生活实际，谈谈对《西游记》中"单丝不线，孤掌难鸣"这句话的感悟。

（3）探究摘录文字的回目，你发现章回体小说《西游记》的回目具有哪些特点？

◎ 参考答案

（1）"单丝不线，孤掌难鸣"此处指的是孙行者感觉自己一个人能力有限，办不了虎力、鹿力、羊力三个妖怪及手下七八百个小妖怪。

（2）俗话说，一个篱笆三个桩，一个好汉三个帮。连孙行者这样神通广大的人都需要帮手，作为新时代的中学生，我们更要学会团结协作。

（3）①概括该回主要情节（或主要人事）；②句式上采用对仗（或对偶），读起来朗朗上口。

5.【2021·青岛市中考题】名著中塑造的许多典型人物，给读者留下了深刻的印象，产生了积极的影响。请从下面人物中任选一位，结合所选人物的经历谈谈给你的启示。（含标点符号80字以内）

（1）唐僧（《西游记》）　　（2）保尔·柯察金（《钢铁是怎样炼成的》）

◎ 参考答案

唐僧示例：唐僧历经磨难，不改取经初心。他的坚定信念和执着追求告诉我们，面对困难和挑战时，只要坚持不懈，保持信念，最终定能取得成功。

6.【2023·河南省中考题】关于《西游记》的主人公是唐僧还是孙悟空这一问题，同学们有不同的看法。你认为是谁，请结合小说内容谈谈你的理解。

◎ 参考答案

唐僧示例：我认为唐僧是主人公。唐僧是取经团队中的领袖和核心，他心怀慈悲，意志坚定，为了普度众生不惜远赴西天取经。他的形象代表着佛教的慈悲和智慧，同时也展现了人性的善良和坚韧。在取经过程中，他面对各种诱惑和困难，始终不改初心，最终成功取得真经，这种精神也深深感染了读者。因此，唐僧可以视为《西游记》的主人公。

孙悟空示例：我认为孙悟空是主人公。孙悟空是全书中最光辉的形象：他具有高超的本领，是取经路上降妖除魔的主力；他具有反抗精神，大闹天宫的故事深入人心；他个性鲜明，机智勇敢，敢作敢当，深受读者喜爱。因此，孙悟空是《西游记》当之无愧的主人公。

7.【2021·河南省中考题】在《西游记》中，孙悟空经历了三次"离去与归来",每次都收获了成长。依照示例,在下列选项中任选一项,概述所给故事中"离去与归来"的相关情节,然后写出感悟。

(1)离去:心猿归正;归来:六贼无踪。

(2)离去:圣僧恨逐美猴王;归来:猪八戒义激猴王。

示例:

离去:真行者落伽山诉苦;归来:一体难修真寂灭。

相关情节:孙悟空打杀了一伙强盗,被唐僧两次念紧箍咒驱赶。孙悟空不愿离开,无奈前往落伽山诉苦,后来在观音的陪同下归来。

感悟:孙悟空在观音的指点后明白,可以惩奸除恶,但不可一味蛮干。从中我明白了,在成长过程中不仅要坚守理想,也要讲究做事的方法。

◎ 参考答案

示例1:

相关情节:在"心猿归正"中,孙悟空因大闹天宫被压五行山下,后被唐僧所救并被收为徒弟,取名为行者。然而,他起初野性难驯,不服管教,甚至打伤了六贼(眼看喜、耳听怒、鼻嗅爱、舌尝思、意见欲、身本忧),后被唐僧用紧箍咒制服,从此他归心向佛,一心保护唐僧西行取经。在"六贼无踪"中,孙悟空变得更加成熟稳重,他运用自己的智慧和力量,帮助唐僧渡过了一个又一个难关,六贼的威胁也再没有出现过。

感悟:孙悟空的这次"离去与归来",让我深刻体会到了"磨难是成长的催化剂"这一道理。孙悟空从最初的野性难驯到后来的归心向佛,经历了许多磨难和考验。这些磨难不仅锻炼了他的意志和品质,也让他更加感恩唐僧的救命之恩,珍惜取经的机会。同时,这也告诉我们,在面对困难和挑战时,要保持冷静和理智,勇于面对和克服自己的弱点和不足,才能不断成长和进步。

示例2:

相关情节:在"圣僧恨逐美猴王"中,孙悟空因三打白骨精而被唐僧误解,唐僧认为他滥杀无辜,将他逐出师门。孙悟空满心委屈,含泪离开,回到了花果山。后来,在"猪八戒义激猴王"中,唐僧师徒在宝象国遇到黄袍怪,唐僧被变成老虎,猪八戒前往花果山求孙悟空帮忙。孙悟空起初不肯,但在猪八戒的激将法下,他最终决定出山,并帮助唐僧降服了黄袍怪。

感悟:孙悟空的这次"离去与归来",让我深刻体会到了忠诚与信任的重要性。孙悟空虽然被唐僧误解,但他并没有因此放弃对师父的忠诚和保护取经任务的责任感。而唐僧在经历这次事件后,也意识到了自己对孙悟空的误解和不信任所带来的后果。这告诉我们,在团队合作中,要相互信任、相互理解,不能因为一时的误解或冲动而破坏团队的和谐与稳定。

8.【2022·温州市中考题】关于"冒险与生存"这一话题,下边这组读书小论文标题,反映出论文作者关联多本名著,从不同角度进行的思考与探究。

话题:冒险与生存

标题1:从《基地》《哈利·波特与死亡圣器》看冒险背后的生命。

标题2:如何通过险境塑造人物——以《老人与海》和《海底两万里》为例。

标题3:比较《海底两万里》《基地》中主人公面对危机时心理的异同。

请就"责任与担当"这一话题,从备选名著中选择两本进行关联思考,拟写标题,并结合名著内容,简要论述。

备选名著:《西游记》《水浒传》《钢铁是怎样炼成的》《小王子》《红岩》

◎ 参考答案

担当,成长的必经之路——以《西游记》《水浒传》为例

《西游记》中的唐僧师徒四人,为了取回真经,历经九九八十一难,每一次冒险都考验着他们的担当精神。孙悟空作为团队的核心力量,总是挺身而出,保护师父和师弟们免受妖魔鬼怪的伤害。他的勇敢和担当精神是团队能够成功取经的关键。

同样,《水浒传》中的梁山好汉们,在面对朝廷的压迫和不公的世道时,他们选择挺身而出,担当起反抗压迫、争取公正的重任。他们之间的兄弟情谊和共同担当的精神,让他们在面对险境时更加团结和勇敢。

这两部作品都展现了担当精神在人物成长过程中的重要作用。无论是唐僧师徒的取经之路，还是梁山好汉的反抗之路，都充满了艰辛和危险，但正是这些经历让他们更加成熟和坚强，也让我们看到了担当精神在人生道路上的重要性。

9.【2022·随州市中考题】……文学具有教育作用，请根据你的阅读体验谈谈《西游记》对青少年有何教育作用。

◎ 参考答案

《西游记》对青少年有多方面的教育作用。它能激发青少年的想象力和创造力，奇幻的世界和情节非常吸引人；能培养青少年坚韧不拔、勇往直前的精神，像唐僧师徒取经那样历经磨难不放弃；也能让青少年学会团结协作，明白团队合作的重要性；还可以教育青少年明辨是非，要有正义感，像孙悟空那样惩恶扬善。

《骆驼祥子》领读

《骆驼祥子》是一部优秀的现实主义小说,《中国现代文学三十年(修订版)》中这样评价这本著作:"老舍在祥子等下层城市贫民身上所发现的不敢正视现实、自欺欺人的幻想,以及人与人之间的冷漠、个人奋斗道路破灭以后的苟且忍让,与他在其他一些小说中常写到的'老中国的儿女'之间显然存在着某种共同点,这是同一经济文化的产物,在一定程度上也反映了中国国民性格中的某些弱点。"

一、祥子的沦落史

生长在乡间的祥子,18岁时进城来拉车。经过三年的吃苦耐劳,他买到了自己的一辆新车,成了北平城一流的洋车夫。然而,《骆驼祥子》一书的末尾却说:"体面的,要强的,好梦想的,利己的,个人的,健壮的,伟大的,祥子,不知陪着人家送了多少回殡;不知道何时何地会埋起他自己来,埋起这堕落的,自私的,不幸的,社会病胎里的产儿,个人主义的末路鬼!"同一个祥子,为何前后判若两人,他是怎样一步步走向深渊的呢?本文略作梳理如下。

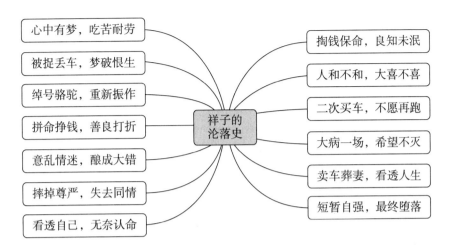

1. 心中有梦，吃苦耐劳

刚进城的祥子是这样的："他不怕吃苦，也没有一般洋车夫的可以原谅而不便效法的恶习，他的聪明和努力都足以使他的志愿成为事实。"这时的祥子，"确乎有点像一棵树，坚壮，沉默，而又有生气"。他下了决心，一千天，一万天也好，他得买一辆属于自己的车！此时的祥子不吃烟，不喝酒，不赌钱，没有任何嗜好。整整三年，他凑足了 100 块钱。他花了 96 块钱买来一辆新车。此时，他几乎激动得要哭出来了。

2. 被捉丢车，梦破恨生

祥子买上新车才半年，北平街上就流传爆发战争的消息。一天，祥子怀着侥幸心理，贪图较高的车费，往清华拉客人，结果被军阀队伍抓去当差。"他的车，几年的血汗挣出来的那辆车，没了！自从一拉到营盘里就不见了！"此时的祥子，叫天天不应，呼地地不灵。"祥子落了泪！他不但恨那些兵，而且恨世上的一切了。凭什么把人欺侮到这个地步呢？凭什么？"此时，委屈、不公，充斥着祥子的心灵。

3. 绰号骆驼，重新振作

天无绝人之路。祥子带了逃兵丢下的三匹骆驼连夜逃命。天亮的时候，他把三匹骆驼卖给一位养骆驼的老人，得到35块大洋。他丢了车子，又大病一场。此时，他得了一个"骆驼祥子"的绰号。但命运并没有击垮祥子，他和自己又开始较起劲来："除非一交栽倒，再也爬不起来，他满地滚也得滚进城去，决不服软！"祥子强打精神，回到人和车厂。在厂子里，他不闲着，总是主动找事做，他还是那么真诚、自然。他深得老板女儿虎妞的青睐。他把剩余的30块大洋寄存在车厂老板刘四爷那里，希望继续积攒，再买一辆属于自己的车。

4. 拼命挣钱，善良打折

祥子从刘四爷那里租来一辆车子，但他恨不得马上就能再买上辆新车。"不拉着自己的车，他简直像是白活。"他觉得，收拾自己的车，就如同数着自己的钱，才是真快乐。他不大管所谓的声誉，他看到的，只是钱：只要能拉上买卖，他就像一只饿疯的野兽。这样，骆驼祥子的名誉远不及单是祥子的时候了。他常这样为自己辩护："我要不是为买车，决不能这么不要脸！"祥子越来越讨厌拉散座了。因为抢买卖而被大家看不起，因为每天的收入没有定数。终于祥子拉上了包月，但杨家太太们根本不拿他当人看待。祥子实在受不了。"给我四天的工钱！"结账走人。祥子已经没有了当初那种忍辱负重的好脾气。

5. 意乱情迷，酿成大错

从杨家出来，祥子真想坐下痛哭一场。他不只怨恨杨家那一伙人，更感到一种无望，他担心自己一辈子不会再有什么起色了。他无处可去，只好回到人和车厂。此时，虎妞仿佛是专等着祥子，并请祥子喝酒。酒后，在迷迷糊糊中祥子被虎妞骗上了床。事后，祥子恨死了虎妞，恨虎妞让他成了一个"偷娘们的人"。然而，这能全怪虎妞吗？

6. 摔掉尊严，失去同情

从杨家出来，祥子碰上了一个好主家。曹先生，大学教师，拿祥子"当个人对待"。但因为之前的一些事情,祥子心里老憋着一股怨气,而且把怨气发泄在拉车上。一天晚间,他跑得太快,因而摔伤了自己,摔伤了曹先生,摔坏了车子,也摔掉了尊严,摔丢了信心。他顾不得恨谁,只恨自己的命。他引咎辞工。好在曹先生一家人不计较,祥子留了下来。翻车的事逐渐淡忘,祥子的希望又重新发芽。但此时,祥子对别人不管不顾,对挣扎在寒风中的老弱车夫熟视无睹。他只想着自己的钱与将来的成功。祥子逐渐失去了善良,失去了同情,取而代之以狭隘和自私。

7. 看透自己,无奈认命

虎妞找上门来,说她怀孕了;虎妞要祥子"奉子成婚",祥子心乱如麻,"他真想一下子跳下去,头朝下,砸破了冰,沉下去,像个死鱼似的冻在冰里"。慌乱之下,他破了酒戒。一次,在小茶馆里等曹先生,一个50多岁的老车夫因为又冷又饿晕倒在茶馆门口。老车夫的遭遇给祥子以沉重的打击,他发现,即使有了一辆属于自己的车,到老来也是很可怕的:"在小马儿身上,他似乎看见了自己的过去;在老者身上,似乎看到了自己的将来!"向来没有轻易撒手过一个钱的祥子,这次竟然为这一老一少买了十个包子。对虎妞的要胁,祥子似乎不必反抗了:"看透了自己,便无须小看别人,虎妞就是虎妞吧,什么也甭说了!"

8. 掏钱保命,良知未泯

一次,祥子拉曹先生回家的途中发现被人跟踪了。他才回到曹家报信,就被孙侦探抓住了。孙侦探威逼利诱,最后祥子把闷葫芦罐(储钱罐)里的所有积蓄都给了孙侦探来"保命"。与其说这30多块钱是用骆驼换来的,还不如说是祥子用生命换来的。曹先生家空无一人,祥子本也想进去拿几件东西,作为一种补偿,但此时,祥子的良知还没有泯灭。本分、善良、勤劳、隐忍,骨子里的这些东西,仍然战胜了恶念和贪念:"穷死,不偷!"

9. 人和不和，大喜不喜

祥子无处可去，只有带着委屈、羞愧、无奈，回到人和车厂。腊月二十七，刘四爷庆寿那天，车夫们把怨气都发泄到祥子身上，祥子气得差点和他们打起来。刘四爷父女俩吵得不可开交，虎妞索性公开了她和祥子的关系。虎妞和父亲闹翻了。她在一个大杂院里租到两间小北房。新婚之夜，虎妞在祥子眼里，"像人，又像什么凶恶的走兽"。此时，祥子才知道原来虎妞怀孕是假的。他气愤难当。第二天，他真想一走了之。可是走到哪里去呢？最后，他还是回到了虎妞那里。他希望虎妞拿钱给他买车，而虎妞却不要他继续拉车。祥子无可奈何。

10. 二次买车，不愿再跑

元宵节过后，祥子再也忍受不了清闲的日子了，他不声不响地拉起了租车，而且决心无论虎妞怎么反对，他都要拉车。他偷偷到人和车厂附近观察，发现刘四爷把人和车厂卖了，带着钱外出看世界了。虎妞计划完全落空，终于同意买来杂院里二强子的车。可祥子老觉得心中不痛快，这一方面是这辆车的不光彩的历史（二强子用卖女儿小福子的钱买来的车子），另一方面，这辆车完全是用虎妞的钱买的。祥子似乎天天都在磨洋工："他不愿再跑，可又不肯收车，犹疑不定的打着长而懒的哈欠。"

11. 大病一场，希望不灭

六月十五那天，天热得发了狂。祥子原打算下午四点再出去。但在虎妞的催逼下，他无奈出了门。先是半天烈日，"那毒花花的太阳把手和脊背都要晒裂"；后是一场暴雨，让人"只觉得透骨凉的水往身上各处浇"。跑回家，祥子"抱着火，烤了一阵，他哆嗦得像风雨中的树叶"。祥子大病一场，歇了一个月，他顾不得身体，又拉上了车子。但没过几天，又病了，还拉上了痢疾。到八月十五，他决定出车，并暗暗发誓：这回要是再病了，他就去跳河！这既是生活所逼，也是斗志尚在。

12. 卖车葬妻，看透人生

两场病让祥子明白了自己并不是铁打的。但他总不肯放走一个买卖，该拉就拉。尤其是想到将来有人喊一个"爸"字时，他忽然觉出自己的尊贵："只要有了小孩，生命便不会是个空的。"然而，收生婆给祥子暗示：虎妞恐怕要难产了。守了三天三夜，还请来了"蛤蟆大仙"，祥子始终没有把虎妞送到医院，而是"只好等着该死的就死吧！"虎妞断了气，祥子卖了车。"车，车，车是自己的饭碗。买，丢了；再买，卖出去；三起三落，像个鬼影，永远抓不牢，而空受那些辛苦与委屈。"祥子连哭都哭不出声来。小福子也没留住祥子。祥子找好车厂，只休息一天，便照旧去拉车。他似乎看透了拉车是怎么回事，也似乎看透了人生是怎么回事。他开始抽烟、赌钱、喝酒，还在夏太太那里"捡个便宜"。但从此落下了病根——撒不出尿来了！祥子开始自怜、自私、懒惰、打架。一次遇到刘四爷，连虎妞葬在哪里，他都不告诉刘四爷……

13. 短暂自强，最终堕落

"祥子你得从此好好的干哪！"祥子嘱咐着自己，"干吗不好好的干呢？我有志气，有力量，年纪轻！"可以投奔的，可依靠的，在祥子心中，只有两人：小福子与曹先生。曹先生回来了，祥子把一切都告诉了曹先生，曹先生也为祥子安排好了一切。只要找到小福子，从此便可以另劈一个天地。然而，祥子得到的消息是，小福子"吊死在树林里了"。小福子是祥子唯一的生命希望；希望破灭了，曹先生救不了祥子的命。于是，"他吃，他喝，他嫖，他赌，他懒，他狡猾，因为他没了心，他的心被人家摘了去"。祥子变成了走兽。他把阮明（曾出卖曹先生的一名学生）卖了60块钱。"阮明的血洒在津贴上，祥子把钞票塞在了腰间。"祥子彻底成为一个"堕落的，自私的，不幸的，社会病胎里的产儿，个人主义的末路鬼！"

通过梳理，我们可以看到，祥子的性格是随着生活的现实和内心的希望一同起伏、一同波折的。祥子刚来到北平时，苦干三年，凑足100块钱，买了辆新车。这时的祥子吃苦耐劳,心地善良。当他连人带车被当兵的抓去,希望第一次破灭时,他心生怨恨,但念想犹存。当祥子卖了骆驼,拼命拉车,准备攒钱买新车时,他勤俭节约,但善心打折。当辛苦攒的钱被孙侦探讹去,第二次希望破灭时,祥子屈于现实,开始变坏。当虎妞以低价给祥子买了邻居二强子的车时,祥子虽然不再勤快,但还算敢于担责。为了置办虎妞的丧事,祥子卖掉了车,变得自怜自私,并开始扭曲。当想到小福子和曹先生时,他焕发生机,短暂振作。当得知小福子上吊而死时,他万念俱灰,彻底变坏。这便是祥子的"三起三落"。

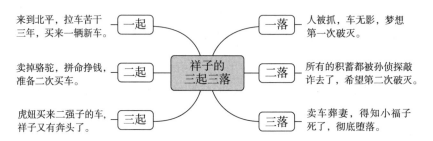

综观全书,祥子的性格虽有起伏波折,但其主线一路走低,最终跌进深渊,万劫不复。

二、祥子的身边人

上面,我们分析了祥子的性格特点及其命运走向。祥子,既令人同情,又让人唾弃,正所谓"可怜之人必有可恨之处"。下面,我们将以祥子为中心,对其周围人的性格与命运略作分析。下面根据人物之间的关系,分作五组来简要阐述。

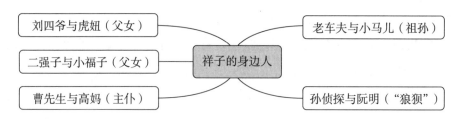

1. 第一组：刘四爷与虎妞（关系：父女）

刘四爷，人和车厂的老板，一个快70岁的老人。他的出身，与所谓的"人和"搭不上半点关系："年轻的时候他当过库兵，设过赌场，买卖过人口，放过阎王账。""在前清的时候，打过群架，抢过良家妇女，跪过铁索。"到了民国时候，巡警的势力越来越大，刘四爷"识时务者为俊杰"，不再从事那些伤天害理的勾当，开了个洋车厂子，并逐渐有了60多辆车的规模，而且大多是新车。

虎妞，刘四爷的独女，一个"三十七八岁的虎女"。她长得虎头虎脑，帮助父亲办事是把好手，但没人敢娶她作太太。父女俩分工明确，刘四爷打外，虎妞打内，父女俩把人和车厂治理得如铁筒一般。于是，人和车厂成了当时北平洋车界的权威。

下面简要分析一下虎妞的命运悲剧。

（1）粗野泼辣。这一点在上一段已有说明，而在书中其他地方也有多处表露。比如，"别的车夫，因为受尽苦楚，说话总是横着来；她一点不怕他们，可是也不愿多搭理他们"。"你别把我招翻了，我爸爸是光棍出身，我什么事都作得出来！明天你敢再出去，我就上吊给你看看，我说得出来，就行得出来！"

（2）敢爱敢恨。因为祥子"老实，勤俭，壮实"，虎妞便爱上了这个一穷二白的车夫。经济地位、社会地位的差距，老头子的反对，丝毫没有动摇她对祥子的感情。从这一点来看，虎妞是一个积极追求真爱的女子。在刘四爷七十大寿的当晚，刘四爷坚决不同意虎妞嫁给祥子。虎妞宁愿父女关系决裂，也要和祥子在一起，并说到做到，离家出走，搬到一个大杂院里，和祥子结了婚。

（3）低俗市侩。这一点在与小福子的交往中表现得尤为突出。比如第十七章中，"她（小福子）还有许多说不出口的事：在她，这是蹂躏；在虎妞，这是些享受。……诸如此类的事，虎妞听了一遍，还爱听第二遍"。虎妞把自己的房子，用每天两毛钱的价钱提供给小福子作肮脏的交易。

（4）控制欲强。祥子与虎妞的结合，在一定程度上，是虎妞下的圈套：说是用骨牌打了一卦，准知道祥子要回来；劝祥子喝酒，让祥子酒后乱性；欺骗祥子，说自己怀了孕。结婚后，"她不许他去拉车，而每天好菜好饭的养着他，正好像养肥了牛好往外挤牛奶！他完全变成了她的玩艺儿！"正因如此，祥子简直没有回家的勇气。在祥子看来，"家里的不是个老婆，而是个吸人血的妖精！"显然，这给后面的悲剧埋下了祸根。

（5）贪吃懒惰。虎妞真的怀孕了。"自从一入冬，她的怀已显了形，而且爱故意的往外腆着，好显出自己的重要。看着自己的肚子，她简直连炕也懒得下。……饭菜而外，她还得吃零食，肚子越显形，她就觉得越须多吃好东西；不能亏着嘴。"因为她贪吃懒惰，直接导致"横生逆产"。难怪作者如此评价："她的优越正是她的祸患。"

虎妞之死，她父亲也逃脱不了干系。试想一下，如果刘四爷没有那么势利，没有那么绝情，没有那么嫌贫爱富，没有那么自以为是，虎妞也绝不会离家出走；事后虎妞本已妥协，但因为刘四爷将车厂变卖，并"自己拿着钱去享福"，虎妞没有回头路可走。我们不妨假想一下，如果怀孕之后，由父亲和姑母照护，虎妞的命运轨迹也许彻底改变。

"愚蠢与残忍是这里的一些现象；所以愚蠢，所以残忍，却另有原因。"虎妞，这个沾染了封建社会许多恶习的妇女，也最终成了封建社会的一个牺牲品。同时，也因为上述原因，刘四爷也成了一个受害者：独生女去世了，而他连女儿的坟墓都找不到。悲剧就是这样接踵而至。

2. 第二组：二强子与小福子（关系：父女）

祥子的第二辆车，是虎妞从二强子那里买来的。而二强子当初买这辆车的钱又是怎么得来的呢？他把女儿用 200 块钱卖给了一个军人。不光如此，二强子还酗酒。也正是因为醉酒，他一脚踹在他老婆的小肚子上；和两个儿子（一个 13 岁，一个 11 岁）纠缠时，又踩了二强嫂几下。此后，二强嫂始终不能再下地。到了腊月初三，小福子和两个弟弟便没有了妈妈。没法子，二强子把车用 60 块钱押了出去。这便是祥子的第二辆车。

这便是小福子的爹：一个不务正业、经常酗酒、卖了女儿、打死老婆、还想卖掉一个儿子（只是没人要）的混蛋。

接下来着重说一说小福子。小福子，不光是一个被卖的女儿，还是一个军官的弃妇。"他（军官）到处都安一份很简单的家，花个一百二百的弄个年轻的姑娘，再买份儿大号的铺板与两张椅子，便能快乐的过些日子。等军队调遣到别处，他撒手一走，连人带铺板放在原处。"小福子便是这样的一个苦命儿。

"妈妈没有了，姐姐就是妈妈！""姐姐是块肉，得给弟弟吃！"小福子为了让弟弟们能吃饱饭，她得出卖自己的肉体。小福子为了弟弟们，还给虎妞下了一跪。小福子的反抗，大概直到生命的终点才表现出来。她为了弟弟们，苟且偷生，忍辱负重。小福子，就是这样的一个姐姐。

虎妞死了。小福子帮祥子料理了丧事，又帮祥子收拾好房间。她给祥子暗示：想和祥子组织家庭，相依为命。可惜，祥子没有这样的勇气。尽管小福子在他心中依然很美。可惜，祥子并不想马上就续弦；可惜，她爹把她当作了摇钱树。祥子要走了，"她不恨，也不恼，只是绝望"。此时的小福子，可谓"哀莫大于心死"。

祥子找好车厂，回来取铺盖，此时的小福子眼已哭肿。祥子说："等着吧！等我混好了，我来！一定来！"小福子只是点了点头，没说什么。

这一别，乃是永别。等到祥子在曹先生的开导下重新焕发生活希望，来寻找小福子时，小福子已经吊死在树林里了！

苦命的，善良的，要强的，坚韧的小福子，"一领席，埋在乱死岗子，这就是努力一世的下场头！"在老舍的笔下，小福子是一个身遭凌辱而心怀高洁，在那个地狱中闪烁着人性光辉的圣女，而不是一个出卖身体、出卖灵魂的堕落者。

小福子，是中国旧社会穷人家孩子的一个代表。她，她们，许多时候并没有什么过错，但黑暗的社会和残酷的现实，捉弄并葬送了她和她们的一生。小福子的悲剧，不仅仅是她一个人的悲剧。

鲁迅先生说，"悲剧将人生的有价值的东西毁灭给人看"。小福子死了，祥子的爱情死了，祥子的希望和良知也彻底死了。

3. 第三组：曹先生与高妈（关系：主仆）

曹先生是作者比较舍得花费笔墨的一个人物。对于祥子而言，"曹先生是他的旧主人，虽然在一块没有多少日子，可是感情顶好；曹先生是非常和气的人，而且家中人口不多，只有一位太太，和一个小男孩"。"人口不多"是祥子与此前包月的杨家比较而言的。

曹先生的和气，对祥子的好，在许多地方可以看出来。比如，他"拿谁也当个人对待"；"决不给下人臭东西吃"；在曹家"吃住都合适，工作又不累"；"太太叫他给小孩儿去买丸药，她必多给他一毛钱，叫他坐车去"；"在这里，他觉出点人味儿"。简单地说，曹先生一家人尊重像祥子这样的车夫、这样的下人。曹先生能让下人们活得有尊严。所以，祥子认为曹先生是"孔圣人"。

而在老舍先生的眼里，"曹先生并不怎么高明。他只是个有时候教点书，有时候也作些别的事的一个中等人物。他自居为社会主义者，同时也是个唯美主义者""在政治上，艺术上，他都并没有高深的见解；不过他有一点好处：他所信仰的那一点点，都能在生活中的小事件上实行出来"。曹先生的这种"不高明"，其实很难得，难就难在言行一致、知行合一。

最让人感动的，是祥子把车把摔断、把曹先生和自己都摔伤时，曹先生没说一句重话，而是说"别管我，先看你自己吧！"并宽慰祥子："你洗洗！先不用说什么辞工。不是你的错儿，放石头就应当放个红灯。算了吧，洗洗，上点药。"在这时候，曹先生还是给祥子以台阶，给祥子以脸面，给祥子以安慰。之后，曹先生把车子收拾好，并没有扣祥子的工钱。即便是被人盯上、仓皇逃命之际，他对祥子依旧是那样的周到和体贴："你若丢了东西，将来我赔上。"并给了祥子五块钱。

祥子在彻底失望、心态扭曲之际，抱着侥幸的心理来到曹家。因为在祥子心里，曹先生是"圣人"，必能原谅他，帮助他，给他出个好主意。果然，当祥子把内心的苦水完全倾倒出来之后，曹先生帮祥子这样地分析，这样地策划：

我给你想想看：你要是娶了她，在外面租间房，还是不上算；房租，煤灯炭火都是钱，不够。她跟着你去作工，哪能又那么凑巧，你拉车，她作女仆，不易找到！这倒不好办！

除非我这儿可以将就你们。你一个人占一间房，你们俩也占一间房；住的地方可以不发生问题……（第二十二章）

虽然曹先生最终并没有真正帮上祥子，但这样地为一个车夫着想，恐怕天下也难寻几个！曹先生是一个怎样的人呢？祥子说他是"圣人"，这也许并不夸张。他是"沙漠中的小绿洲"，是旧社会小知识分子的一个代表；同时，他尽管较为正直和进步，但终究不是一个真正的"社会主义者"，更不是一个真正的革命者。

说完曹先生，再简要说说高妈。高妈是曹家的女仆："她是三十二三岁的寡妇，干净，爽快，作事麻利又仔细。在别处，有人嫌她太张道，主意多，时常有些神眉鬼道儿的。"在祥子眼里，"他对高妈有相当的佩服，觉得这个女人比一般的男子还有心路与能力，她的话是抄着根儿来的。"

当祥子摔了车子、回到曹家，曹先生和夫人都在场时，高妈是这样说的："祥子是磨不开；本来吗，把先生摔得这个样！可是，先生既说不是你的错儿，你也甭再别扭啦！瞧他这样，身大力不亏的，还和小孩一样呢，倒是真着急！太太说一句，叫他放心吧！"高妈说得很全面，也很世故，并没有"起承转合的痕迹"。

当面对祥子一个人时，高妈又是另一种说辞："咱们卖的是力气，为的是钱；净说好的当不了一回事。可是话又得这么说，把事情看长远了也有好处；三天两头的散工，一年倒歇上六个月，也不上算……"因而，祥子有了这样的一种认识："什么也是假的，只有钱是真的。省钱买车；挂火当不了吃饭！"

高妈在理财方面很有办法，"自从她守了寡，她就把月间所能剩下的一点钱放出去，一块也是一笔，两块也是一笔，放给作仆人的，当二三等巡警的，和作小买卖的，利钱至少是三分"。在作者眼里，高妈可以很和气，也可以很毒辣，因为"她知道非如此不能在这个世界上活着"。

高妈是个怎样的人呢？高妈一方面为人热情，另一方面善于钻营。她曾三番五次劝祥子去放高利贷，但都因祥子的固执而失败。她是当时那个社会中经历了不幸，又学会了在最底层生活的女性代表。

4. 第四组：老车夫与小马儿（关系：祖孙）

老车夫，55岁。他初次登场时是这样的："穿着件短不够短，长不够长，莲蓬篓儿似的棉袄，襟上肘上已都露了棉花。脸似乎有许多日子没洗过，看不出肉色，只有两个耳朵冻得通红，红得像要落下来的果子。惨白的头发在一顶破小帽下杂乱的髭髭着；眉上，短须上，都挂着些冰珠。"

老车夫的儿子当兵去了后，一去不回头；媳妇便也走了。老车夫的孙子呢？"小马儿也就是十二三岁，脸上挺瘦，身上可是穿得很圆，鼻子冻得通红，挂着两条白鼻涕，耳朵上戴着一对破耳帽儿。"

一辆车子，是他们的全部家当，也是他们赖以生存的唯一希望。在他们的周围，不乏人间温暖：在老车夫饥寒交迫、快要晕倒时，有人喂糖水，有人请喝酒，有人给包子。但老车夫最终还是没法养活小马儿，小马儿不久便去世了。

老车夫已不再拉车，身上的衣裳比以前更薄更破。

老车夫吃苦耐劳，心地善良，但最终依旧逃不脱悲剧的结局。

这既非个案，又是个案。在当时的社会条件下，像老车夫这样的好人，如此悲惨的命运并非少数；但好人好报、勤劳致富，又是一条颠扑不破的真理。

5. 第五组：孙侦探与阮明（关系："狼狈"）

孙侦探，作为一个狡诈、阴险的特务，擅长利用手中的权力进行敲诈勒索。他善于观察和捕捉人性的弱点，以此为行动的筹码。在故事中，他巧妙地利用祥子的困境，敲诈走了祥子辛苦攒下的买车钱，使祥子的希望破灭。

阮明，则是一个投机钻营、厚颜无耻的小人。他为了追求金钱和地位，不惜背叛信仰，出卖朋友。他因曹先生未给他及格分数而心生怨恨，进而向孙侦探提供了曹先生的信息，成为孙侦探敲诈勒索的帮凶。

两人的关系之所以被称为"狼狈"，是因为他们在行动中相互配合，狼狈为奸。孙侦探利用阮明的背叛获取了信息，进而实施敲诈；而阮明则依靠孙侦探的权势，试图获取金钱和地位。他们的行为不仅伤害了无辜的人，也破坏了社会的公平和正义。

把上述五组与祥子相关的人物略作梳理。其中，虎妞、小马儿、小福子、阮明等四人先后悲惨死去；刘四爷、老车夫、二强子等三位白发人送黑发人；曹先生应当会好人行好运；高妈迟早会被放高利贷所坑；孙侦探（以及抢车的大兵、不给仆人饭吃的杨太太）是恶有恶报还是恶人命大，这不得而知；而祥子本人，一身脏病，行尸走肉，是既成的事实。

这是一幅具有老北京风情的世态图，也是一幅旧中国底层人物命运走向的趋势图。

三、祥子的不幸根源

祥子的命运是悲惨的，也是有代表性的。这样的人生，这样的命运，是值得同情的，也是值得探究的。显然，祥子的不幸，是时代的不幸，是许多像祥子一样生活在社会底层的百姓的不幸。然而，这样的不幸产生的根源又是什么呢？

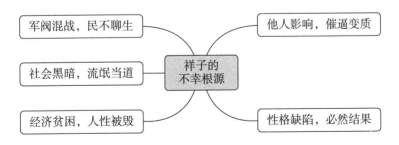

1. 军阀混战，民不聊生

"战争的消息与谣言几乎每年随着春麦一块儿往起长""'要打仗了！'这句话一经出口，早晚准会打仗"。祥子的第一辆车就是被当兵的抢走的。兵荒马乱的年代，老百姓一个个备受煎熬。

2. 社会黑暗，流氓当道

祥子卖骆驼的钱，就这样被孙侦探这个流氓给讹去了。同时，一个大好人、祥子的大福星——曹先生也被逼得背井离乡、四处逃命。勤劳、朴实、善良的老百姓就这样一步步被逼进生活的死胡同。

3. 经济贫困，人性被毁

"房钱交不上，全家便被撑出去，而且扣了东西。房子破，房子可以砸死人，没人管。""一场雨，也许多添几个妓女或小贼，多有些人下到监狱去；大人病了，儿女们作贼作娼也比饿着强！"人是社会的产物，在这种衣不遮体、食不果腹、家徒四壁甚至无家可归的极度贫困之下，一个人想独善其身是何其艰难！

4. 他人影响，催逼变质

"看看自己的手脚，祥子不还是很年轻么？祥子将要永远年轻，教虎妞死，刘四死，而祥子活着，快活的，要强的，活着——恶人都会遭报，都会死，那抢他车的大兵，不给仆人饭吃的杨太太，欺骗他压迫他的虎妞，轻看他的刘四，诈他钱的孙侦探，愚弄他的陈二奶奶，诱惑他的夏太太……都会死，只有忠诚的祥子活着，永远活着！"心理逐渐扭曲的祥子，其人生悲剧与上面这些人都有着或深或浅、或大或小的联系。而小福子的死，让祥子彻底崩溃，彻底堕落。

5.性格缺陷，必然结果

祥子从乡下来到城市，其本质上还是狭隘的小农意识。身体健壮，但精神残缺。祥子很自私，为了自己的利益，拼命抢座赚钱。甚至对于自己爱着的小福子，他首先想到的还是自己。面对虎妞的引诱与胁迫，他想挣扎反抗，同时又屈服于情欲的诱惑，终于落入虎妞设下的婚姻牢笼。当虎妞难产需要送到医院时，他无动于衷，导致虎妞的死。当夏太太欲勾引他时，他想到的是拾个便宜，因而惹上了病根。他可以为钱行骗，还可以为钱出卖生命。祥子最终变成了麻木、潦倒、狡猾、自暴自弃的行尸走肉。

"一个人可以被毁灭，但不能给打败。"我们不能奢求祥子成为一个完人，我们每一个人也都不可能成为完人。但我们可以从文学作品中汲取精神养料，将其作为自己的一面镜子，照出各自的真诚与虚伪、善良与邪恶、美丽与丑陋、挺拔与猥琐，以此不断完善自我，超越自我。

考题集锦

1.【2020·毕节市中考题】现代作家老舍先生的代表作《_____》描写了一个普通人力车夫的一生，反映了一个有良知的作家对_____的关注和同情。

◎ 参考答案

骆驼祥子；底层劳动人民。

2.【2022·永州市中考题】名著阅读。

这可绝不是件容易的事。一年，两年，至少三四年；一滴汗，两滴汗，不知道多少万滴汗，才挣出那辆车。从风里雨里的咬牙，从饭里茶里的自苦，才赚出那辆车，那辆车是他的一切挣扎与困苦的总结果与报酬，像身经百战的武士的一颗徽章。

这段文字摘自_____（填作家名）创作的长篇小说《_____》。

◎ 参考答案

老舍；骆驼祥子。

3.【2022·绍兴市嵊州片区期中联考题】阅读《骆驼祥子》相关片段的内容，回答问题。

①祥子的手哆嗦得更厉害了，揣着保单，拉起车，几乎要哭出来。拉到个僻静地方，细细端详自己的车，在漆板上试着照照自己的脸！越看越可爱，就是那些不尽合自己的理想的地方也都可以原谅了。

②祥子的车卖了！祥子像傻了一般，看着大家忙乱，他只管往外掏钱。他的眼红得可怕，眼角堆着一团黄白的眵目糊；耳朵发聋，楞楞磕磕的随着大家乱转，可不知道自己作的是什么。他连哭都哭不出声来！

③饿了三天，火气降下去，身上软得像皮糖似的。恐怕就在这三天里，他与三匹骆驼的关系由梦话或胡话中被人家听了去。一清醒过来，他已经是"骆驼祥子"了。

（1）①段中祥子"几乎要哭出来"的原因是＿＿＿＿＿＿＿＿＿＿＿＿。

（2）②段中祥子"连哭都哭不出声来"的原因是＿＿＿＿＿＿＿＿＿＿＿＿。

（3）请简述"骆驼祥子"这个名称的来历。

◎ 参考答案

（1）买上了第一辆自己的车，高兴得要哭。

（2）虎妞难产而死，祥子卖车，难过得哭不出声来。

（3）祥子在拉车过程中遭到抢劫，车子被抢走，人也被抓了壮丁。后来，祥子从军营逃跑，顺手牵走了三匹骆驼，并卖了35块大洋。由于这种关系，人们便称呼他为"骆驼祥子"。

4.【2022·铜仁市中考题】我市某中学开展"'骆驼祥子'角色选拔"活动，请你参与并完成下列任务。

情节梳理：请调动你的阅读积累，在下面的思维导图中补填相应情节。

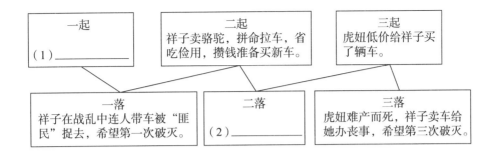

◎ 参考答案

（1）祥子来到北平当人力车夫，苦干三年，终于凑够了钱，买了辆新车。

（2）祥子辛苦攒的钱被孙侦探敲诈走，希望第二次破灭。

5.【2023·贵阳市中考题】班级要举行《骆驼祥子》读书交流会，语文课代表大致梳理了祥子的重要经历及思想变化。请帮助他完成下图中对应的内容。

◎ 参考答案

（1）充满希望（或积极上进、吃苦耐劳、踏实能干等）。

（2）出卖阮明（或出卖革命党、四处骗钱、卖掉棉衣换好吃的等）。

6.【2021·襄阳市中考题】经典滋润心灵，名著伴我成长。请阅读下面节选语段，回答相关问题。

一年，两年，至少三四年；一滴汗，两滴汗，不知道多少万滴汗，才挣出那辆车。从风里雨里的咬牙，从饭里茶里的自苦，才赚出那辆车。那辆车是他的一切挣扎与困苦的总结果与报酬，像身经百战的武士的一颗徽章。在他赁人家的车的时候，他从早到晚，由东到西，由南到北，像被人家抽着转的陀螺；他没有自己。《骆驼祥子》

（读·人物）从语段画线句可以看出此时的祥子是一个＿＿＿＿＿＿＿＿的人（用四字词语概括）。当读到小说结尾部分时，我们发现祥子又变成了一个＿＿＿＿＿＿＿＿＿＿＿＿＿＿＿＿的人。

◎ 参考答案

勤劳坚忍、积极向上、执着追求；麻木、潦倒、狡猾、自暴自弃。

7.【2021·巴中市中考题】从以下人物中任选一个，联系作品内容，简要分析他（她）对待"命运"的态度。

祥子（《骆驼祥子》） 孙少平（《平凡的世界》） 简·爱（《简·爱》）

◎ 参考答案

祥子示例：我选的人物是祥子。在《骆驼祥子》中，祥子最初对待命运是积极向上的。他勤劳努力，想通过自己的奋斗拥有一辆属于自己的车。但经历了多次挫折和打击后，他逐渐变得消极，最终向命运低头，自甘堕落。

8.【2022·资阳市中考题】全班共读《骆驼祥子》后，你所在的小组开展"探寻祥子悲剧原因"的专题活动。请你完成下面的任务。

（1）以下是某同学所做的两则摘抄，请从祥子心理活动的角度对每则摘抄做批注。

①他下了决心，一千天，一万天也好，他得买车！第一步他应当，他想好了，去拉包车。遇上交际多、饭局多的主儿，平均一月有上十来个饭局，他就可以白落两三块的车饭钱。加上他每月再省出个块儿八角的，也许是三头五块的，一年就能剩起五六十块！这样，他的希望就近便多了。他不吃烟，不喝酒，不赌钱，没有任何嗜好，没有家庭的累赘，只要他自己肯咬牙，事儿就没有个不成。他对自己起下了誓，一年半的工夫，他——祥子——非打成自己的

车不可！是现打的，不要旧车见过新的。（摘自第一章）

②睡了两天，他把车拉出去，心中完全是块空白，不再想什么，不再希望什么，只为肚子才出来受罪，肚子饱了就去睡，还用想什么呢，还用希望什么呢？看着一条瘦得出了棱的狗在白薯挑子旁边等着吃点皮和须子，他明白了他自己就跟这条狗一样，一天的动作只为捡些白薯皮和须子吃。将就着活下去是一切，什么也无须乎想了。（摘自第二十三章）

（2）请根据上述材料，结合你阅读《骆驼祥子》的体会，探究祥子悲剧的个人原因和社会原因。

◎ 参考答案

（1）批注①：初到城市的祥子为了购置新车而精打细算，怀揣着对生活的热爱与对未来的美好憧憬。

批注②：小福子的离世让祥子心如死灰，他失去了对生活的所有期盼，精神世界彻底崩塌。

（2）个人原因：祥子身上存在的个人主义倾向（或性格上的缺陷）；社会原因：旧社会的残酷压迫（或社会的阴暗面、腐朽的制度）。

《海底两万里》领读

一、作品常识

法国作家儒勒·凡尔纳的《海底两万里》，全书分为两卷，共 47 章。

这本科幻小说的创作，与一个历史背景分不开。19 世纪中期，波兰人民反对沙皇独裁统治而爆发起义，遭到残酷镇压。凡尔纳的《海底两万里》成功塑造了尼摩船长这样一个性格鲜明的人物形象，以此表达对现实的批判。

故事发生在 1866 年。当时海上发现了一只被称为"飞逝的暗礁""独角鲸"的大怪物，法国博物学家阿龙纳斯教授接受海军部部长的邀请，一同参加对大怪物的追捕，结果阴差阳错地与大怪物——诺第留斯号（鹦鹉螺号）潜艇一起进入"海底两万里"的旅行，并由此见证潜艇在"太平洋—印度洋—红海—地中海—大西洋—南极海域—大西洋—北冰洋"的行进线路中，所历经的大大小小的惊险片段。

这里，需要注意，"海底两万里"究竟有多远？它是不是就是一万公里呢？《海底两万里》法文版的书名是 *Vingt mille lieues sous les mers*。其单位是"lieue"。Lieue 为古法里，古法里分为古陆里和古海里。1 古陆里约等于 4.445 公里，而 1 古海里约等于 5.556 公里。因此，"海底两万里"法文版的本意指的是两万古海里，约等于 11 万公里。

诺第留斯号的航行轨迹，从太平洋到印度洋再到大西洋，显然不止一万公里的距离。但到底有多远，凡尔纳所在的年代自然无法知晓，书名"海底两万里"实际上是凡尔纳的一种空间距离想象力的表现。

诺第留斯号的行进线路，所经历的重要事件可梳理为以下两张图表。

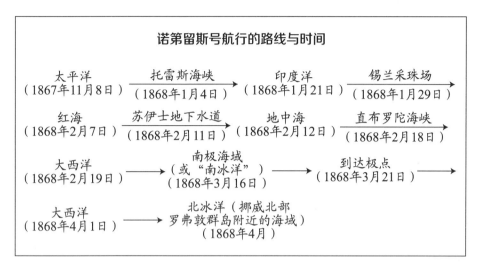

诺第留斯号航行的重要地点和重要事件一览表	
太平洋（第一部分：第一至二十四章）	
重要地点	日本海、克雷斯波岛、瓦尼克罗群岛、托雷斯海峡、格波罗阿尔岛、珊瑚王国
重要事件	①发现海怪；②林肯号出征；③追逐海怪；④诺第留斯号；⑤海底森林打猎，第一次遇险：遇大角鲨；⑥第二次遇险：触礁搁浅；⑦第三次遇险：土著人围攻；⑧珊瑚王国、海底葬礼
印度洋（第二部分：第一至三章）	
重要地点	基灵岛、印度半岛南端、孟加拉湾、锡兰岛、马纳尔岛
重要事件	①看船蛸、遇尸体、赏乳海；②海底采珠场，第四次遇险：勇斗鲨鱼
红海（第二部分：第四至五章）	
重要地点	阿曼湾、亚丁湾、曼德海峡、苏伊士地峡
重要事件	①第五次遇险：儒艮掀艇；②穿越阿拉伯隧道
地中海（第二部分：第六至七章）	
重要地点	欧洲近海岸、克里特岛、桑多林岛、海底第二盆地

续 表

诺第留斯号航行的重要地点和重要事件一览表	
重要事件	①第一次策划逃跑；②赠送黄金；③看海底火山喷发；④看遇难船只遗骸、神庙遗址
大西洋（第二部分：第八至十二章）	
重要地点	维哥湾区、大西洋古城、南大西洋海域
重要事件	①第二次策划逃跑；②参观沉没的古城亚特兰蒂斯；③海底煤矿、火山中取燃料；④穿越马尾藻海；⑤援救长须鲸、屠杀抹香鲸
南极海域（第二部分：第十三至十六章）	
重要地点	南极圈、南极点
重要事件	①第六次遇险：冰山封路；②观察南极大陆美景；③第七次遇险：浮冰围困，导致缺氧
大西洋（第二部分：第十七至二十一章）	
重要地点	合恩角、火地岛、亚马逊河河口、留卡斯群岛、墨西哥湾
重要事件	①捕海牛、钓海龟；②第八次遇险：章鱼袭击；③写海洋研究的总结并签名；④凭吊复仇者号；⑤第三、四次策划逃跑；⑥第九次遇险：无国籍战舰袭击，撞沉战舰
北冰洋（第二部分：第二十二至二十三章）	
重要地点	北极海域、罗佛丹群岛
重要事件	①第五次策划逃跑；②第十次遇险：卷入大漩流；③被渔民所救；④诺第留斯号及船长结局成谜

二、惊险时刻

《海底两万里》的惊险航程，以尼摩船长与诺第留斯号潜艇的十次生死历险为主线，串联起一场融合自然挑战、人性博弈与科技智慧的深海史诗。从遇大角鲨时太平洋角鲨的致命凝视到冰山封路时南极冰层的窒息威胁，从印度洋勇斗鲨鱼，鲨口救人的壮烈到北冰洋卷入大漩流的绝处逢生，每一次险境既是对海洋狂暴力量的直面，亦是对人类勇气与协作的考验。无论是章鱼袭击时智斗巨型章鱼、儒艮掀艇时击杀凶悍儒艮，还是以通电铁梯逼退土著围攻、面临严重缺氧时用沸腾开水破冰求生，这些危机的处理既展现了诺第留斯号的超凡科技，更折射出船员们在绝境中迸发的坚韧与智慧。十次险象环生，十次化险为夷，共同勾勒出海底世界的瑰丽与残酷，也暗藏尼摩船长深埋心底的复仇执念与人性挣扎。

综观《海底两万里》一书，诺第留斯号所遇到的危险，有"人祸"（如敌人的追杀），有"物难"（如章鱼），但真正给它造成灾难的还是"天灾"（如冰盖和大风暴）。在大多数威胁与灾难来临之际，尼摩船长都能凭着过人的智慧克服和瓦解。

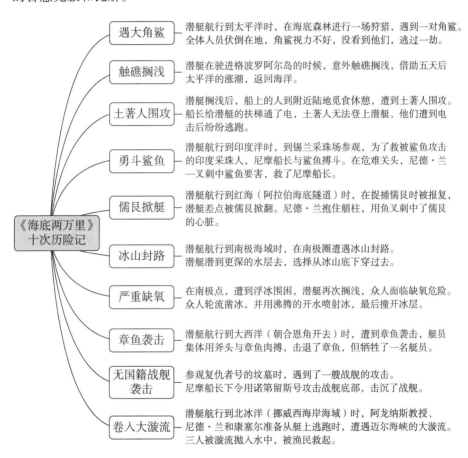

《海底两万里》领读 | 061

三、尼摩船长

《海底两万里》是一部关于诺第留斯号（鹦鹉螺号）潜艇的历险记，更是一部关于尼摩船长的揭秘史。这种揭秘，是随着"我"与尼摩船长的接触、交流、观察而逐步深入的。下面，就让我们跟着阿龙纳斯教授一起走近尼摩、走进尼摩的心灵深处吧。

1. 初识尼摩："最完美的一个人"

尼摩船长给"我"的初步印象非常好：自信、镇定、坚定、勇敢、高傲、坦白直率。"我"认为尼摩是"我所见过的最完美的一个人"。这样的判断，还因为尼摩目光犀利，语言清脆、和谐、抑扬顿挫。但是，他们把"我们"关在囚室一样的船舱里，限制"我们"的自由，又让"我"对尼摩的印象发生了根本的变化。

这个人温和的眼光，慈善的表情，高雅的举止，都从我的记忆中消失了。现在，出现在我面前的却是一个无情的、冷酷的怪人。我感到他是没有人性、没有一点同情心的人，是人类不可饶恕的敌人，他对人类怀有一种永远不解的仇恨！（第一卷　第九章　尼德·兰的怒火）

2. 二次造访："在海中我是完全自由的！"

是的，我爱海！海是包罗万象的！……海是动，海是爱，正像你们法国一位大诗人所说的，它是无限的生命。（第一卷　第十章　水中人）

据尼摩船长介绍，大海不仅为他提供食物，还为他提供衣着、香水、床、笔、墨等生活物资。同时，大海还是他的精神寄托。这位神秘的"海洋人"，一方面对生活充满了智慧，另一方面对尘世充满厌倦，对自由生活充满向往和热爱。这又是谜团。

3. 参观图书室:"这是我跟陆地上的唯一联系"

"阿龙纳斯先生,共有一万二千本。这是我跟陆地上的唯一联系……"

这便是诺第留斯号的图书室:图书种类多、数量多、名著多,其中以科学书籍为主。从中可见尼摩船长的兴趣爱好和求学精神。

"这是我跟陆地上的唯一联系",在尼摩的心里,他与陆地的联系,只停留在历史里,停留在历史上那些杰出的人文和科学里。

"从我的诺第留斯号第一次潜入水底的那一天起,对我来说,人世就完结了。""从那时候起,我就认为,人类没有什么思想,也没有什么著作了。"这是尼摩对现实世界的一种失望,也是他本人的一种极端自负的表现。

尼摩船长还给"我们"介绍房间里各种仪表的用途,如何开采海底矿藏,如何发电,如何提供空气,又介绍一只小艇的用途,还带"我"参观了厨房。他告诉"我们":

这里有一种强大的迅速的方便的原动力,它可以有各种用处,船上一切依靠它。所有一切都由它造出来。它给我光,它给我热,它是我船上机械的灵魂。这原动力就是电。(第一卷 第十二章 一切都用电)

我们便可体会到尼摩船长的智慧所在:船上的一切动能都来源于电,而电的获得又完全依靠大海。这是大海的魔力,也是科学的魔力,还是船长的魅力:具有非常精深的科学素养。他告诉"我们",他同时是这只船的船长、建筑师和工程师;他爱他的船,像一个父亲爱他的孩子一样!

这里,我们还应当为作者凡尔纳点个赞。因为文中的许多数据,都体现了作者严谨的创作精神,既能让我们感知到诺第留斯号的"有模有样",还能让我们感受到凡尔纳科幻小说的"有理有据"。

4. 旅行开始：他从不握"我"伸出去的手

海底探险旅行从日本海正式开始。潜艇在海面以下 50 米深处穿越黑水流。"我"和两位同伴尽情观赏形态美丽、活泼可爱的鱼儿。但尼摩船长越发让我感到"古怪"。

这个古怪的人，自以为不属于任何国籍，我将永远不知道他是哪一国的人吗？他对于人类的那种仇恨，或者他对于使他有那种仇恨的人，要想法作可怕的报复吗？……不过他从不握我伸出去的手，他也从不将他的手伸出来。（第一卷　第十四章　黑潮）

这一段的侧面描写，把尼摩船长的冷漠但有教养、仇恨但有爱心的矛盾个性表现了出来。

5. 船员遇难：全身发出强烈的仇恨

1 月 18 日，诺第留斯号到了东经 105 度和南纬 15 度的地方。尼摩船长把望远镜向所指的天边瞭望。他观察了很久。之后，呈现出这样的表情：

我简直不认识他了，他的面容完全变了。他的眼睛闪着阴沉的火光，从紧促的睫毛中露出来。（第一卷　第二十三章　强逼睡眠）

这一段，通过对尼摩船长神态、动作的描写，刻画出他愤怒的样子。这与以往温文尔雅的形象截然相反。这也意味着，潜艇将面临着一场大麻烦。

当"我"被强迫睡眠醒来之后，尼摩船长让"我"给一位船员疗伤。当得知这位船员活不到两小时时，尼摩船长的反应是这样的：

尼摩船长的手抖起来，几滴眼泪从他的眼中流出来了。从前我以为他的眼睛是不会哭的。（第一卷　第二十四章　珊瑚王国）

他还很严肃地说，这位战友不会受到鲨鱼和人的欺负了。在此之前，尼摩曾说："这座珊瑚墓地实在是很幽静的，但愿我和我的同伴们不会葬身别处。"

由此，我们可以看到一个爱憎分明的尼摩：对敌人有满腔的仇恨，对战友则深情关切和深深缅怀。同时，在他的心里，那些邪恶的人和鲨鱼一样可怕。显然，这位船长对人类社会存有一种无法改变的不信任与愤懑。

6. 谈采珠人："一般地说，这些采珠人不能活得很久"

一般地说，这些采珠人不能活得很久，他们的眼力很早就衰退，眼睛上发生溃疡，他们的身上有许多创伤，他们有时甚至于在水底下就中风了。（第二卷　第二章　尼摩船长的新建议）

这是尼摩船长和"我"谈起采珠人时所说的一段话。他还告诉"我"，在巴拿马，采珠人每星期才得一元的工钱；平常采到一个有珍珠的贝，他们才能得一分钱，何况他们采得的贝里多数是没有珍珠的！同情底层劳动人民，痛恨殖民统治者，尼摩船长的这种感情在这里得到了体现。

一场人鲨大战，发生在海底采珠场。为营救一个素不相识的采珠人，尼摩船长将自己的生死置之度外。救得采珠人后，他还以珍珠相赠。一个勇敢沉着、热情仗义、充满正义感、关怀弱者的英雄形象展现在我们面前。

7. 谈阿拉伯海底隧道："一个生物学家的简单推理"

从红海到地中海，"我"认为必须经过好望角，并绕非洲一圈。然而，尼摩却说可以从阿拉伯海底隧道直接过去。这让"我"大吃一惊。

教授，使我发现这条只有我一人认识的海底地道的，是一个生物学家的简单推理。（第二卷　第四章　红海）

从鱼类的相同,猜测有交通路线的存在,继而又用鱼类来验证,还冒险用潜艇来穿越。对于尼摩船长我们不能不敬佩得五体投地。

细心观察,大胆假设,实物验证,亲身实践——这是一种严谨的科学实验。这种科学精神,是一个现代人应具备的一种素养。

8. 途经古战场:"我想到的是千千万万的苦难人"

那么,先生,您以为我收集了这些财宝,就会把它们浪费掉吗?按您的意思,我费这么大劲收集这些财宝,只是为了我一个人吗?(第二卷 第八章 维哥湾)

在昔日的古战场维哥湾,"我"发现了船长的秘密——他把装满珠宝的古代沉船当作了自家的银行,但他把这些珠宝送给了那些受苦受难的人们和被压迫的种族,送给了那些要救济的穷人和那些要为牺牲者报仇的人民。这让"我"对他肃然起敬。

9. 到达南极:"我占领了这块土地"

在1868年3月21日,尼摩船长喜不胜收:"我到达了90度的南极点上,我占领了这块地球上相当于已知大陆的六分之一的土地。"……他抖开了一面黑色平纹布旗帜,上面绣有一个等边的金黄色N字。然后,他转身对着在海平面上泛着斜晖的太阳喊道:"再见吧,太阳!消失吧,光辉四射的太阳!"(第二卷 第十四章 南极)

尼摩成功地到达南极,并插上了属于他的黑旗。从这一环节,我们可以看到,尼摩并非真正的无欲无求,其实他也渴望有自己的领地。插上黑旗,显示了他被压抑的性格,也反映了他不畏强暴的精神。

10. 海湾谈话:"这是一部用好几国语言书写的手稿"

瞧,阿龙纳斯先生,这是一部用好几国语言书写的手稿。它包容了我对海洋的研究总结,如果上帝允许的话,这本手稿大概不会随同我一起消失。(第二卷 第十九章 墨西哥湾暖流)

这个遁世离俗的人,对海洋的研究总结,其实也是他的自传。他希望以这样的方式,将自己的身世公开于世。显然,这是很矛盾的一件事。然而,尼摩船长做这件事已经很久了,也许从他登上诺第留斯号的第一天起,就开始写自传了。看来,尼摩也希望后人能了解他,能理解他;也希望把他对海洋的研究,造福于人类。他毕竟还是一个"人"。

11. 海上决战:"所有我仇恨的一切,就在那里!"

一艘战舰向潜艇发起攻击,经过几番周旋,潜艇将战舰撞沉,艇长获得了一份复仇的快感。尼摩船长的复仇者形象完全展示了出来。

我是权利!我是正义!我是被压迫的,瞧,那就是压迫者!由于他,所有一切我热爱过的,亲热过的,尊敬过的,祖国、爱人、子女、我的父亲、我的母亲,他们全死亡了!所有我仇恨的一切,就在那里!(第二卷 第二十一章 大屠杀)

尼摩船长对炮轰诺第留斯号的军舰展开了血腥的大屠杀。大获全胜之后——

在他房间里面的嵌板上,他的那些英雄人物的肖像下面,我看到一个年纪还轻的妇人和两个小孩的肖像。尼摩船长两眼看这肖像一下,向像中人伸出两只胳膊,跪倒在地,抽咽起来。(第二卷 第二十一章 大屠杀)

至此，尼摩的复仇之谜基本揭开。因为国仇家恨，因为不共戴天，所以与世隔绝，所以大开杀戒。只不过，尼摩的身份依然是个谜。这正如拉丁语"尼摩"（Nemo）一词，意为"不存在的人"。

但是，从《海底两万里》一书中，我们可以看到一个这样的尼摩船长：

一个知识渊博、沉着机智的工程师；

一个与世隔绝、心如死灰的隐士；

一个关心弱者、外冷内热的仁人；

一个反对殖民统治、反对人类非正义行为的叛逆者和复仇者。

考题集锦

1.【2021·怀化市中考题】法国著名的科幻和探险小说家儒勒·凡尔纳创作的科幻小说_____（作品名），讲述了一位叫尼摩的船长驾驶自己设计制造的潜水艇_____（船名）在海底探险的神奇故事。

◎ 参考答案

《海底两万里》；诺第留斯号（鹦鹉螺号）。

2.【2021·河池市中考题】名著阅读。

"您可以说，"船长对我说，"这人不懂得法语。"我最后看一下伤员，然后回答："这人在两小时内就要死了。""没有什么办法可以救他吗？""没有。"尼摩船长的手抖起来，几滴眼泪从他的眼中流出来了。从前我以为他是不会哭的。

以上文段选自法国作家_____（人名）的《海底两万里》，请结合全文说说"我"之前为什么认为船长不会哭？

◎ 参考答案

凡尔纳；尼摩船长性情阴郁，显得冷酷无情，让人觉得似乎不近人情。

3.【2022·成都市中考题】同是离开潜艇到海底，尼摩船长等人到珊瑚王国和亚特兰蒂斯，目的有何不同？请结合你对《海底两万里》的阅读，简要作答。

◎ 参考答案

到珊瑚王国是去安葬死去的船员,到亚特兰蒂斯是去参观那片"失踪的大陆"。

4.【2021·昆明市中考题】在名著阅读分享会上,同学们模拟了儒勒·凡尔纳和刘慈欣的一场穿越时空的对话,请你将下面的对话补充完整。

刘慈欣:尊敬的凡尔纳先生,我也是一名科幻小说作家,很荣幸与您相见。

儒勒·凡尔纳:刘先生您好,很高兴认识您,真想听听您写的故事。

刘慈欣:好呀,我给您介绍一下我的小说《带上她的眼睛》。故事是这样的——有一艘地航飞船被困在高热的地心,与外界联系的通讯设备即将失效。此时,唯一幸存的女地航员通过一副中微子传感眼镜,最后一次看到了草原的风景,闻到了花香,听到了万物的声音。

儒勒·凡尔纳:这个故事真精彩,我也来讲讲我的小说《海底两万里》中诺第留斯号潜水艇航行到南极时的遇险故事吧。A_____。(要求:简述此故事的起因、经过、结果。)

刘慈欣:作为科幻小说家,我们的目标都是用笔创造各种各样的新世界。

儒勒·凡尔纳:我和您的想法不谋而合。当我们用笔创造新世界时,要努力体现科幻小说 B_____ 和 C_____ 两个基本特点。

◎ 参考答案

A.《海底两万里》中诺第留斯号潜水艇航行到南极时的遇险故事起因是尼摩船长决定向南极进发,挑战人类从未到达过的南极点。经过是在南极,他们遭遇了极端恶劣的天气和冰山,潜水艇被困在冰层中,面临着缺氧和压碎的威胁。尼摩船长和船员们奋力破冰,最终成功脱困,但潜水艇受损严重。结果是他们决定暂时放弃南极探险,返回其他海域。

B. 科学。

C. 幻想。

5.【2020·广东省中考题】《西游记》里的猪八戒有很多缺点,但也不乏闪光之处。文学作品中的典型人物形象往往就是这样,优缺点并存。请从下面文学形象中任选一个,结合具体情节,说说他的优点和缺点。

林冲(《水浒传》) 尼摩船长(《海底两万里》) 祥子(《骆驼祥子》)

◎ 参考答案

尼摩船长示例:尼摩船长的优点是英勇无畏、善良仁慈。比如当采珠人被角鲨攻击的时候,他舍命相救,并赠送珍珠;当潜艇受困于南极冰山,自己缺氧时,他依然遵守约定,把纯净的氧气让给了伙伴。他的缺点是有些冷酷无情。比如当诺第留斯号面对敌人时,尼摩变身冷酷杀手,击毁一艘艘航船,残忍地夺去一条条生命。

6.【2022·云南省中考题】班级围绕名著中"可笑与可敬的人物"开展阅读交流会,请根据要求完成问题。

选评名著人物,请从下列名著人物中任选一位,说说其可笑或可敬之处。

猪八戒　鲁智深　尼摩船长　长妈妈

答:_____

◎ 参考答案

尼摩船长示例:我选尼摩船长。他的可敬之处在于他具有反抗压迫、争取自由的斗争精神。他搜集海底金银财宝,支援被压迫民族的正义斗争。当祖国沦为殖民地后,他带领少数志同道合的人潜入海底,用反抗的行动和不满的言论,支持和唤醒被压迫民族反抗殖民统治的斗争。

他的可笑之处可能在于他有时显得过于孤僻和偏执,对人类社会持有某种程度的偏见和排斥。这种极端的立场和行为有时会让人觉得有些可笑和难以理解。

7.【2020·浙江省中考题】法国作家大仲马说:"人生的意义就蕴含在这两个词里——希望和等待。"请从下列人物中选择一位,结合作品内容谈谈你对这句话的理解。

A．祥子（《骆驼祥子》）

B．尼摩船长（《海底两万里》）

C．保尔（《钢铁是怎样炼成的》）

◎ 参考答案

选项 B 示例：尼摩船长，这位神秘的海底探险家，他的人生轨迹充满了对未知世界的渴望与追求，同时也伴随着漫长的等待与不懈的希望。

尼摩船长的希望，体现在他对海底世界的探索和对未知领域的求知上。他渴望通过自己的努力，揭开海底的神秘面纱，为人类带来关于海洋的新知识和新发现。同时，他也希望用自己的行动，唤醒人类对自然环境的敬畏之心，促使人类反思自身的行为，从而避免走向毁灭的深渊。

而尼摩船长的等待，则是一种对正义的等待，对和平的等待。他深知人类社会的黑暗与不公，也见证了战争和暴力给人类带来的苦难。因此，他选择隐居海底，等待一个更加美好的未来。在等待的过程中，他并没有放弃自己的信念和追求，而是用自己的方式，在海底世界中创造了一个相对和平与自由的小天地。他救助被压迫的民族，保护海洋生物，用自己的行动践行着对正义与和平的坚守。

《红星照耀中国》领读

1936年,一名美国记者冒着生命危险,穿越重重封锁,进入陕甘宁边区,只为解开苏区和红军之谜;一本书,一问世便引起轰动,几个星期内就销售10万册以上。这个记者便是埃德加·斯诺,这本书便是《红星照耀中国》,又名《西行漫记》。

《红星照耀中国》是一部纪实作品。它真实地记载了斯诺在红色中国的所见所闻,客观地向全世界报道了中国共产党和中国工农红军的真实情况,如实而全面地展现了毛泽东、周恩来等人的生活经历和领导风采。

从某种程度上说,阅读此书,也是在阅读一部中国近代史。只不过,它是一个片段,而且是用报告文学的笔法写成的。也就是说,这本书既有历史的真实性和严肃性,又有文学的艺术性和形象性。这也就意味着,我们在阅读此书时,既可欣赏到作者灵动而富有个性的文笔,也可知晓20世纪30年代中国的一段历史,还可领略毛泽东等人的思想光辉。

一、序言与目录

很多读者一拿到书便直接翻到正文,总想尽快地欣赏书中的故事情节。这种读书方法,似乎也没什么毛病。但对于像《红星照耀中国》这类纪实作品,最好还是先看看正文之前的序言和目录,甚至包括目录之前的照片。

看照片的好处,在于能够尽可能获取一些关于本书写作背景的感性认识。比如作者埃德加·斯诺的照片、毛泽东的照片、朱德的照片、"高歌与战斗"的照片，能够真实再现当年的人物形象和生活场景；"穷人也要读书"照片，可以让读者形成一种与现实生活的视觉反差；"红小鬼"照片与第十篇的"红小鬼"一节遥相呼应。

经验告诉我们，感性认识越丰富，阅读的兴趣便越浓厚，对人物的个性和作品的主题也认识得越深刻。

正文的第一句话便是"我在中国的七年中间，关于中国红军、苏维埃和共产主义运动，人们提出过很多很多问题"。这七年里，作者有怎样的工作经历呢？中文重译本序（胡愈之作）里给我们提供了答案："一九二八年，在中国大革命陷入低潮的时候，他到了上海，担任《密勒氏评论报》的助理编辑……"

通过阅读目录、中文重译本序、一九三八年中译本作者序，我们可以发现，本书是按照作者的行程来写作的：北平—西安—保安—预旺—保安—西安—北平。而当作者回到北平时，正是西安事变的爆发前夕。

作者在一九三八年中译本作者序中说："而且从严格的字面上的意义来讲，这一本书的一大部分也不是我写的，而是毛泽东、彭德怀、周恩来、林伯渠、徐海东、徐特立、林彪这些人——他们的斗争生活就是本书描写的对象——所口述的。"这是一种很客观也很谦逊的说法，这也为我们揭示了该书的基本内容——人物访谈。作者还说："还有几十篇和无名的红色战士、农民、工人、知识分子所作的对话，从这些对话里面，读者可以约略窥知使他们成为不可征服的那种精神，那种力量，那种欲望，那种热情。"这又为我们补充提示了该书的其他内容，也让我们大体了解作者的情感、态度和价值观。

当把图片、序言阅读完后，全书的基本轮廓便呈现在眼前了。这样，我们阅读起来，就像手里拿着一张导游图，对于即将开启的阅读之旅，既充满期待，又不觉迷乱。

二、篇目与内容

《红星照耀中国》的正文部分共 11 篇、55 节。这里，笔者以导图的形式，对全书内容作简要介绍。

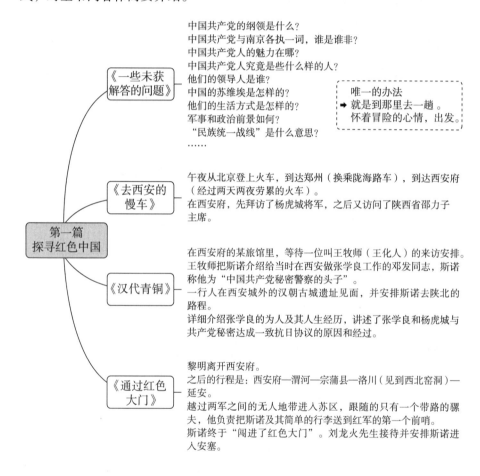

第二篇 去红都的道路

- **《遭白匪追逐》**
  - 分会主席告知，国民党通过"民团"（白匪）对地方进行统治和镇压的情况。
  - 从安塞赤卫队队长那里听说，自己在进入安塞途中被白匪追逐。姚战士带领斯诺到达安塞，并护送他到白家坪，见到了周恩来同志。

- **《造反者》**
  - 周恩来安排斯诺在白家坪过夜。
  - 给斯诺安排了92天的采访红区旅程及各个项目。
  - 简介"红小鬼"。详细介绍周恩来的人生经历与其独具一格的人格魅力。

- **《贺龙二三事》**
  - 去保安路上的见闻趣事。
  - 红军指挥员李长林讲述贺龙同志的人生经历及其独特的个人魅力。

- **《红军旅伴》**
  - 许多年轻的红军战士，如17岁的福建"老狗"、16岁的江西"老表"、四川的农村少年、19岁的湖南"铁老虎"、24岁的江西"大"人班长……因长期被剥削压迫而参加红军。

第三篇 在保安

- **《苏维埃掌权人物》**
  - 见到共产党领袖毛泽东，"就是'中华人民苏维埃共和国'的主席"——有一副非常精明的知识分子面孔；有死里逃生、大难不死的传恩；有农民的质朴纯真，又幽默，喜欢憨笑，生活简朴，不在乎个人的外表形象；从群众中来，到群众中去，有爱辣的癖好，关键时刻当机立断；感情深邃，回忆死者落泪、脱衣给受伤兄弟、与战士同甘共苦；对当前世界政治相当熟悉，对欧洲社会政治情况及其当权者了如指掌；是一个精通中国旧学的有成就的学者；精力过人，不知疲倦，是一个颇有天才的军事和政治战略家。

- **《共产党的基本政策》**
  - 访问"共产党中央委员会的年轻书记"洛甫和毛泽东主席，整理阐述共产党反帝反封建的基本政策。

- **《论抗日战争》**
  - 三个条件保证打败日本（比如，中国结成抗日民族统一战线）；战争的长久依国内外形势发展而定，但日本最终还是会被打败的；日本也会发生革命，苏联会和中国握手；人民必须有组织自己和武装自己的权利。

- **《悬赏两百万元的首级》**
  - 参观红军大学的见闻感受：校长、学校基本情况、招生简章、分设四个分部、课程设置等。

- **《红军剧社》**
  - 看红军剧社巡回演出的见闻感受：社长，危拱之女士；剧社创建成长；剧社特点；剧社作用；等等。

第四篇 一个共产党员的由来

《童年》
毛泽东讲述童年和少年的学习生活和劳动经历：小学堂读书阶段、心中萌发反抗意识阶段、16岁到湘乡县新式学堂读书阶段。

《在长沙的日子》
求学阶段：步行到长沙专为湘乡人办的中学去读书。
投军半年阶段：每月7元买《湘江日报》，首次看到"社会主义"。
自修阶段：往省立图书馆跑，早出晚归，学习地理、历史、伦理、法律等。
师范学习阶段：在湖南省立第一师范学校学习。

《革命的前奏》
毛泽东在1918—1920年之间的人生经历及思想的转变过程：1918年师范毕业后，借钱去北京，协助李大钊任北大图书馆助理员；1919—1920年，在上海、长沙、北京等地，组织学生政治运动情况；1920年夏，第二次在北京，学习《共产党宣言》《阶级斗争》《社会主义史》等。

《国民革命时期》
毛泽东在1921—1927年的人生经历：1921年5月—7月到上海出席中国共产党成立大会，10月湖南党支部成立，任委员；1922年任湖南党支部书记，组织工会，集中学生、工人作斗争；在上海组织反对赵恒惕的运动；回湖南推动工会工作……
1927年5月，出席武汉召开的中国共产党第五次全国代表大会，任全国农民协会"第一任会长"。
蒋介石反革命运动开始后，国共合作瓦解，被派往四川。

《苏维埃运动》
毛泽东参与组织建立苏维埃政府的人生经历及苏维埃运动的成长过程。
毛泽东总结1927年"共产党的失败、武汉联合政府的失败、南京独裁政权的整个胜利"的原因；总结1927年南昌起义的历史意义……
1930年2月7日，江西召开了党、军、政代表出席的会议，决定建立江西省苏维埃政府。

《红军的成长》
讲述了毛泽东等人领导的红军成长的过程及毛泽东在这一时期的人生经历。
红军的三大纪律，三项守则；1929年，任红一军团政委；红军游击战术的四个口号：敌进我退、敌驻我扰、敌疲我打、敌退我追；组织五次反"围剿"斗争；等等。

第五篇 长征

- **《第五次围剿》** — 主要讲述蒋介石如何大规模发动第五次"围剿"以及红军如何突破"围剿"的过程——交代了长征起因；介绍了长征的艰苦卓绝；介绍红军在过草地、经过少数民族聚居区时所遇到的困难。

- **《举国大迁移》** — "二万五千里长征"：福建最远的地方—陕西西北部道路的尽头。
简述红军主力如何突破敌人"四道防御工程"的过程；概括红军如何迂回敌军，绕过层层封锁，不畏艰难，从福建到达四川的过程。

- **《大渡河英雄》** — 主要讲述红军如何强渡大渡河的简要过程。
金沙江—刘伯承与彝族部落歃血为盟—林彪先锋队奇袭安顺场—英雄"飞夺泸定桥"—红军进入四川境内。

- **《过大草地》** — 简述红军如何克服困难，战胜雪山、草地，最终到达陕北根据地的过程。
统计红军爬过18条山脉，渡过24条河流，经过12个省份，占领过62座城市，突破10个地方军阀包围。
讲述对红军长征的总结评价：红军的西北长征，是一场战略撤退，是历史上最盛大的武装巡回宣传。

第六篇 红星在西北

- **《陕西苏区：开创时期》** — 主要讲述刘志丹在西北苏区的历程及其个人的早期经历。

- **《死亡和捐税》** — 讲述斯诺在西北大灾年的绥远之行（1929年6月访问），见到成千上万的人活活被饿死的情形。
引用斯坦普尔博士的报告材料，指出红军到达西北之前，这里农民所受到的名目繁多、奇形怪状、惊人繁重的捐税。

- **《苏维埃社会》** — 主要讲述西北共产党苏维埃社会的组织以及苏维埃和红军受到群众拥护的原因。比如，对农民有重要意义的四项措施：重新分配土地，取消高利贷，取消苛捐杂税，消灭特权阶级。

- **《货币解剖》** — 主要讲述苏维埃经济运行方式、货币流通使用情况，以及财政开支来源等。

- **《人生五十始！》** — 主要简述教书先生徐特立的人生经历，以及苏区教育的一些困难。

第七篇 去前线的路上

- **《同红色农民谈话》** — 讲述斯诺上前线的一路上，同心地善良、殷勤好客的贫苦百姓谈话的经历。
体现了共产党对百姓的关爱，以及共产党对农民宣传抗日产生的普遍影响。
农民真正把共产党、红军看成是自己人。

- **《苏区工业》** — 简述南北苏区工业的发展情况及其特色。
江西苏区工业比较繁荣，西北苏区工业相当落后。

- **《"他们唱得太多了"》** — 简述斯诺参观考察西北苏区吴起镇奇特的"工业中心"的见闻感受。
兵工厂设在安全的窑洞里。
工人活得健康、自由、有尊严、有希望。
他们即使缺乏社会主义工业的物质，却有社会主义工业的精神。

第八篇 同红军在一起

《"真正的"红军》
红军大部分是青年农民和工人，他们为家庭、土地和国家而战斗。普通士兵平均年龄19岁，58%是农民，无薪饷，有土地及其收入。军官平均年龄24岁，指挥官伤亡率很高，但他们对于革命都是乐观主义者。
红军的士兵和军官大多数是未婚，许多人丢下了妻子和家人。
从最高级指挥员到普通士兵，吃的穿的都一样。
共产党没有高薪或贪污的官员、将军，他们都厉行节约。

《彭德怀印象》
印象：谈话举止，开门见山、直截了当；善于驰骋，动作敏捷，才智过人；吃苦耐劳，活泼愉快，迟睡早起，精力过人；喜欢孩子，关心爱护部下；不吃烟，不喝酒，吃得少而简单。

《为什么当红军？》
简述彭德怀青少年时代的人生经历，以及思想转变，直至成长为"赤匪"的过程：起先当放牛娃，后来做矿工，18岁当了排长；遭叛徒出卖被捕；年轻时读过《资治通鉴》，开始思考战争的意义；1926年，读了《共产党宣言》等著作后，不再悲观，开始怀着改造社会的新信念而工作；1927年加入中国共产党，开始了他的"叛逆""赤匪"生涯。

《游击战术》
彭德怀陈述红军采用游击战的原因，以及"红色游击战术的原则"。
游击战发展迅速的原因：共产党的领导；游击队的扩充，培养后备干部等。
游击队战术十大原则：不能打不赢的仗，与地方群众不可分离等。
游击战成功的基本条件：无畏、迅速、计划周密、机动、保密、行动神出鬼没和坚决果断。

《红军战士的生活》
红军战士住窑洞或其他改造的场所，睡硬炕，一条棉毯，砖和石堆头的椅子，但清洁整齐；不作战时也是天天忙里忙外（每周休息一天），朝五晚九；各种各样的由班到团的集体竞赛，如运动、军训、识字、卫生等。
列宁室的设备及其开展的丰富多彩的活动。
总之，红军的生活是有组织的，是忙碌而又健康的。

《政治课》
政治课是维系战士昂扬斗志的主要支柱，是战士提高革命觉悟的主要课程。
参观"抗日运动的发展"的政治课，战士发言讨论慷慨热烈、激动人心。

《红色窑工徐海东》
红军十五军团司令徐海东，1900年出生于汉口附近的黄坡县，世代窑工。
曾被国民党悬赏十万。是作者所遇到的共产党领袖中"阶级意识"最强的人。
"打仗十年，负伤八次，因此行动稍有不便。"
1927年4月，徐海东组织起湖北省第一支"工农军队"，最初只有17人，后来发展为有6万人的红四方面军。
至1933年，这支队伍控制的"鄂豫皖红色共和国"各个方面相当完善。

《中国的阶级战争》
国民党白军在"围剿"期间对鄂豫皖苏区犯下罪不可赦、天理难容的滔天罪行：徐海东家族66口被杀；在第五次反共"围剿"中，国民党将领在许多地方下令要杀光全部老百姓；成千上万的妇女儿童被卖到城市，当包身工、妓女，做"学徒"；湖北有四个县，安徽有五个县，河南有三个县，都几乎完全被破坏。
红军战士的思想深处留下了不可磨灭的阶级仇恨，他们决心死战到底。

第九篇 战争与和平

《再谈马》
简述回预旺堡路上对红军防空演习及骑兵队的见闻感受。
获知马鸿逵的国军有一整师向朱德的红四方面军投诚。

《"红小鬼"》
简述对少年先锋队"红小鬼"的访谈经过,以及对他们的评价:他们有刚毅坚忍的精神,对红军忠贞不贰。
他们愉快、乐观、耐心、勤劳、聪明、努力学习。
少先队身上寄托着中国的未来希望,他们是中国未来发展的主力军。

《实践中的统一战线》
斯诺从军队活动的日记中了解到苏区红军扩大统一战线的策略。
"统一战线政策不是骗白军的诡计,而是一种根本方针,符合党的决定。"
主要做法:想方设法争取白军参加红军队伍,解放回民群众,及早组成一支回民抗日军,加强部队的教育工作,鼓励群众参加革命行动等。

《关于朱德》
主要讲述朱德的人生经历及其思想成熟的过程,表达对朱德的赞美之情:朱德,"红色的品德"。
他喜欢运动,喜欢读书,对一切大小事情都十分负责。在德国柏林,找到周恩来,找到了共产党。
组织了南昌起义,参加了湖南起义,到井冈山与毛泽东会师。
指挥全军,打了几百次小仗、几十次大仗,经历了敌人的五次"围剿"。
战术一般都很成功,他总是坚持要从一切角度对敌人阵地有清楚的了解。
朱德爱护部下,天下闻名。他天性极其温和,喜欢跟一般战斗员打成一片。
国民党一再宣布他已死亡,还详细描述他的死,但他一直活得好好的。
朱德一生的经历与中国民众的命运有不可分割的关系。

第十篇 回到保安

《路上的邂逅》
从宁夏南下到甘肃。
回到河连湾时的所见所闻。
河连湾附近的红军与民团之战。
红军不杀俘虏,给他们悔过机会。

《保安的生活》
简述斯诺回到保安以后的20多天的生活情况。如新兵教导团的训练、红军大学的努力、群众教育的新运动,以及斯诺自己骑马、游泳、打网球、制作巧克力蛋糕的失败等。

《俄国的影响》
简述俄国共产党(共产国际、苏联)对红色中国的积极影响。其影响是精神上和思想上的一种活榜样,一种产生希望和信念的理想。
中国共产党人相信,中国革命不是孤立的,全世界亿万工人都在注视着他们。
共产党采用的是"共产主义思想本身所固有的一种纪律",抛弃了中国封建的糟粕礼节。
"中国共产党人在其生长发育的痛苦过程中遭到严重的挫折,也可以归因于共产国际。"

《中国共产主义运动和共产国际》
简述1923—1937年的中俄关系史,中国共产主义运动与共产国际之间的关系。
斯诺断言,"中国共产党打仗时得到的外国物质援助比中国近代史上任何一支军队都要少"。

《那个外国智囊》
简述德国顾问李德指挥作战时出现的失误及原因。
李德的两次重大错误:1933年秋天起义时,反对红军和十九路军的合作;在南京第五次"围剿"中,制订了错误的战术防御计划,"把游击战术降为从属的任务"。

《别了,红色中国》
简述离开保安返回西安府的一些见闻趣事。
蒋介石突然光临西安府,与斯诺记忆犹新的场面截然不同。
这生动地说明,谁真的害怕人民,谁信任人民。

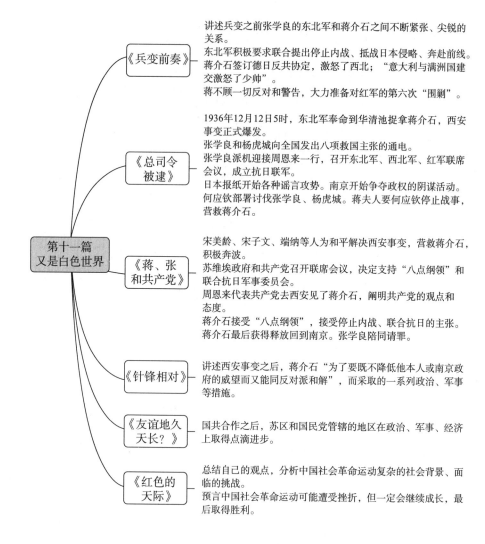

三、问题与人物

1. 关于"问题"

作者因为有着"一些未获解答的问题",便开始了冒险之旅。这些问题,既是作者个人的疑问,也是当时中国苏区以外的人们普遍存在的疑问,乃至是关注中国内战的外国人共同存在的疑问。列举这些问题,也正好总起全书。比如，"中国的红军是不是一批自觉的马克思主义革命者，服从并遵守一个统一的纲领，受中国共产党的统一指挥的呢？如果是的，那么那个纲领是什么？""成千成万的农民、工人、学生、士兵参加了红军，同南京政府的军事独裁进行武装斗争。这是为什么？有什么不可动摇的力量推动他们豁出性命去维护这种政见呢？""共产党怎样穿衣？怎样吃饭？怎样娱乐？怎样恋爱？怎样工作？他们的婚姻法是怎样的？他们的妇女真的像国民党宣传所说的那样是被'共妻'的吗？"

爱因斯坦曾说：提出一个问题，往往比解决一个问题更重要。这大概说的是科学发现。在社会学中，提出问题照样需要一定的洞察力。然而，当时"恐怕没有比红色中国的情况是更大的谜"，"九年以来一直遭到铜墙铁壁一样严密的新闻封锁而与世隔绝"，要寻求这些问题的答案，唯一的办法就是进入苏区，直接面对、观察、采访中国共产党人。"难道不值得拿一个外国人的脑袋去冒一下险吗？"作者认为，这个代价不算太高。

为了保险起见，作者身上注射了凡是能够弄到的一切预防针，在臂部和腿部注射了天花、伤寒、霍乱、斑疹伤寒和鼠疫的病菌。这种做法，是很能打动读者的。同时可见，冒险精神还需要科学精神作支撑。

2. 关于张学良等人

正面采访人物，是从杨虎城将军开始的。但是他拒绝讨论政治问题，只是客气地派他的秘书陪作者参观市容。陕西省主席邵力子在他的花园里接见了作者。邵力子认为，中国不应该同日本打仗；同时，他对于日本的看法，不能向外发表。这里之所以列举本书中的两个"非主要人物"，笔者的意思是，关于本书的摘要，应当重在摘录人物的政治观点。

在《汉代青铜》中，关于张学良的篇幅不小。但单从"政治观点"来看，张学良支持"抗日民族统一战线"；曾公开激烈反日，"很想实现把日本赶出中国和把满洲现代化"；"对总司令蒋介石还没有失去信心"；认识到"他们所打的'土匪'实际上是由抗日爱国的能干指挥员领导的"；"凡是抗日的学生，不论政治信仰如何，都可以投奔到西安府来"；等等。显然，后来的西安事变与上述政见之间有着很大关系。

3. 关于周恩来

对于周恩来，作者用了"造反者"三个字作标题。在作者看来，这位红军指挥员，"他显然是中国人中间最罕见的一种人，一个行动同知识和信仰完全一致的纯粹知识分子。他是一个书生出身的造反者"。下面这段话，作者正面刻画了周恩来：

我一边和周恩来谈话，一边深感兴趣地观察着他，因为在中国，像其他许多红军领袖一样，他是一个传奇式的人物。他个子清瘦，中等身材，骨骼小而结实，尽管胡子又长又黑，外表上仍不脱孩子气，又大又深的眼睛富于热情。他确乎有一种吸引力，似乎是羞怯、个人的魅力和领袖的自信的奇怪混合的产物。他讲英语有点迟缓，但相当准确。他对我说已有五年不讲英语了，这使我感到惊讶。

这样的句段，我们可以细细品读，因为作者把叙述、描写、议论等表达方式融为一体，可以让我们更加感性、更加多维地认识周恩来。而关于周恩来在领导革命中的一些大事件，我们应当摘录。比如可作以下摘录："周恩来二十六岁就成了广州政治生活中的一个领袖人物；北伐时，奉命去上海准备起义"；到上海的时候，"唯一的武装是他的革命决心和坚定的马克思主义理论知识"；上海起义失败后，"他先逃到武汉，又到南昌，参加组织著名的八一起义"；"后来他又去了广州，组织著名的广州公社"；"广州公社失败后，周恩来只得转入地下活动——一直到一九三一年，他终于'闯破封锁'，到了江西和福建的苏区"；"他在南方进行了多年的艰苦斗争"；他"身罹重病，九死一生，终于长征到了西北的红色新根据地"。

通过这样的摘要和梳理，我们不只了解了周恩来的战斗生涯，还能从中体会到他的坚定信念，对中国革命的信念始终不动摇。

4. 关于毛泽东

对毛泽东的描述，作者用的篇幅最大，在总共 11 篇中，几乎用了两篇（"在保安""一个共产党员的由来"）。大体来说，"在保安"是一种"现代进行时"，"一个共产党员的由来"是一种"过去进行时"。这里只针对其中的部分章节，将毛泽东的世界观、政治观以及个性特点摘录下来，便于读者更好地理解。

毛泽东似乎一点也没有自大狂的征象，但个人自尊心极强……

熟读世界历史，对于欧洲社会和政治的情形，也有实际的了解。

他相信罗斯福是个反法西斯主义者，以为中国可以跟这样的人合作。

毛泽东是个认真研究哲学的人……读书的范围不仅限于马克思主义的哲学家，而且也读过一些古希腊哲学家、斯宾诺莎、康德、歌德、黑格尔、卢梭等人的著作。

马克思主义虽然是他思想的核心，但据我的推想，阶级仇恨对他来说大概基本上是他哲学体系中的一种理性的产物，而不是本能的冲动。

他的身上似乎没有什么可以称为宗教感情的东西。

在六千英里的长征途中，除了几个星期生病以外，毛泽东和普通战士一样都是步行的。（《苏维埃掌权人物》）

另外，把毛泽东在接受访问时所说的话，引录几段在下面：

今天中国人民的根本问题是抵抗日本帝国主义。

日本帝国主义不仅是中国的敌人，同时也是全世界所有爱好和平的人民的敌人。

我们希望友好各国至少不要帮助日本帝国主义，而采取中立的立场。

只有当南京决定停止内战，对日本帝国主义发动抗战，并且与革命的人民联合起来组成一个民主的国防政府的时候——只有到了那个时候，这样的援助于中国民族才有真正的利益。

　　对于友邦，中国愿意和平谈判互利的条约。……至于日本，中国必须以解放战争的行动，来废除一切不平等条约……

　　要抗日成功，中国也必须得到其他国家的援助。……但是如果没有一个国家加入我们，我们也决心要单独进行下去！（《共产党的基本政策》）

　　通过这样的摘要和梳理，我们更明了毛泽东的思想观点，同时还能深切地体会到，他所具有的那种深邃的判断力和高瞻远瞩的远见性。

四、立场与情感

　　内容真实、语言翔实、文风朴实是纪实作品的基本特点。但是，这并不意味着作者在创作过程中没有渗透立场与情感。相反，往往因为某些立场和情感，才使得作品更具可读性和感染力。当然，这种立场与情感，必须建立在仁爱、善良、正义等基础之上。下面，笔者尝试从书中一些文句中，搜寻作者的立场和情感。

　　我很喜欢他。他是一个外貌诚实的青年，长得很匀称，红星帽下一头乌亮的黑发。在寂寞的山谷中遇见了他，令人安心。（《遭白匪追逐》）

　　这是作者在"去红都的道路"上遇到的第一个红军，一个姓姚的、22岁青年战士。应该说，作者在到达苏区之前，对于红军是有所怀疑的，态度也基本是中立的。但随着采访的深入，这种情感、态度逐渐发生变化。

　　我想，这些孩子真了不起。我从来没有在中国儿童中间看到过这样高度的个人自尊。可是，这第一次遭遇不过是少年先锋队以后要使我感到意外的一系列事情的开端而已，因为我深入苏区以后，我就会在这些脸颊红彤彤的'红小鬼'——情绪愉快、精神饱满，而且忠心耿耿——的身上发现一种令

人惊异的青年运动所表现的生气勃勃的精神。(《造反者》)

这是作者首次与"红小鬼"接触而生发的赞叹。这种情感完全来源于他与红军的直接交往。

在共产主义运动中,没有比红军剧社更有力的宣传武器了,也没有更巧妙的武器了。这种"共产主义"究竟意味着什么?从某种意义上来说,这是历史上第一次,成千上万的知识青年,由于突然得到大量的科学知识,引起了伟大的梦想,开始"回到民间去",到他们国家的基层乡土中去……一起来建设一种"比较富裕的生活"。(《红军剧社》)

这是作者在红军剧社观看演出后所产生的一些感想。他为之惊叹,并从中洞察到红军的精神生活和精神境界。

不论你对红军有什么看法,对他们的政治立场有什么看法(在这方面有很多辩论的余地),但是不能不承认他们的长征是军事史上最伟大的业绩之一。(《过大草地》)

在作者看来,长征的统计数字是触目惊心的,比如几乎平均每天就有一次遭遇战,平均每天行军71华里,这可说"近乎奇迹"!作者还认为,"在某种意义上来说,这次大规模的转移是历史上最盛大的武装巡回宣传",宣传着"自由、平等、民主"。即便是在21世纪的今天,"自由、平等、民主"依然是人类最宝贵的精神财富!而国民党呢?

当然历史上从来没有一个独裁政党出让过一点点政治权力给人民,除非是在极大的压力之下,国民党也不会是例外。(《红色的天际》)

显然,有意无意之间,作者把共产党与国民党进行着对比,这一对比,是与非、褒与贬不言而喻。

中国已有成千上万的青年为了民主社会主义思想捐躯牺牲,这种思想或者这种思想的背后动力,都是不容摧毁的。中国社会革命运动可能遭受挫折……可能甚至有一个时期隐没无闻,被迫转入地下,但它不仅一定会继续成长,而且在一起一伏之中,最后终于会获得胜利……而且这种胜利一旦实现,将是极其有力的,它所释放出来的分解代谢的能量将是无法抗拒的,必然会把目前奴役东方世界的帝国主义的最后野蛮暴政投入历史的深渊。(《红色的天际》)

这是作者的大胆预测。这和中国共产党的政治预见几乎统一,而历史也不断地证明了这种预见是多么正确,多么高瞻远瞩!

随着采访的推进和深入,原定92天的行程拖过了四个月。归期已到,作者依依惜别。至此,斯诺行前的困惑一一被解开,疑虑一一被打消。他确信,红色中国创造的是"人类历史本身的丰富而灿烂的精华",并祝福英勇的中国,取得"最后胜利"。

《红星照耀中国》一书,在当时,它如实、及时地向全世界报道了中国共产党领导下的工农革命;在后来,无数读者通过阅读此书,了解红军,了解红色中国;在今天,它激励着我们团结一心、积极乐观、克难奋进、甘于奉献。

红星照耀中国,红星照亮世界。作为中国读者,我们应当真诚地感谢美国记者埃德加·斯诺,感谢这位中国革命的见证人。

考题集锦

1.【2020·常州市统考题】下面是《红星照耀中国》相关内容的叙述,按要求填空。

(1)《红星照耀中国》是第一部向世界介绍和传播中国共产党和中国革命历程的书,引发了巨大轰动,是一部_____(纪实性、抒情性、哲理性)很强的

作品。(选择填空)

（2）_____先后就读南开中学、南开大学，在法国、英国、德国学习，组织了上海罢工、八一南昌起义，是党的创建人；加拿大医生_____不远万里来到中国，支持中国的革命事业，在一次战役中因感染细菌而献出了生命。（填写人物姓名）。

◎ 参考答案

（1）纪实性。（2）周恩来；白求恩。

2.【2022·齐齐哈尔市中考题】阅读下面文字，回答问题。

他为我开列了为时共需九十二天的旅程中的各个项目。他答应让我骑马到保安去，并且给我安排好第二天早晨就动身，因为我可以跟着回到临时首都去的一部分通讯部队同行。他同意打一个电报给他们，告诉他们我就要来到。

（1）本段文字选自_____，文中的"他"指的是_____。

（2）请结合作品，概括出"我"对"他"的整体印象。

◎ 参考答案

（1）《红星照耀中国》；周恩来。

（2）他是一个书生出身的造反者；他头脑冷静，善于分析推理，讲究实际经验；他是一个行动同知识和信仰完全一致的纯粹的知识分子。

3.【2019·深圳市中考题】

我到后不久，就见到了毛泽东，他是个面容瘦削、看上去很像林肯的人物，个子高出一般的中国人，背有些驼，一头浓密的黑发留得很长，双眼炯炯有神，鼻梁很高，颧骨突出。我在一刹那间所得的印象，是一个非常精明的知识分子的面孔，可是在好几天里面，我总没有证实这一点的机会。

（1）本段文字选自_____，在这之前，作者斯诺见到了_____。

（2）斯诺在那一刹那间对毛泽东的印象是：一个非常精明的知识分子。但是全文对毛泽东还进行过其他评价，请说说斯诺对毛泽东的其他两个印象。

◎ 参考答案

（1）《红星照耀中国》；周恩来。

（2）毛泽东还是一个精通中国旧学的有成就的学者，没有官架子，是一个颇有天才的军事和政治战略家，有幽默感，生活简朴，廉洁奉公，吃苦耐劳等。

4.【2022·南充市中考题】阅读下面材料，完成后面问题。

学校开展以"喜迎二十大，永远跟党走"为主题的"阅读红色经典"活动，下面是某同学的摘抄片段。

片段一：

他的相貌并不动人，身材矮胖，但有铁一般的臂膀和腿。他的衣、食、住都同士兵一样，共尝士兵们的艰苦，早年往往赤脚走路。他喜欢在军营里散步，跟士兵们坐在一起，说故事，同他们玩耍。乒乓球打得很好，篮球也不错。

片段二：

像其他许多红军领袖一样，他在中国也是一个传奇式的人物。他是瘦个子，中等身材。细小而坚韧的骨骼，又大又深的眼睛富于热情，尽管有长而黑的胡子，外表上仍不脱孩子气。他英文讲得虽不流利，却相当准确，据他说已有五年不讲英文了，这使我很惊讶。

片段三：

在体育上他是很活泼的，很好的骑手，这一半因为他是一个不吸烟者和节欲者。有一天在红军第二师演习的时候，我们要爬一座很高峻的山。"跑上山顶去！"他突然这样对我和他的气喘着的总部人员喊着。他像一个兔子一样地跳着跑开了，到山顶的时候他远超过了我们一行人。

（1）上述摘抄片段选自哪部作品？该作品的作者是谁？

（2）请从上述摘抄片段中任选一则，指出该片段中描述的人物是谁，并结合原著概括他的主要性格特征。

◎ 参考答案

（1）《红星照耀中国》；埃德加·斯诺。

（2）片段一示例：朱德。生活简朴，性格温和，平易近人，拥有睿智的长者风范。

片段二示例：周恩来。温文尔雅，坚持原则，彬彬有礼，精力和记忆力过人，热爱人民。

片段三示例：彭德怀。坚强不屈，吃苦耐劳，勇敢无畏，富有才智，豪爽，敏捷。

5.【2020·岳阳市中考题】请你从下面给出的两部名著中，任选一位英雄人物，参照示例，写出其名字和一个体现其可亲而有趣的细节。

《钢铁是怎样炼成的》《红星照耀中国》

示例：彭德怀。他和士兵一样，只有两身军装，但他有一件背心，是用敌人的降落伞做的，他常常为拥有这样一件背心，孩子气地骄傲着。

◎ 参考答案

示例1：毛泽东。凌晨两点还在接受斯诺采访的他，欢呼着扑向一只僵萎的飞蛾，将飞蛾彩色的翅叶夹进一本书中。

示例2：彭德怀。在一次军事演习中，要爬一座很高的山。"跑上山顶去！"他向战士们喊着，然后像一只兔子一样跳着跑开了。

6.【2021·金华市中考题】"转变"是为了寻找新的出路。《朝花夕拾》中的"我"（即鲁迅）、《红星照耀中国》中的徐海东和简·爱类似，人生经历过多次"转变"。请结合鲁迅和徐海东的"转变"经历，谈谈对你成长的启示。

◎ 参考答案

（1）鲁迅从家乡转到南京，又留学日本，每次转变都是摆脱愚昧落后的环境，寻求新的知识和思想。他的转变经历让我明白：应该努力学习，将来有机会去更多的地方增长见识，丰富阅历。

（2）徐海东原是一名窑工，先参加军阀军队，后因痛恨地主豪绅和国民党罪行而加入共产党，成为一名红军将领。虽时代不同，但我从徐海东转变的经历中明白：我们的奋斗是为了广大人民，是为了普通百姓的幸福，而不是为了个人的利益。

7.【2022·贺州市中考题】请你选择一部经典名著推荐给同学们，并拟写推荐语。

◎ 参考答案

我推荐经典名著《红星照耀中国》，这部作品记录了斯诺通过采访、对话和实地考察得来的"事实"，是当时"红色中国"正在发生着的"现实"，是一部"用事实说话"的杰出作品，让我们看到共产党及红军的坚定信仰和长征精神的内涵。

8.【2023·滨州市中考题】

关于这种惊人的征战，将来有一日会有人写成全部的叙事诗的。这种征战，即使把政治和战事除掉，也是近代历史中，青年们的一种动人的成就。可是我暂时必须继续我的故事，因为我们已经把红军会合在西北了。现在我把毛泽东主席所写的一首诗，拿来当作结束，这位指挥者既能领导远征，同时又写得一手好诗。

红军不怕远征难，万水千山只等闲。
五岭逶迤腾细浪，乌蒙磅礴走泥丸。
金沙水拍云崖暖，大渡桥横铁索寒。
更喜岷山千里雪，三军过后尽开颜。

（1）以上文段选自《_____》，文中的"我"是指_____（人名）。

（2）学校正在开展"阅读·正青春"专题研讨会，请参与探究，分享你的发现。

> **"阅读·正青春"专题研讨会**
>
> 探究"专题一":领袖人物和红军将领的革命之路。
>
> 探究"专题二":关于长征。
>
> 我选择探究"专题____",发现:_____

◎ 参考答案

(1)红星照耀中国;斯诺(埃德加·斯诺)。

(2)专题一示例:周恩来,这位中国共产党的杰出领袖,出身于显赫的大地主家庭。然而,在青春年华之际,他毅然决然地选择了共产主义道路,毅然放弃了自己原本优渥的家庭背景。这无疑是一条充满荆棘与坎坷的道路,但他凭借内心坚定的信仰,始终未曾放弃。相较于他所面临的艰难险阻,我们今天所遭遇的困难似乎都微不足道。然而,为何我们时常感到困惑与绝望呢?或许,这正是因为我们缺乏那份坚定的信仰与执着的追求。生命因信仰而坚韧,因追求而灿烂,正是这些内在的力量,让周恩来等革命先驱在逆境中愈发坚定。

专题二示例:《红星照耀中国》一书为我们深刻揭示了长征精神的实质与内涵。作者以生动的笔触,详细描绘了中国工农红军长征的壮丽历程,向全世界传递了这一无与伦比的军事奇迹。在那段艰难困苦的日子里,红军战士们以无畏的勇气和坚定的决心,克服了一个又一个看似不可逾越的困难,最终实现了胜利会师。这一壮举不仅彰显了中国共产党为民族解放事业勇于牺牲、甘于奉献的崇高精神,更体现了革命乐观主义精神的伟大力量。这就是长征精神,它激励着一代又一代中国人不断前行,为祖国的繁荣富强而努力奋斗。

《昆虫记》领读

一、作者作品

要了解《昆虫记》，可以从作者、创作背景、内容特点这三方面开始。

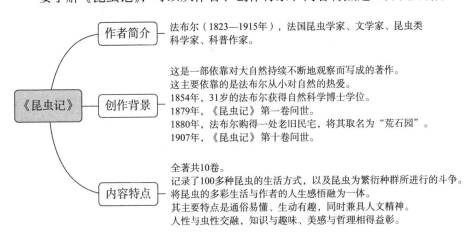

1. 作者介绍

让-亨利·卡西米尔·法布尔，这位出生于 1823 年法国农民家庭的昆虫学家、文学家及科普作家，因其不朽之作《昆虫记》而名垂青史。自幼家境贫寒的他，凭借自学之力，陆续获得了业士、双学士直至博士学位。在长达 20 余年的中学教学生涯中，他勤勉尽责，严谨治学；同时，他还利用业余时间深入观察研究昆虫与植物，发表了一系列高质量的论文，并得到了进化

论奠基者达尔文的赞誉。然而，尽管他心怀"登上大学讲台"的梦想，却终未如愿；他渴望独立建立昆虫学实验室的愿望，也始终未能得到应有的支持。

法布尔的前半生历经贫困，后半生也仅勉强维持温饱，但他从未向艰难的生活低头。他刻苦自学，不断充实自己的知识库；他持之以恒地进行观察与实验，不断取得新的科研成果。在生命的暮年，法布尔终于迎来了迟到的荣誉：总统亲自探访，授予他年金；欧洲各国的科学院纷纷邀请他担任名誉院士；甚至有人发起运动，力荐他角逐诺贝尔文学奖。这位伟大的科学家、文学家，于1915年10月11日，在他挚爱的"荒石园"中，以92岁高龄平静离世，留下了无尽的思念与敬仰。

2. 创作背景

《昆虫记》的诞生并非植根于某种特定的背景，它完全是基于作者对大自然持之以恒的观察与热爱。这份热爱，自小便深深植根于法布尔的心中。1854年，31岁的法布尔成功取得了自然科学博士学位。他陆续创作了《植物》与《保尔大叔谈害虫》等一系列生物学作品，并在法国的权威杂志《自然科学年鉴》上发表了他的重要观察记录——《节腹泥蜂习性观察记》。在鞘翅昆虫的变态问题研究中他取得了突破性成果。直到1879年，法布尔的心血之作《昆虫记》的第一卷才终于面世。

早在1875年，法布尔便携家带口，迁居至一个宁静的乡间小镇。到了1880年，他用自己多年积攒下来的积蓄，购买了一座老旧民宅，并亲切地将其命名为"荒石园"。从此，他身着农民的粗呢子外套，手握尖镐平铲，日复一日地在这片土地上刨挖，最终打造出一个充满生机与活力的百虫乐园。而他的这些劳动成果，都被他悉数记录在了一卷又一卷的《昆虫记》中。1907年，当《昆虫记》的第十卷问世时，法布尔已是一位耄耋老人。

3. 内容特点

《昆虫记》全书共有10卷，巧妙地将昆虫世界的多彩生活与作者深刻的人生感悟交织在一起。通过详尽且深入的刻画，该书向读者生动展现了众多昆虫的外部形态特征及独特的生物习性，记录了超过100种昆虫的生存方式，以及它们为种群繁衍所展开的种种斗争。

《昆虫记》的显著特色在于其通俗易懂、趣味盎然，同时又蕴含着丰富的人文精神。书中，人性与虫性相互交融，知识与趣味、美感与哲理完美契合，共同构筑了一个引人入胜的阅读世界。这部作品洋溢着浓厚的文学韵味，作者凭借生动的描写技巧，巧妙运用拟人、比喻等修辞手法，将动植物的声、色、形刻画得栩栩如生。其语言清新脱俗、幽默诙谐，行文流畅优美，笔触细腻，充满了浓郁的情趣与诗意。

1907年，《昆虫记》10卷全部完成，法布尔因此被尊称为"动物心理学的先驱"。1910年，他更是凭借此书，被法国文学界提名为诺贝尔文学奖的候选人。该书一经出版便广受欢迎，不断再版，并被翻译成数十种语言，在全球范围内产生了深远的影响。法国著名作家雨果曾高度评价《昆虫记》，称其为"昆虫的史诗"。而中国作家巴金则认为："《昆虫记》融作者毕生的研究成果和人生感悟于一炉，以人性观察虫性，将昆虫世界化作供人类获取知识、趣味、美感和思想的美文。"

二、单篇阅读

市面上为中小学生阅读准备的《昆虫记》，有许多版本，每种版本一般只有二三十篇选文。比如笔者手边这本是人民教育出版社2017年出版的，分为"昆虫的习性"和"昆虫的生活"两部分，共选录了29篇文章。详见下面导图。

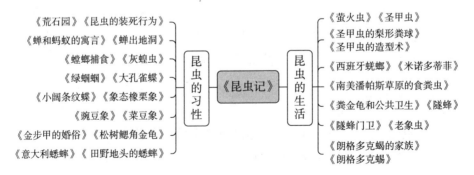

一些读者认为,《昆虫记》阅读的难点主要有两点:一是写作内容是昆虫,而不是我们一般习惯阅读的人和事;二是单就每篇文章的篇幅来看,大多较长,而文章里又没有小标题隔断,这样,很容易让人觉得层次有些不清晰。

这里,笔者以思维导图的形式,简要介绍每篇文章的主要内容,导图括号里的数字表示自然段。相信这些导图,会给读者的阅读提供一些便利。

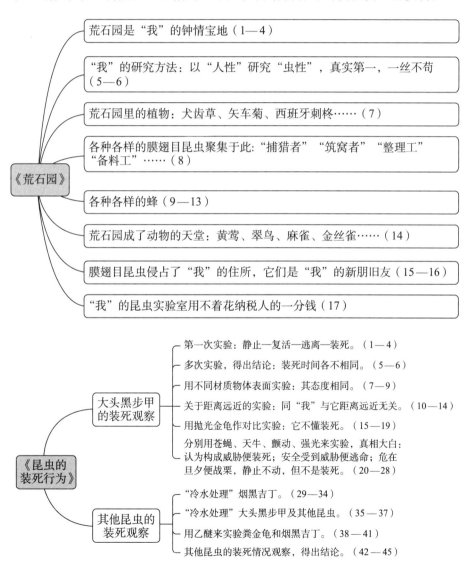

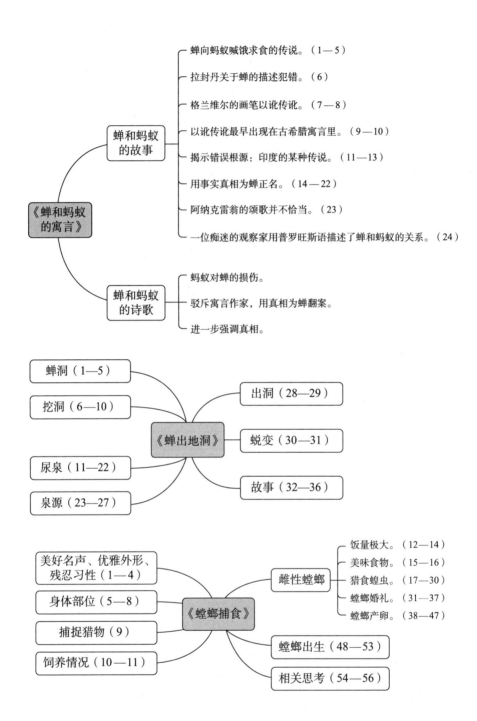

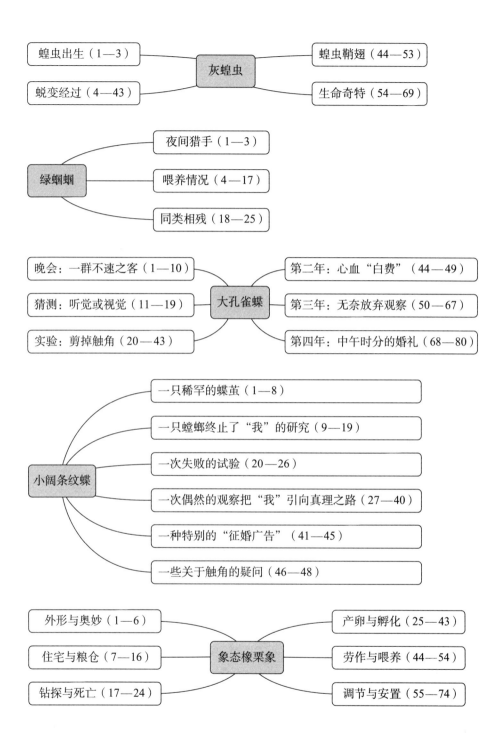

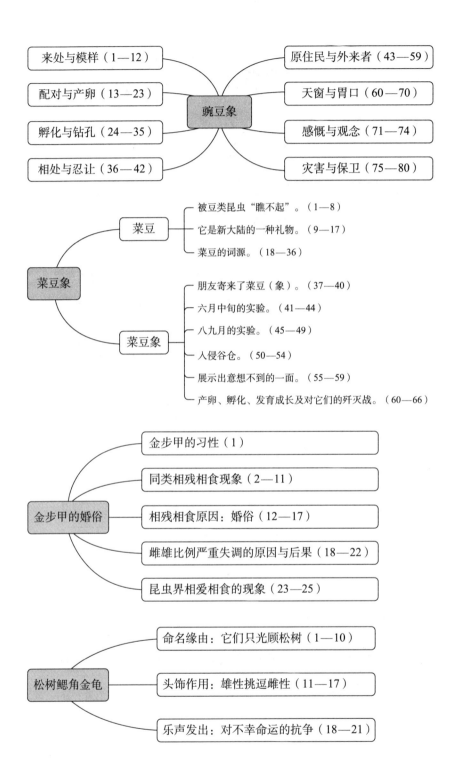

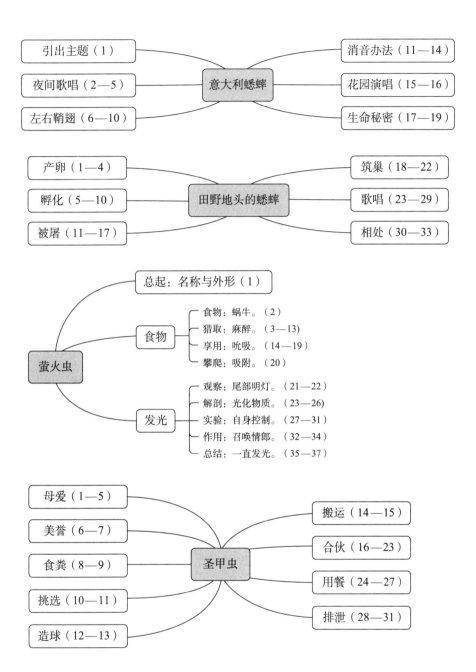

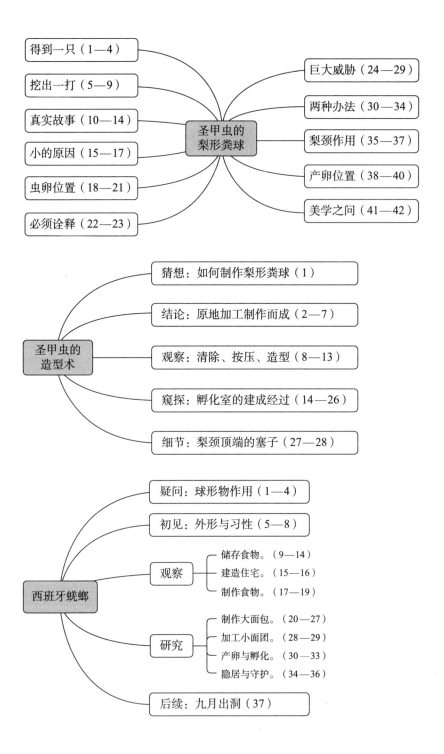

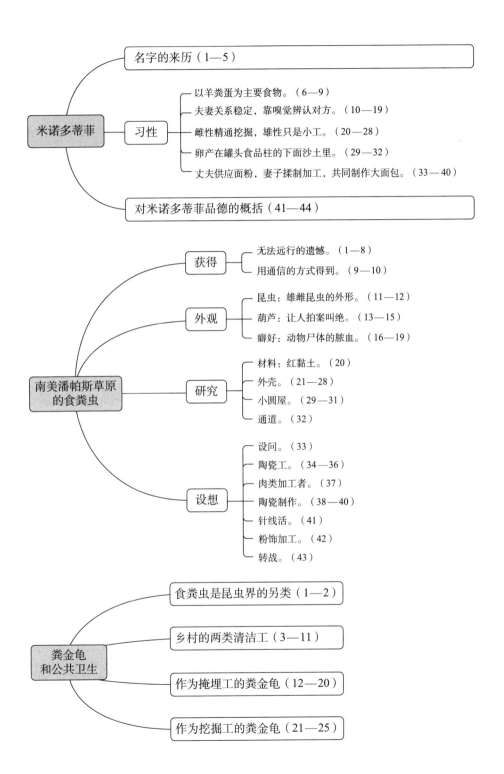

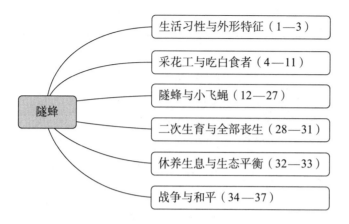

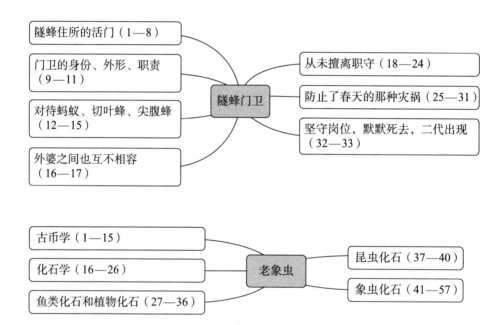

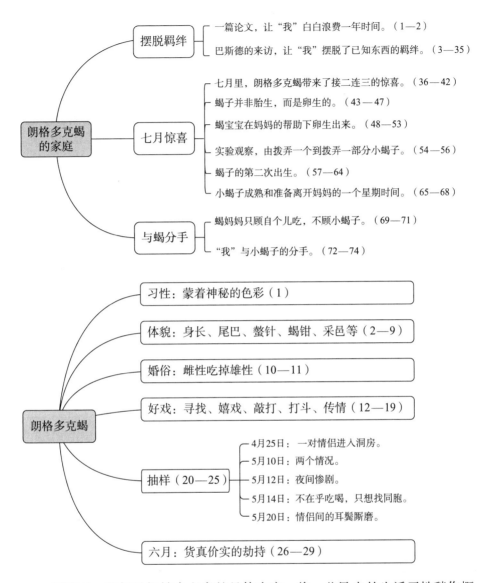

阅读时，我们最好结合文章的具体内容，将一些昆虫的生活习性稍作概括。这里，笔者概括如下表，供参考。

《昆虫记》领读 | 103

昆虫名称	生活习性
大头黑步甲	认为构成威胁便装死或逃命,若危在旦夕便战栗、静止不动。
蝉	夏天时,在树上叫声响亮。用针刺口器吸取树汁,幼虫栖息土中,吸取树根液汁,对树木有害。雄蝉腹部有发音器,能连续不断发出尖锐的声音。雌蝉不发声,但在腹部有听器。幼虫生活在土里,吸食植物的根,成虫吃植物的汁。蝉属不完全变态类,由卵、幼虫(若虫),经过数次蜕皮,不经过蛹的时期而变为成虫。
螳螂	属于捕食性昆虫,喜欢捕捉活虫,特别是以运动中的小虫为食。盛气凌人,饭量、胆量、力量极大,胃能让食物立即溶解。
灰蝗虫	蜕变轻易,蜕变的悬挂点不及蝉牢固。蜕变顺序:旧外套裂开、背部拱出、头部拱出、触须拱出、腿部拱出、翅膀展开。灰蝗虫一般分散在田边、草丛中活动,吃的是禾本科植物,所以会对水稻和豆类农作物有一定的危害。
绿蝈蝈	是夜间猎手,常同类相残。爱吃昆虫,喜欢湿润,经常鸣叫。身体为草绿色,触角细长,雄虫的前翅互相摩擦,能发出"括括"的声音,清脆响亮。当绿蝈蝈受惊扰时,则发出急促的声音,跳到植株下逃跑。
大孔雀蝶	为了结婚这个唯一的生命目的,雄孔雀蝶能飞过长距离,穿过黑暗,越过障碍,发现自己的意中人。它们只是为了代代相传才作为蝴蝶生存的。
小阔条纹蝶	雌蝶长时间接触某个物体,该物体便成为它的诱饵。嗅觉引导雄蝶,在远处发出信息。它们为嗅觉所控制。
象态橡栗象	是橡栗、榛子以及其他类似坚果的天敌。绿橡树是象态橡栗象的最爱。卵总是置于橡栗底部。象态橡栗象有一个功用——调节植物的无序生长。
豌豆象	在长有蝴蝶般白翅膀的花上安营扎寨。会把卵"托付"给新生的豆荚,把卵产在露天里,任凭风吹日晒雨打。五月末和六月份是产卵期。居于豆粒中心位置的那一只发育得比其他幼虫快,后者全部停止进食,静静地死去。小蜂是豌豆象的天敌,是豌豆的保卫者。
菜豆象	在晒干的豆荚上进行钻探、产卵,就这样入侵农民们的谷仓。它们在田间地头也是这样侵害菜豆的。菜豆象的快速发育成长让它一年能产好几代,每隔五个星期,就有新的幼虫出现。
金步甲	是毛虫的天敌,是菜园和花坛的警惕的田野卫士,是凶狠的吞噬者,是所有力不及它的昆虫的恶魔。金步甲相残相食,每当婚礼结束,雄性便任由其新娘吞食。
松树鳃角金龟	雌性的感官不如雄性灵敏。雄性的大头饰用于挑逗雌性。雌雄都能发出乐声,但乐声不是歌唱,而是一种哀诉,沉默则表示欢乐。

续　表

昆虫名称	生活习性
蟋蟀	意大利蟋蟀：在夜阑人静时歌唱，声音缓慢而动听。田野地头的蟋蟀：一次产卵500~600个，但大多被蚂蚁和壁虎吃掉；吃莴苣叶；用前爪挖掘，十月末才开始筑巢做窝；其声音亮度可与蝉匹敌。
萤火虫	食物：蜗牛；猎取：麻醉；享用：吮吸；攀爬：吸附；发光：召唤情郎。当雄性完全发育时，它们会长出翅膀，但雌性一辈子都是幼虫状态。
圣甲虫	是最大且最著名的蜣系食粪虫的一种。头部边缘有六颗细尖的牙齿，它们不仅是挖掘工具和切割工具，也是插、举、抛、甩粪料中无养分植物纤维的叉子，还可以当楼耙，把好吃的东西全都楼过来。它们为后代或自己储备食物的第一步是选料，剔除杂质，收拢成堆，然后清理一块场地，制作、储藏粪球。接着，会把储备的食物运到一个安全的地方。让人惊叹的是它们的消化力之强。它们会不停地进食，直到把储备粮吃完。它们善于制作梨形粪球，孵化室、育婴室、产卵房都在梨形粪球里。
西班牙蜣螂	身子矮胖，喜静不喜动，贪馋好吃，直到饭尽粮绝。蜣螂妈妈把先后搬运进洞的无数散碎食物聚集起来，揉成一整块，然后搅拌、混合、压实成颗粒均匀的食物。在疼爱子女方面，宁可自己挨饿也绝不让子女缺少吃喝，并一直守护着孩子。直到九月，妈妈和孩子们才一起离开地洞。
米诺多蒂菲	喜爱露天沙土地，喜欢以羊粪蛋为食。夫妇齐心协力，潜心修窝筑巢。雄性一辈子都得为储备粮食奔忙。夫妇关系有一定的稳定性，相互靠嗅觉辨认。雌性精通挖掘技术，是能工巧匠，雄性只是小工。米诺多蒂菲妈妈一心扑在家上，守护孩子；父亲对孩子也倾尽了心血。
粪金龟	有一副好的身子骨，能干苦活、累活。每晚拼死拼活地忙着往仓库里运送食物；随处建造粮仓，每天遇上哪座粮仓就在那里吃上一顿；是热情似火的掩埋工，植物以及因植物的连锁反应而连带上的一大批生物也得益于这种掩埋工作；是直线和垂直的挖掘工；是乡村公共卫生的贡献者。
隧蜂	是酿蜜工匠，成群地生活在一起。四月里，它们忙于建小土包；五月里，它们变成采花工；六月里，洞穴里的虫蛹几乎全部丧生。隧蜂每年繁殖两代，春天里出生的全是雌蜂，夏季里出生的有雄有雌。隧蜂外婆是负责的门卫，从未擅离职守。外婆之间也互不相容。
朗格多克蝎	是卵生昆虫，生育期在七月下旬。卵孵化得非常快，母蝎一产下卵，小宝宝就破卵而出。小蝎子成熟和准备离开妈妈时，会持续一个星期。蝎妈妈遇上美味食物，只顾自个儿吃，其他的一概不管。朗格多克蝎的性情：沉默不语；婚俗：雌性吃掉雄性；群居：寻找，嬉戏，敲打，打斗，传情。其同类相食，在夜间发生。

三、语言品味

以人性观虫性，像诗人一样去表达，这是《昆虫记》的语言特色。这里，笔者略举几例。

我相信，你们会异口同声地说："是的，他写的东西没有丝毫的言之无物的空洞乏味的套话，没有丝毫不懂装懂、不求甚解的胡诌瞎扯，有的却是准确无误地记录下来的观察到的真情实况，既未胡乱添加，也未挂一漏万。"（《荒石园》）

作者以身上或长着螫针或披着鞘翅的朋友（膜翅目昆虫）的口气，为自己辩白，表达自己是本着严谨、认真的态度，来观察昆虫、记录昆虫的活动的。同时，以这样的方式来驳斥那些指责法布尔缺少书卷气、没有学究味的人，让人读起来倍感幽默、生动。

它们当中，有专以捕食活物为生的"捕猎者"，有以湿土"造房筑窝者"，有梳理绒絮的"整理工"，有在花叶和花蕾中修剪材料备用的"备料工"，有以碎纸片建造纸板屋的"建筑师"，有搅拌泥土的"泥瓦工"，有为木头钻眼的"木工"，有在地下挖掘坑道的"矿工"，有加工羊肠薄膜的"技工"……还有不少干什么什么的，我也记不清了。（《荒石园》）

作者用"捕猎者""造房筑窝者""整理工""备料工""建筑师"等喻体，生动形象地揭示了荒石园里聚集着各种各样的膜翅目昆虫，它们生活习性各不相同。这一切都是作者经过长年累月、坚持不懈的观察记录而获得的。所以，这个荒石园既是膜翅目昆虫的天堂，又是作者的伊甸园。

烟黑吉丁在光线暗淡的地方一动不动，可我一把它移到充满阳光的窗台上，它立刻就恢复了活力。在强烈的阳光下只待几秒钟，它便把自己的一对鞘翅裂开，作为杠杆，骨碌一下，就爬了起来，立刻就想飞走，好在我眼疾手快，一把便摁住了它，没让它逃掉。(《昆虫的装死》)

这一段的动作描写很有趣。烟黑吉丁恢复活力后的展翅爬起，"我"的眼疾手快，在法布尔的笔下活灵活现。而这一切都源于作者对昆虫的热爱，源于耐心细致的观察。

我在我的荒石园里漫步思索，一棵樱桃树吸引了我的视线，它在池塘畔舒枝展叶，春天繁花如雪，现在则挂满了鲜艳欲滴的红樱桃：成群的麻雀叽叽喳喳地坐在树枝上大吃特吃；胡蜂咬破薄薄的果皮，小口吮吸着甜汁；花金龟美滋滋地吃饱睡熟了；小飞蝇醉倒在流淌着果浆的饭桌上……樱桃核掉在树下，一直眼巴巴看着的地面居民们立刻行动起来，蚂蚁、蛞蝓把果核上的残肉一点点啃净，田鼠们忙着把光溜溜的果核搬回洞里储存，冬天它们会咬开硬壳，吃里面的果仁。(《螳螂捕食》)

作者的这番漫步思索，在对美好景物的描写中，蕴含着荒石园里的一条条食物链，这为下文写到的"生命轮回"和哲理表达——"为了开始而结束，为了新生而死亡"——作了厚实的铺垫。

好运总是要先捉弄一番，然后才向着坚忍不拔者微笑的。

词句富有哲理。通往美丽的圣境，通达成功的彼岸，往往都会有一些障碍或曲折。唯有坚定不移、坚韧不拔的人，才可能领略那奋斗后的快慰。

考题集锦

1.《昆虫记》也叫作《昆虫物语》《昆虫学札记》，是法国杰出昆虫学家＿＿＿＿＿＿的传世佳作，亦是一部不朽的著作。它不仅是一部文学巨著，也是一部_____。

◎ 参考答案

法布尔；科学百科。

2.【2021·宜宾市中考题】鲁迅评价法国昆虫学家法布尔的科学巨著《昆虫记》是"一部很有趣，也很有益的书"。请结合自己的阅读体验，简述这本书在"有趣、有益"方面的特点。（限60字内）

◎ 参考答案

《昆虫记》以生动的笔触描绘了昆虫的生活，读来趣味盎然（有趣）；同时，它详细记录了昆虫的习性，为我们提供了丰富的自然科学知识，极具启发性（有益）。

3. 一个人耗尽一生的光阴来观察、研究昆虫，已经算是奇迹了；一个人一生专为昆虫写出十卷大部头的书，更不能不说是奇迹。这些奇迹的创造者就是法布尔，他的《昆虫记》被誉为"_____"。在这本书中，_____在地下"潜伏"四年，_____在编织"罗网"方面独具才能，_____善于利用"心理战术"制服敌人。

◎ 参考答案

昆虫的史诗；蝉；蜘蛛；螳螂。

4. 有同学发现：读《红星照耀中国》就像从平面镜中看客观世界，读《昆虫记》就像从显微镜中看微观世界，读《契诃夫短篇小说选》就像从哈哈镜中看变形的世界。请结合《昆虫记》，说说该同学为什么会有这样的发现。

◎ 参考答案

读法布尔的《昆虫记》，就像从显微镜中看微观世界。因为作者通过细节描写呈现出一个有趣的昆虫世界。例如，作者在记述蝉若虫脱壳的过程时，细致地描写了蝉的动作,让读者看到了一个鲜为人知的昆虫世界。

5. 读完《昆虫记》,小语惊叹于法布尔独特的研究方法:以野外观察法研究自然界中的生灵。请你完成以下任务,与小语一起跟着法布尔学观察,体会其科研精神。

研究方法	具体事件	科研精神
观察法	趴在地上观察蚂蚁搬死苍蝇,一连看了四个小时。	(2)
	(1)	
	趴在石头上观察昆虫一整天。	

◎ 参考答案

(1)示例1:爬上果树看螳螂而忘了时间。

示例2:观察蜈蚣怎么产卵,一直到天亮。

示例3:仰头观察屋檐下蜘蛛捕食蚊子,一看就是三四个小时。

(2)孜孜不倦。

6. 有网友在给《昆虫记》的书评中写道:"透过这厚厚的书,人们能看到的不仅仅是奇异的昆虫世界,还有一个科学家闪光的人格。"请你结合《昆虫记》举例谈谈对这句话的理解。

◎ 参考答案

以法布尔对蝉的研究为例,他不仅详细记录了蝉的形态、习性和生命周期,更在字里行间流露出对蝉坚韧生命力的敬佩。他观察到蝉在地下生活多年,只为短暂的一个夏天而歌唱,这种对生命的执着追求和无私奉献精神,深深打动了读者。

法布尔对昆虫的热爱和尊重,以及他严谨的科学态度和人文关怀,都使《昆虫记》不仅仅是一部科学著作,更是一部充满人文关怀和人性光辉的文学佳作。

7. 【2022·广元市中考题】文段是两部名著的节选部分,请任选一则写出作品名称,并根据所选名著的主题,结合材料谈谈你的感悟。

作品		
文段	到了第二年春天到来的时候,黄蜂们便又可以废物利用,白手起家,发挥大自然在建筑房屋方面赋予它们的高度的灵性和悟性,建造起属于它们自己的新家园。新的结构精巧而且十分坚固的城池,其中居住着约有三万居民——一个庞大的家族。它们将一切从零开始。它们将继续繁衍后代,喂养小宝宝,继续抵御外来的侵略,与大自然抗争,为自己的安全而战斗,为蜂巢内部生活的快乐而贡献自己的一份力量。生命不息,奋斗不止!	"船长,您热爱大海吧!" "是的,我热爱大海!大海就是一切!它覆盖了地球十分之七的表面,大海的气息纯净健康。在这浩无人烟的海洋里,人绝非孤独,因为他会感觉到在他的周围处处都有生命在蠕动。大海只是一种超自然和奇妙的生命载体,它只是运动,是热爱,正如你们的一位诗人所说的那样,大海就是无限的生命力。"
感悟		

◎ 参考答案

《昆虫记》示例:

作品:《昆虫记》。

感悟:这段文字展现了黄蜂们勤劳、智慧、团结和勇敢的品质。它们从零开始,不断奋斗,为自己和家族的安全与幸福而努力。这让我深刻体会到,生命的意义在于不断奋斗,只有付出努力和汗水,才能实现自己的价值和目标。

8.【2023·连云港市中考题】《昆虫记》整本书阅读课上,老师以"跟法布尔学观察"为主题选取下面文段,请完成下面小题。

地上铺满了苔藓,我刚踩上柔软的地毯,就看到一个还没有完全张开的蘑菇,乍一看还以为是四处下蛋的母鸡把鸡蛋丢弃在了这里。这是我采到的第一个蘑菇,也是我第一次把蘑菇放在手里颠来倒去地察看,好奇心激起了我的观察欲望,我仔细地审查蘑菇的构造。

很快,我又发现了其他的蘑菇,它们大小形状不一,颜色也不同。眼前的景象,让我这个新手大开眼界。它们中有铃铛形的,也有灯罩形的,还有长得像平底杯的,有的长得像纺锤。我见过一些蘑菇还可以瞬间变成蓝色,也看到一些腐烂的蘑菇上面爬满了幼虫。

除此之外,还有一种梨形蘑菇,看上去干干的,顶端开了一个烟囱状的圆孔,当我用指尖弹它的肚子时,烟囱里会冒出轻烟。这是我看过的最有意思的蘑菇,我采了一些装在口袋里,无聊的时候可以拿出来让它冒烟。

可是,我的家人却不接受我采摘的另一种鲜艳的蘑菇。他们把它叫作"布道雷尔",这种蘑菇臭名昭彰,吃了会中毒。妈妈没有多说,只是将它排除在菜单之外。我不明白,为什么外表如此讨人喜欢的"布道雷尔",会有这样的手段。

那时的我对于蘑菇有关的知识表现出强烈的好奇心。时光就好像一条欢乐的溪流,穿行于柳树之间,流淌在无声无息的坡面上。时光转瞬即逝,所以要好好利用它。(节选自《昆虫记》,江苏人民出版社,2019年。有删改。)

(1)法布尔描写蘑菇非常生动形象,有趣味,请举例分析。

(2)法布尔对蘑菇知识有强烈的好奇心和探索欲,他的观察与探索过程,给予你哪些启示?

(3)探究文本之后,同学们准备绘制"法布尔观察记之蘑菇系列漫画",请你完成漫画脚本。

图画内容	配文	设计意图
①	哪只母鸡丢的鸡蛋?噢,是蘑菇!	观察细致,充满想象力。
一个小男孩拿着一个梨形蘑菇,用指尖弹蘑菇的肚子,冒出轻烟。	②(揣摩蘑菇的心理,给图配文。)	突出观察蘑菇的趣味性。
在厨房里,妈妈摆着手拒绝小男孩送上的颜色鲜艳的蘑菇。	③(揣摩小男孩的心理,给图配文。)	④

(4)蘑菇系列漫画完成后,班级展出了这些漫画作品,展板上引用了罗斯丹的话:"这个大科学家像哲学家一般地想,美术家一般地看,文学家一般地感受而且抒写。"结合《昆虫记》整本书阅读,谈谈你的理解。

◎ 参考答案

（1）①"四处下蛋的母鸡把鸡蛋丢弃在了这里"，用比喻的修辞手法来形容还没有完全张开的蘑菇的外形。②用"铃铛""灯罩""平底杯""纺锤"等常见的生活物品来形容大小形状不一的蘑菇。③采一些梨形蘑菇，无聊的时候拿出来让它冒烟，充满童趣。

（2）①要对自然保持好奇心。②仔细观察、试验。③有毅力，不断思考、探究。④耐心细心的科研精神。⑤坚持阅读和学习。⑥珍惜感悟的时光。

（3）①地上铺满苔藓，一个小男孩托着一个像鸡蛋模样的还没有完全张开的蘑菇仔细察看。②这个小家伙把我弄疼了。（我要给这孩子表演一个绝招，喷点烟玩玩。）③"布道雷尔"，我让你给骗了！（这么好看的蘑菇为什么不能吃呢？）④富有生活情趣，活泼、诙谐。

（4）法布尔对昆虫的生命过程充满尊重和敬畏，将专业知识与人生感悟熔于一炉；充满爱心地观察，昆虫在他的笔下生动美丽、聪明勇敢；探究生命，看到它们的美；用诗人的语言、散文的形式，描绘那些鲜活的生命，文笔像孩童般充满想象力和感染力。

《经典常谈》领读

《经典常谈》是朱自清先生特意为中学生撰写的一部介绍我国经典古籍和传统文化的著作。虽然跨越了一定的时空,但它依然闪耀着思想的光辉,彰显着时代的意义。

下面,笔者将从整体感知、单篇导图、思想探微等角度作介绍。

一、见森林:整体感知

《经典常谈》一书,写于1938—1942年,当时朱自清正在昆明西南联大任教。该书包括《〈说文解字〉第一》《〈周易〉第二》等13篇介绍中华传统文化经典的文章。其整体框架如下:

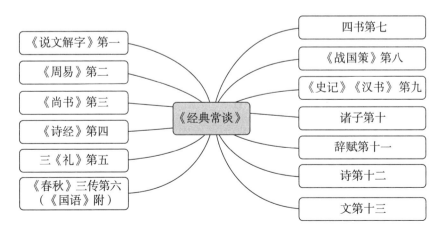

二、见树木：单篇导图

有些学生对中华传统文化了解不多，而且习惯于阅读记叙文，加上本书很多语言概括性、跳跃性很强，故而会觉得"门槛"太高，常有"读不下去"之感。这里笔者建议，在概括段意的基础上，可以用思维导图的形式"画"出该文的脉络。这样，自己就对文章的思路、内容一目了然。下面逐一说明。

1. 序

作者提出，在中等以上的教育里，经典训练应该是一个必要的项目，并强调经典训练的价值不在实用，而在文化。作者希望，能以此书启发读者亲近经典的兴趣，并把它当作一只船，航到经典的海里。作者谦称，各篇的讨论尽量采择"近人新说"，无自己的创见。

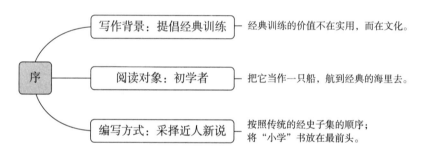

2.《说文解字》第一

本文从"仓颉造字说"谈到文字的起源，进而讲到东汉许慎的《说文解字》，重点介绍了文字发展与"六书"，以及书体的演变过程。（下面导图中的数字均为自然段序号。）

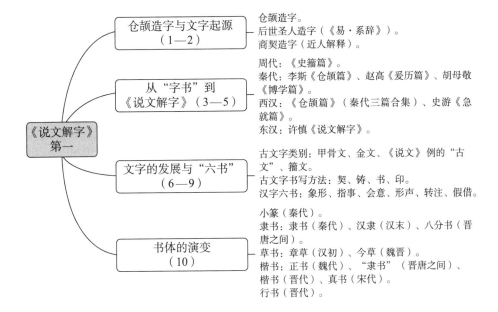

3.《周易》第二

本文介绍了《周易》的起源,包括八卦的神通与传说,《周易》的卦书、卦辞与爻辞等;介绍了《周易》的演变与地位,比如由巫术到哲学,进而成为儒家经典。

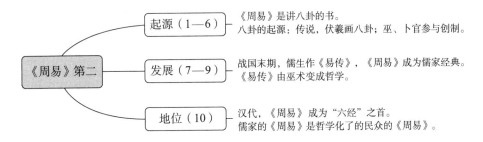

4.《尚书》第三

本文介绍了《尚书》的地位、内容和发展历程。《尚书》系中国最古的记言的历史,包括虞夏商周四代,大部分是"号令",小部分是君臣相告的话。本文梳理了自秦始皇焚书、伏生私藏《尚书》至清代以来,与《尚书》相关的整理、献书、校勘、作注、伪作、质疑等相关历程。

《经典常谈》领读 | 115

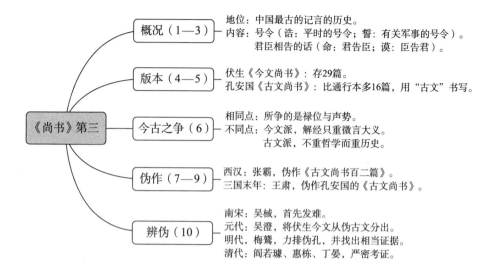

5.《诗经》第四

本文介绍了《诗经》的由来，歌谣的用途、分类、传播，春秋时代的赋诗，孔子时代的断章取义，毛氏、郑玄的解诗，以及《诗经》的"六义"说（风、雅、颂、赋、比、兴）。

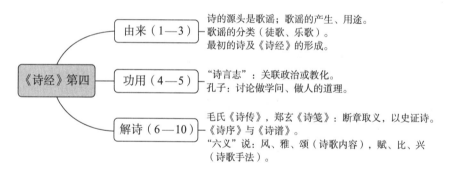

6. 三《礼》第五

三《礼》即《周礼》《仪礼》《礼记》。本文介绍了礼的内涵、作用、发展，介绍了乐的内涵与作用，以及关于礼的典籍。

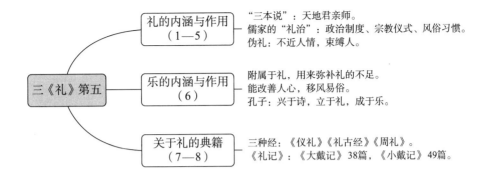

7.《春秋》三传第六（《国语》附）

《春秋》三传即《左传》《公羊传》《穀梁传》。本文介绍了《春秋》的形成与作者，"三传"的特点与区别，着重介绍了《左传》的作者、内容特色、艺术特色。

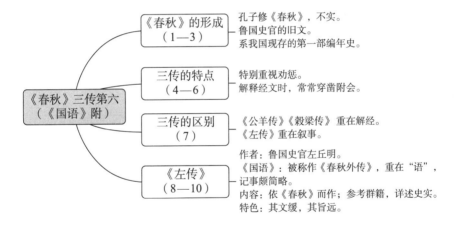

8. 四书第七

"四书"即《大学》《中庸》《论语》《孟子》。本文介绍了"四书"的由来，与科举考试的关系，二程、朱熹特别是朱熹对"四书"的推崇与注解，并阐明了"四书"的学习次序。

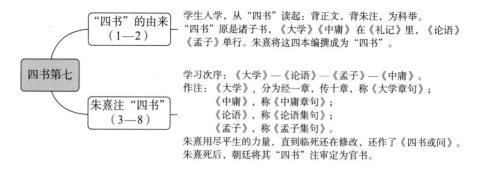

9.《战国策》第八

作者介绍了列国称王、周室分崩、七雄称霸的战国时代,并由此介绍了游说之士担负外交的概况,着重解说了"合纵连横"的代表人物苏秦、张仪。作者点明,记载那些说辞的书叫《战国策》,编者为汉代刘向,并简述了后人对此书的评价。

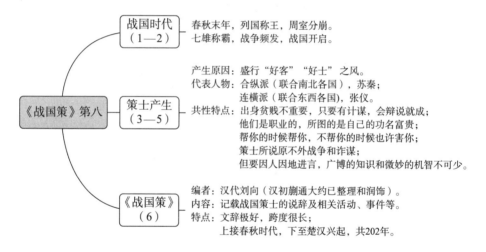

10.《史记》《汉书》第九

本文指出了《史记》《汉书》"无人不知,无人不晓"的两个原因;介绍了《史记》的成书过程,即司马迁被下狱、受宫刑等系列遭遇,以及《史记》的体例;介绍了《汉书》的成书过程,即班固和班彪、班昭、马融等人的著述经过,以及该书体例。文中还介绍了后人对两书的代表性点评。

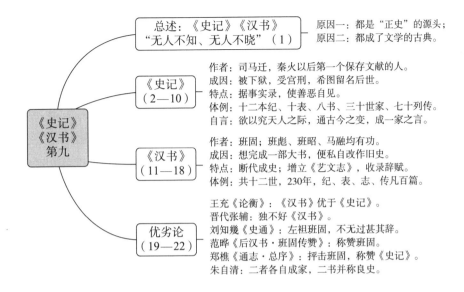

11. 诸子第十

本文介绍了战国时代诸子百家兴起的背景以及各学术流派代表人物的主张。随着时势的变化，战国末期吕不韦作《吕氏春秋》，汉武帝时刘安编《淮南子》，特别是董仲舒向汉武帝建议"独尊儒术"之后，儒学统于一尊，思想渐归于统一。

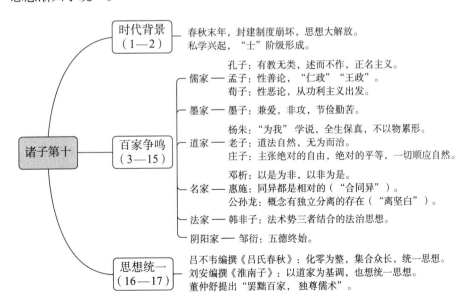

《经典常谈》领读 | 119

12. 辞赋第十一

本文介绍了屈原与《楚辞》、荀子的赋和贾谊的辞,以及赋的分类、演变。其中,对屈原的历史地位、被流放的经历、《离骚》写作背景与评价、《九章》《天问》等作品的思想主题、《楚辞》的语言特点等,用了较大的篇幅。

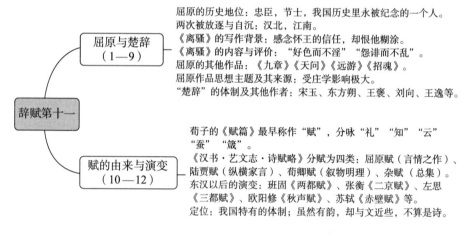

13. 诗第十二

本文主要介绍了汉乐府、五言诗、近体诗,以及对历代诗的简评。其内容大体包括汉武帝立乐府、《乐府诗集》的由来、汉乐府的新调子及其叙事题材;五言诗的代表人物(苏武、李陵、曹植、阮籍、郭璞、陶渊明、谢灵运等)及其思想主题;自齐武帝后,"声律说"大盛,唐代有了近体诗,陈子昂、李白、杜甫等人将诗歌推向了顶峰;到了宋代,欧阳修、梅尧臣、韩愈、苏轼等诗人推动了宋诗的散文化,黄庭坚开创了江西诗派,而南宋三大诗家杨万里、范成大、陆游均由江西诗派变化出来。"吟咏情性""温柔敦厚"等语,便是诗教的意义所在。

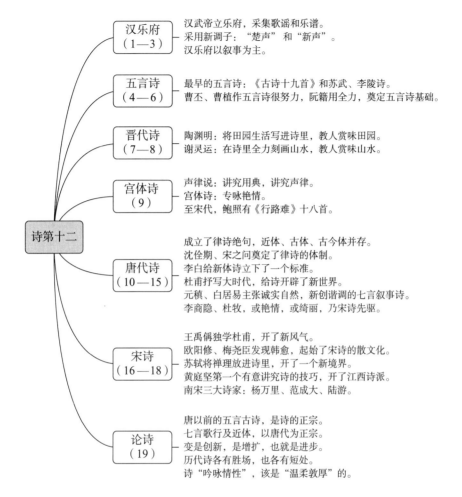

14. 文第十三

《文第十三》可称作中国古文的微型文学史。作者认为，商代的卜辞是现存最早的文；《尚书》发展了叙述文，开源了议论文……至清末，梁启超的"新文体"可算是登峰造极。胡适之提倡白话文，经过"五四运动"，白话文畅行，回到古代"言文合一"之路，但其时已是白话文的现代化。

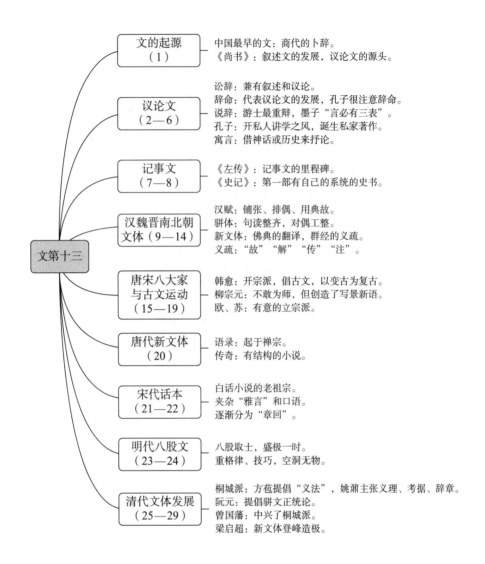

三、见文化：经典列举

为了让大家更好地理解著作，更好地提升素养，笔者想从文化的角度，作些补充，让大家可以"既看森林，亦看树木"，更实在地感受到中国传统文化的魅力。

篇名	经典列举
《说文解字》第一	汉字可象形，如"日""月""火""田"；汉字可指事，如"一""二""上""下"；汉字能会意，如"人言为信""日月为明""止戈为武""羔美为羹"；汉字表形声（义），如"有水把茶泡，有饭能吃饱，有手轻轻抱，有足快快跑，有衣穿长袍，有火放鞭炮"……仓颉造字，"天雨粟，鬼夜哭"。
《周易》第二	①"西伯拘羑里，演《周易》。"（《太史公自序》）西伯昌（周文王）被商纣王囚禁在羑里期间，发愤著书，作了《周易》一书。②《易》一名而含三义：易简，一也；变易，二也；不易，三也。"（郑玄《易赞》《易论》）三易中，变易为基本。③"太极生两仪，两仪生四象，四象生八卦。"（《易·系辞》）太极是混沌的元气，两仪是天地，四象是日月星辰，八卦是最早的文字符号，是中国古代人民的基本哲学概念。乾为天，坤为地，震为雷，巽为风，坎为水，艮为山，离为火，兑为泽。浩瀚宇宙，万事万物，阴阳相生，对立统一。④清华大学校训"自强不息，厚德载物"源自《周易》："天行健，君子以自强不息；地势坤，君子以厚德载物。"
《尚书》第三	①唐代孔颖达这样解释书名："尚者，上也。言此上代以来之书，故曰《尚书》。"②《荀子》认为，《尚书》基本上是一部政事书：《书》者，政事之纪也。"③《尚书》保留了我国典籍中十分罕见的关于氏族民主的记述，如帝尧"将逊于位，让于虞舜"，而舜"让于德，弗嗣"。这种"尧舜禅让""大公无私"的传说，成为后世追慕的高标。④《尚书》贯穿着"天命"的思想，如"天其永我命"，强调"以德配天""敬德事天"，主张"明德慎罚"，构成中国传统政治哲学的主流，开启民本思想先河。⑤《尚书》首创一思想。如《尧典》《舜典》记述尧、舜巡视四岳四方，划一历法、音律和度量衡；《禹贡》以大禹治水为导引，依自然地理和经济地理划分九州，显示了统一的国家区划思想。⑥《尚书》若干哲学思想垂之久远。尤其是《洪范》的"五行观"奠定了中国传统宇宙论及社会思想的基石。（冯天瑜：《中华元典精神》，上海人民出版社，2014年。）
《诗经》第四	文化价值：从内容到形式，《诗经》均为首创性的文学杰作。①宴饮诗："呦呦鹿鸣，食野之苹。我有嘉宾，鼓瑟吹笙。"（《小雅·鹿鸣》）②农事诗："七月流火，九月授衣……无衣无褐，何以卒岁？"（《豳风·七月》）③战争诗："昔我往矣，杨柳依依。今我来思，雨雪霏霏。行道迟迟，载渴载饥。我心伤悲，莫知我哀！"《小雅·采薇》④爱情诗："关关雎鸠，在河之洲。窈窕淑女，君子好逑。"（《国风·周南·关雎》）在艺术风格上，《诗经》的内容与形式相统一，可谓"尽善尽美""文质彬彬"，其格调"乐而不淫，哀而不悲"，铸造了中国文学艺术特有的风骨。

续 表

篇名	经典列举
《诗经》第四	教化功能：《诗经》是中国古代的首席政治—伦理教材，担负着教化万民的任务。子曰："小子何莫学夫诗！诗，可以兴，可以观，可以群，可以怨。迩之事父，远之事君，多识于鸟兽草木之名。""不学《诗》，无以言。""诗三百，一言以蔽之，曰：'思无邪。'"①孝道："父兮生我，母兮鞠我。抚我畜我，长我育我，顾我复我，出入腹我。欲报之德，昊天罔极！"（《小雅·蓼莪》）②感恩："投我以木桃，报之以琼瑶。匪报也，永以为好也。"《国风·卫风·木瓜》③修养："瞻彼淇奥，绿竹猗猗。有匪君子，如切如磋，如琢如磨。"（《国风·卫风·淇奥》）
三《礼》第五	"礼"是儒家信仰的"报本返始"：天地君亲师。天地，系生命的本源；亲即祖先，乃家族的本源；君师，是政教的本源。 "礼"的精神内核是"仁"和"义"："人而不仁，如礼何？""礼之所尊，尊其'义'也。""非礼勿视，非礼勿听，非礼勿言，非礼勿动。" "礼"是社会秩序、政治教化之根本："为政先礼，礼者政之本也。""前圣继天立极之道，莫大于礼；后圣垂世立教之书，亦莫先于礼。""大道之行也，天下为公，选贤与能，讲信修睦。"
《春秋》三传第六（《国语》附）	孟子云："孔子成《春秋》而乱臣贼子惧。"司马迁云："孔子之时，上无明君，下不得任用，故作《春秋》，垂空文以断礼义，当一王之法。"遑论《春秋》是否为孔子所作，但《春秋》道义——寓褒贬、正名分、辨是非，对于中国人"立德、立言、立功"的传统思想而言，足见威力。 司马侯为晋悼公讲解"德义之乐"："诸侯之为，日在君侧，以其善行，以其恶戒，可谓德义矣。"（《国语》） 曹刿给鲁庄公讲解战前的政治准备——取信于民："小大之狱，虽不能察，必以情"；赢得战役胜利的原因："夫战，勇气也。一鼓作气，再而衰，三而竭。彼竭我盈，故克之。夫大国，难测也，惧有伏焉。吾视其辙乱，望其旗靡，故逐之。"（《左传·庄公十年》）
四书第七	《大学》是垂世立教的大典。"大学之道，在明明德，在亲民，在止于至善。"此乃儒学"三纲"。"格物、致知、诚意、正心、修身、齐家、治国、平天下"，此乃儒学之"八目"。 《中庸》是孔门传授的心法。北宋理学家程颐："不偏之谓中，不易之谓庸。中者，天下之正道，庸者，天下之定理。""中庸"主张处理事情不偏不倚、公平公正："君子中庸，小人反中庸。""君子尊德性而道问学，致广大而尽精微，极高明而道中庸。温故而知新，敦厚以崇礼。是故居上不骄，为下不倍。"

续 表

篇名	经典列举
四书第七	《论语》是应机接物的微言。学习方法："学而不思则罔，思而不学则殆。"学习态度："知之者不如好之者，好之者不如乐之者。"为人处世："吾日三省吾身：为人谋而不忠乎？与朋友交而不信乎？传不习乎？"道德修养："人不知而不愠，不亦君子乎？"仁爱之心："夫仁者，己欲立而立人，己欲达而达人。" 《孟子》善养浩然之正气。民本思想："民为贵，社稷次之，君为轻。"仁政思想："老吾老以及人之老，幼吾幼以及人之幼。"哲学思想："故天将降大任于是人也，必先苦其心志，劳其筋骨，饿其体肤，空乏其身，行拂乱其所为，所以动心忍性，曾益其所不能。"
《战国策》第八	"毛先生一至楚，而使赵重于九鼎大吕；毛先生以三寸之舌，强于百万之师。"这就是战国策士的游说、辩论艺术。①"士为知己者死，女为悦己者容。"(《晋毕阳之孙豫让》)②"见兔而顾犬，未为晚也；亡羊而补牢，未为迟也。"(《庄辛谓楚襄王》)③"前事之不忘，后事之师。"(《张孟谈既固赵宗》)④"狡兔有三窟，仅得免其死耳。"(《齐人有冯谖者》)⑤"夫专诸之刺王僚也，彗星袭月；聂政之刺韩傀也，白虹贯日；要离之刺庆忌也，苍鹰击于殿上。"(《秦王使人谓安陵君》)⑥"以地事秦，譬犹抱薪而救火也，薪不尽则火不止。"(《华阳之战》)⑦"争名者于朝，争利者于市。"(《司马错与张仪争论于秦惠王前》)⑧"晚食以当肉，安步以当车。"(《齐宣王见颜斶》) 成语故事：返璞归真、不遗余力、布衣之交、刺股悬梁、得寸进尺、狐假虎威、挥汗如雨、画蛇添足、门庭若市、两虎相斗、南辕北辙、三人成虎、图穷匕见、亡羊补牢、渔人得利、甘苦与共……
《史记》《汉书》第九	《史记》是中国历史上第一部纪传体通史。司马迁自言："究天人之际，通古今之变，成一家之言。"它在史学、文学两方面价值极高，被鲁迅先生赞曰："史家之绝唱，无韵之《离骚》。" 梁启超推荐的《史记》十大名篇：大江东去 楚王流芳——《项羽本纪》；礼贤下士 威服九州——《信陵君列传》；文武双雄 英风伟概——《廉颇蔺相如列传》……史公记史 千古传颂——《太史公自序》。 成语故事：破釜沉舟、卧薪尝胆、纸上谈兵、负荆请罪、毛遂自荐、一言九鼎、约法三章、韦编三绝、鸿鹄之志、功亏一篑……

续 表

篇名	经典列举
《史记》《汉书》第九	《汉书》是中国第一部纪传体断代史。经典故事：①"常玉不瑑，不成文章；君子不学，不成其德。"（《汉书·董仲舒传》）②"安土重迁，黎民之性；骨肉相附，人情所愿。"（《汉书·元帝纪》）③"寒之于衣，不待轻煖（同"暖"）；饥之于事，不待甘旨。"（《汉书·食货志》）④"利不苟就，害不苟去。"（《汉书·贾谊传》）⑤"兵出无名，事故不成。"（《汉书·高帝纪》）⑥"察伯乐之图，求骐骥于市。"（《汉书·梅福传》）⑦"常思奋不顾身以徇国家之急。"（《汉书·司马迁传》）⑧"朝无争臣则不知过，国无达士则不闻善。"（《汉书·萧望之传》）⑨"临渊羡鱼，不如退而结网。"（《汉书·董仲舒传》）
诸子第十	荀子：儒家学派的代表人物，主张"礼法并施"。"学不可以已。""吾尝终日而思矣，不如须臾之所学也；吾尝跂而望矣，不如登高之博见也。"（《荀子·劝学》）"道虽迩，不行不至；事虽小，不为不成。"（《荀子·修身》） 杨朱：道家杨朱学派的创始人，主张"贵己""重生""人人不损一毫"。"利出者实及，怨往者害来。"《列子·说符》"身非我有也，既生，不得不全之；物非我有也，既有，不得而去之。"（《列子·杨朱》）"相怜之道，非难情也，勤能使逸，饥能使饱，寒能使温，穷能使达也。"（《列子·杨朱》） 老子：道家学派主要代表人物，与庄子并称"老庄"。其思想核心是朴素的辩证法。"上善若水。水善利万物而不争，处众人之所恶，故几于道。""人法地，地法天，天法道，道法自然。""合抱之木，生于毫末；九层之台，起于累土；千里之行，始于足下。"（《道德经》） 庄子：道家学说的主要创始人，主张"天人合一"和"清静无为"。"天地有大美而不言，四时有明法而不议，万物有成理而不说。圣人者，原天地之美而达万物之理。""人生天地之间，若白驹过隙，忽然而已。"（《庄子·知北游》）"日出而作，日入而息，逍遥于天地之间，而心意自得。"《庄子·让王》"众人重利，廉士重名，贤人尚志，圣人贵精。"《庄子·刻意》 韩非子：战国末期法家代表人物，重视唯物主义与效益主义思想。"家有常业，虽饥不饿；国有常法，虽危不亡。"（《韩非子·饰邪》）"不知而言，不智；知而不言，不忠。"（《韩非子·初见秦》）"国无常强，无常弱。奉法者强，则国强；奉法者弱，则国弱。"（《韩非子·有度》） 墨子：墨家学派的创始人，主张"兼爱""非攻""尚贤"等思想。如"夫爱人者，人必从而爱之；利人者，人必从而利之；恶人者，人必从而恶之；害人者，人必从而害之。"（《墨子·兼爱中》）"良弓难张，然可以及高入深；良马难乘，然可以任重致远。"（墨子·亲士）"默则思，言则诲，动则事，使三者代御，必为圣人。"（《墨子·贵义》）"名不可简而成也，誉不可巧而立也，君子以身戴行者也。"（《墨子·修身》）

续 表

篇名	经典列举
辞赋 第十一	《楚辞》是西汉刘向把屈原、宋玉等人的作品编辑而成的一部诗歌总集。它具有浓厚的楚地色彩，反映了那个时代政治变革的斗争。《离骚》和《九章》都是屈原被放逐时所作。"离骚"是"别愁"或"遭忧"之意。作者借用神话和动植物，委婉地表达出对怀王的钟爱，对贤达君子的敬仰，对奸臣小人的深恶痛疾。"路漫漫其修远兮，吾将上下而求索""长太息以掩涕兮，哀民生之多艰""亦余心之所善兮，虽九死其犹未悔""惟草木之零落兮，恐美人之迟暮"等名言均出自《离骚》。 《九章》是一组抒情诗集，包括《惜诵》《涉江》《哀郢》等九篇作品。差不多都是"上以讽谏、下以自慰"的主题。"鸟飞返故乡兮，狐死必首丘""与天地兮比寿，与日月兮同光""吾不能变心而从俗兮，固将愁苦而终穷"等名言均出自《九章》。 荀子的《赋篇》由五篇赋和两首佹诗组成。五篇赋分别为《礼》《知》《云》《蚕》《箴》。其结构是先分后总。 《礼》："爰有大物，非丝非帛，文理成章。非日非月，为天下明。生者以寿，死者以葬；城郭以固，三军以强。……致明而约，甚顺而体，请归之礼。" 贾谊的赋，最有知名度的是《吊屈原赋》《鵩鸟赋》。
诗 第十二	**汉乐府** 汉乐府《陌上桑》："日出东南隅，照我秦氏楼。秦氏有好女，自名为罗敷。罗敷喜蚕桑，采桑城南隅。青丝为笼系，桂枝为笼钩。头上倭堕髻，耳中明月珠。缃绮为下裙，紫绮为上襦。行者见罗敷，下担捋髭须。少年见罗敷，脱帽着帩头。耕者忘其犁，锄者忘其锄。来归相怨怒，但坐观罗敷。" 汉乐府《古诗十九首》之《迢迢牵牛星》："迢迢牵牛星，皎皎河汉女。纤纤擢素手，札札弄机杼。终日不成章，泣涕零如雨。河汉清且浅，相去复几许。盈盈一水间，脉脉不得语。" **五言诗** 曹植《君子行》："君子防未然，不处嫌疑间。瓜田不纳履，李下不正冠。嫂叔不亲授，长幼不比肩。劳谦得其柄，和光甚独难。周公下白屋，吐哺不及餐。一沐三握发，后世称圣贤。" 阮籍《咏怀八十二首·其一》："夜中不能寐，起坐弹鸣琴。薄帷鉴明月，清风吹我襟。孤鸿号外野，翔鸟鸣北林。徘徊将何见？忧思独伤心。" 陶渊明《归园田居·其三》："种豆南山下，草盛豆苗稀。晨兴理荒秽，带月荷锄归。道狭草木长，夕露沾我衣。衣沾不足惜，但使愿无违。" 谢灵运《登江中孤屿》："江南倦历览，江北旷周旋。怀新道转迥，寻异景不延。乱流趋孤屿，孤屿媚中川。云日相晖映，空水共澄鲜。表灵物莫赏，蕴真谁为传。想象昆山姿，缅邈区中缘。始信安期术，得尽养生年。"

续　表

篇名	经典列举
诗 第十二	陈子昂《送客》："故人洞庭去，杨柳春风生。相送河洲晚，苍茫别思盈。白蘋已堪把，绿芷复含荣。江南多桂树，归客赠生平。" **近体诗** 宋之问《途中寒食题黄梅临江驿寄崔融》："马上逢寒食，愁中属暮春。可怜江浦望，不见洛阳人。北极怀明主，南溟作逐臣。故园肠断处，日夜柳条新。" 李白《登金陵凤凰台》："凤凰台上凤凰游，凤去台空江自流。吴宫花草埋幽径，晋代衣冠成古丘。三山半落青天外，二水中分白鹭洲。总为浮云能蔽日，长安不见使人愁。" 杜甫《登高》："风急天高猿啸哀，渚清沙白鸟飞回。无边落木萧萧下，不尽长江滚滚来。万里悲秋常作客，百年多病独登台。艰难苦恨繁霜鬓，潦倒新停浊酒杯。" 苏轼《和子由渑池怀旧》："人生到处知何似，应似飞鸿踏雪泥。泥上偶然留指爪，鸿飞那复计东西。老僧已死成新塔，坏壁无由见旧题。往日崎岖还记否，路长人困蹇驴嘶。" 黄庭坚《寄黄几复》："我居北海君南海，寄雁传书谢不能。桃李春风一杯酒，江湖夜雨十年灯。持家但有四立壁，治病不蕲三折肱。想见读书头已白，隔溪猿哭瘴溪藤。" 陆游《游山西村》："莫笑农家腊酒浑，丰年留客足鸡豚。山重水复疑无路，柳暗花明又一村。箫鼓追随春社近，衣冠简朴古风存。从今若许闲乘月，拄杖无时夜叩门。"
文 第十三	韩愈《师表》："古之学者必有师。师者，所以传道受业解惑也。""孔子曰：三人行，则必有我师。是故弟子不必不如师，师不必贤于弟子，闻道有先后，术业有专攻，如是而已。"（摘录，下同） 柳宗元《始得西山宴游记》："悠悠乎与颢气俱，而莫得其涯；洋洋乎与造物者游，而不知其所穷。引觞满酌，颓然就醉，不知日之入。苍然暮色，自远而至，至无所见，而犹不欲归。心凝形释，与万化冥合。然后知吾向之未始游，游于是乎始。故为之文以志。" 欧阳修《醉翁亭记》："然而禽鸟知山林之乐，而不知人之乐；人知从太守游而乐，而不知太守之乐其乐也。醉能同其乐，醒能述以文者，太守也。太守谓谁？庐陵欧阳修也。" 苏轼《承天寺夜游》："庭下如积水空明，水中藻、荇交横，盖竹柏影也。何夜无月？何处无竹柏？但少闲人如吾两人者耳。"

续 表

篇名	经典列举
文第十三	姚鼐《登泰山记》："戊申晦，五鼓，与子颍坐日观亭，待日出。大风扬积雪击面。亭东自足下皆云漫。稍见云中白若樗蒲数十立者，山也。极天云一线异色，须臾成五采。日上，正赤如丹，下有红光动摇承之。或曰，此东海也。回视日观以西峰，或得日或否，绛皓驳色，而皆若偻。" 曾国藩《曾国藩家书》："格物，致知之事也；诚意，力行之事也。物者何？即所谓本末之物也。身心意知家国天下，皆物也，天地万物皆物也。日用常行之事皆物也。格者何？即格物而穷其理也。如事亲定省，物也；究其所以当定省之理，即格物也。事兄随行，物也；究其所以当随行之理，即格物也。吾心，物也；究其存心之理，又博究其省察涵养以存心之理，即格物也。吾身，物也；究其敬身之理，又博究其立齐坐尸以敬身之理，即格物也；每日所看之书，句句皆物也；切己体察、穷究其理即格物也。知一句便行一句，此力行之事也。此二者并进，下学在此，上达亦在此。" 梁启超《少年中国说》："故今日之责任，不在他人，而全在我少年。少年智则国智，少年富则国富，少年强则国强，少年独立则国独立，少年自由则国自由，少年进步则国进步，少年胜于欧洲则国胜于欧洲，少年雄于地球则国雄于地球。红日初升，其道大光。河出伏流，一泻汪洋。"

四、见情怀：技法略谈

作者在序中说，"经典训练的价值不在实用，而在文化"，并希望"读者能把它当作一只船，航到经典的海里去"。

该书的经典，指的是"包括群经、先秦诸子、几种史书、一些集部"，还包括《说文解字》。

关于文化，按照《辞海》的解释，广义指人类在社会实践过程中所获得的物质、精神的生产能力和创造的物质、精神财富的总和。狭义指精神生产能力和精神产品，包括一切社会意识形式：自然科学、技术科学、社会意识形态。

把读者特别是把青少年读者引向"文化经典"，这便是作者的一种情怀。那么，作者是如何做的呢？笔者略举几例。

1. 神话传说，引人入胜

比如《〈说文解字〉第一》里，开篇引用了仓颉造字的传说，而且把仓颉写得活灵活现："这仓颉据说有四只眼睛，他看见了地上的兽蹄儿、鸟爪儿印着的痕迹，灵感涌上心头，便造起文字来。"为了让读者能读进文章，作者把"天雨粟，鬼夜哭"解释得非常通俗易懂。

再如《〈周易〉第二》里，关于伏羲氏画八卦这个传说，作者是这样写的："那时候有匹龙马从黄河里出来，背着一幅图，上面便是八卦，伏羲只照着描下来罢了。"读着这样的文字，我们可体会到作者的用心良苦，且不说中学生，恐怕小学高年级的孩子也是喜欢的。

2. 传统文化，信手拈来

还是关于八卦。作者这样解释道："八卦的基础便是一二三的数目。整画的'—'是一；断画的'--'是二；三画叠而成卦是三。"于是，便可以配出"乾（☰）、坤（☷）、震（☳）、巽（☴）、坎（☵）、离（☲）、艮（☶）、兑（☱）"八卦，并由此生发出"万象的分类"，比如"乾是天，是父等；坤是地，是母等……兑是泽，是少女等"。

再如关于歌谣的产生和用途，作者在《〈诗经〉第四》中这样写道："一个人高兴的时候或悲哀的时候，常愿意将自己的心情诉说出来，给别人或自己听。""唱叹再不够的话，便手也舞起来了，脚也蹈起来了。"这样的描述，让今天的中小学生读起来，一下子就理解了古代劳动人民是怎样通过歌舞来表现喜怒哀乐等情绪的。

我们常说，中华民族是礼仪之邦。《三〈礼〉第五》一文中，作者从"天地君亲师"说起，再从政治制度、儒家信仰、风俗习惯三方面逐一解说。比如在儒家信仰方面，作者指出："报本返始是庆幸生命的延续，追念本源，感恩怀德，勉力去报答的意思。"报本返始、追思慎远，是中华民族的优良传统，需要代代相传，然而，那些"不近人情的伪礼"，则只会随着历史的推进、文明的传承而逐渐淘汰。

3. 去繁就简，提纲挈领

中华文化，源远流长。文化经典，博大精深。要在短短的篇幅中，把某一经典或某一类别讲述清楚，尤见质朴情怀和裁剪功力。

比如《诸子第十》一文，字数大约五千，然而"诸子百家"所涉及的历史背景、各家思想、人物著作，可谓汗牛充栋。作者从中选取了富有代表性的儒家、道家、法家、墨家等"家"的孔子、孟子、荀子、杨朱、老子、庄子、韩非子、墨子等"名士"进行简要解说。不仅高屋建瓴、简明扼要，而且对同一"家"的不同"名士"，将其思想异同也交代得一清二楚。同为儒家的孟子和荀子，孟子认为人性是善的，荀子认为人性是恶的，故而孟子注重"圣王的道德"，荀子注重"圣王的威权"。同是道家的老子、庄子，老子主张"无为而为，不知而知"，而庄子比老子更进一步，主张"绝对的自由，绝对的平等"。这便让读者一目了然。

而作为"中国微型文学史"的《文第十三》，作者去繁就简时更是驾轻就熟。此在上文中已作说明，这里不再重复了。

五、见智慧：思想探微

作者在序中说："各篇的讨论，尽量采择近人新说；这中间并无编者自己的创见，编撰者的工作只是编撰罢了。"果真如此吗？我们又可从中获得哪些启示？

这里先以《〈尚书〉第三》为例。作者认为，关于《古文尚书》的真伪，一直要追溯到汉景帝时代。真正的《古文尚书》，由孔子的后人孔安国整理。中间经历昭帝、废帝、宣帝、元帝，汉成帝时，刘向奉命用《古文尚书》校勘"今文本子"；汉哀帝时，刘歆与"五经"博士之间发生了"今古文之争"。作者说，今古文之争是西汉经学一大史迹。其中的争辩纷繁复杂，这里不便多说。东汉初，经师贾逵、马融、邓玄都给《古文尚书》作注。汉成帝时，张霸伪作《古文尚书》而下狱，这便是第一部伪《古文尚书》。到了三国末年，魏国有个博学而有野心的王肃，又伪作了一部《古文尚书》，还带着孔安国的传……

一直到南宋时，吴棫首先发难，朱熹疑信参半。真正严密钩稽决疑定谳的人，还是清代的三名学者，也就是清初的阎若璩、惠栋和清中叶丁晏。丁晏著述《尚书余论》，才将三国末年的王肃指出。千年公案，从此定论。但作者最终还是"采择近人新说"，认为尚书"二十九篇固然是真本，其中也还依分别的看"……

这就是《古文尚书》真伪公案，作者并不急着下结论，而是博采众家而后定论，这便是清代姚鼐提出的"义理、考据、辞章三端相济"中的"考据"之法，也是研究历史、语言等学问的必经之路。考据最能检验作者的文史视野和决断智慧。

类似的考据过程，几乎每篇文章里都普遍存在。比如"仓颉造字"之说是否存在，伏羲画八卦是否真实，在《〈诗经〉第四》里提倡"以史证诗"，《大戴记》《小戴记》是否是别人假托二戴之名纂辑的等。作者既提出质疑，更表明自己的立场。只有经过对各派学说进行分辨、取舍，形成的观点和文字才能经得住时间的考验。这对于今天作为教师或学生的我们，都应当好好学习。

考题集锦

1.《经典常谈》是＿＿＿＿撰写的一部介绍中国传统文化经典的著作，其中介绍了汉字的由来，让我们知道＿＿＿＿造字的传说；介绍了古代的字典，即许慎的《＿＿＿＿＿＿》，这是一部划时代的字书。

◎ 参考答案

朱自清；仓颉；说文解字。

2. 下面对《经典常谈》中相关内容解说不正确的一项是（　　）。

A. 全书介绍包括《说文解字》《周易》《尚书》《诗经》等经史子集共十三部

分内容，详细介绍了中国古代文学的发展与历史脉络，是介绍传统文化的典范之作。

B. 在古代，"诗言志"中的"志"总是关联着政治或者教化作用，人们用这样的观点去解读作品，如孔子评价《关雎》是"乐而不淫，哀而不伤"。

C. "乐"在古代与"礼"并称，二者各自独立，具有教化作用。"乐"包括歌和舞，它教人平心静气，互相和爱，这样自然没有贪欲、捣乱、欺诈等事情。

D. 战国七雄中"秦"最强大，它与六国对峙，有人主张六国联合抗秦，叫作"合纵"，有人主张六国联合起来亲秦，叫作"连横"，张仪便是属于连横派。

◎ 参考答案

C。

◎ 解析

通过《三〈礼〉第五》中的"从来礼乐并称，但乐实在是礼的一部分；乐附属于礼，用来补助仪文的不足"可知，C项中"'乐'在古代与'礼'并称，二者各自独立，具有教化作用"表述有误。

3. 请你根据《〈说文解字〉第一》中对造字的六个条例的解释，完成下面各题。

一是"象形"，象物形的大概。二是"指事"，用抽象的符号，指示那无形的事类。三是"会意"，会合两个或两个以上的字为一个字，这一个字的意义是那几个字的意义积成的。四是"形声"，也是两个字合成一个字，但一个字是形，一个字是声；形是意符，声是音标。五是"转注"，就是互训。两个字或两个以上的字，意义全部都相同或一部分相同，可以互相解释的，便是转注字，也可以叫作同义字。六是"假借"，语言里有许多有音无形的字，借了别的同音的字，当作那个意义用。

（1）下列说法错误的一项是（　　　）

A. 汉字"鱼""口""耳""手""田"等都是象形文字。

B."刃"字，在"刀"形上加一点，指示刃之所在，"刃"是指事文字。
C."人""言"为"信"，"信"是会意文字，"江""河"是转注文字。
D."令"本义是发号，假借为"县令"的"令"，这是假借文字。

（2）班长找来了一些象形字的图片，请你分别写出它们对应的现代汉字。

A. ⊖   B. ☽   C. ⋀⋀   D. 🐢

◎ 参考答案

（1）C。

◎ 解析

C项中的"江""河"是形声字，三点水是形旁，"工""可"是声符。

（2）A.日；B.月；C.山；D.龟。

4. 请你仿照示例，结合《经典常谈》中《〈诗经〉第四》一章的内容以及语文素养积累，体会"诗言志"的育人作用。

原句	原义	教育意义
如切如磋，如琢如磨。	指治玉，好像切制，好像锉平，好像雕琢，好像磨光；将玉比人。	做学问要精益求精。
靡不有初，鲜克有终。	凡事都有个开始，但经常不了了之，没个结果。	（1）
他山之石，可以攻玉。	别的山上的石头坚硬，可以用来琢磨玉器。	（2）

◎ 参考答案

（1）为人做事要有始有终，矢志不渝。

（2）要善于借助别人（或听取别人的意见）帮助自己改正缺点。

5. 请你结合下面选自《四书第七》的材料，回答下列问题。

《论语》是孔子弟子们记的。这部书不但显示一个伟大的人格——孔子，并且让读者学习许多做学问做人的道理：如"君子""仁""忠恕"，如"时习""阙疑①""好古""隅反""择善""困学"等，都是可以终身应用的。《孟子》据说是孟子本人和弟子公孙丑、万章等共同编定的。书中说"仁"兼说"义"，分辨"义""利"甚严；而辩"性善"，教人求"放心"，影响更大。又说到"养浩然之气"，那"至大至刚""配义与道"的"浩然之气"，这是修养的最高境界，所谓天人相通的哲理。

[注]①阙疑：对疑惑不解的东西不妄加评论。

（1）小诗发现材料中的内容可以与之前所学诗文相联系，于是她将二者对照以增进理解，请你帮她补充完整。

①"时习"：_____，不亦说乎？

②"义利"：_____，于我如浮云。

③"择善"：择其善者而从之，_____。

④"仁"：得道者多助，_____。

（2）请你根据上面的材料，说一说儒家学说对现在的我们有哪些教育意义。

◎ 参考答案

（1）①学而时习之；②不义而富且贵；③其不善者而改之；④失道者寡助。

（2）在学习方面，告诫我们要经常学习，热爱学习，善于学习别人的长处；在交往方面，告诫我们要宽以待人，对人忠诚，讲求义气；在做人方面，告诫我们要有仁爱之心，有理想、有志向，培养自身正气。（任答两个方面即可）

6. 有人建议阅读《经典常谈》时，可以选择《〈诗经〉第四》《辞赋第十一》《诗第十二》进行组合阅读，这样能够完整地了解中国古代诗歌的发展过程及其成果。你是否同意这一建议？结合名著阅读方法，说说你的看法。

◎ 参考答案

我同意这一建议。

《经典常谈》中,《〈诗经〉第四》介绍了中国最早的诗歌总集《诗经》的内容、风格及历史地位;《辞赋第十一》则讲述了辞赋这一文体在战国至汉代的兴起与繁荣,展现了其独特的艺术魅力;《诗第十二》进一步探讨了诗歌在魏晋南北朝至唐宋时期的发展变化,以及重要诗人和诗作。将这三篇组合阅读,可以系统地了解中国古代诗歌从起源到发展再到成熟的全过程,以及各个时期的重要诗歌成果。这种跨篇章的组合阅读,有助于我们把握古代诗歌的整体脉络和演变规律,更深入地理解诗歌的文化内涵和艺术价值。

在阅读过程中,我们可以采用对比阅读的方法,分析不同时期诗歌的特点和差异,加深对古代诗歌发展过程的理解。同时,也可以结合历史背景和文化环境,探究诗歌发展的社会原因和影响因素,从而更全面地把握古代诗歌的精髓和魅力。

7. 班级开展"联系《经典常谈》阅读古文经典"的专题探究活动,请你参与并完成以下任务。

楚辞经典	《经典常谈》相关内容
日月忽其不淹兮,春与秋其代序。惟草木之零落兮,恐美人之迟暮。不抚壮而弃秽兮,何不改乎此度?乘骐骥以驰骋兮,来吾道夫先路!(节选自《离骚》)	他又用了许多神话里的譬喻和动植物的譬喻,委曲地表达出他对怀王的忠爱,对于贤人君子的向往,对于群小的深恶痛疾。他将怀王比作美人,他是"求之不得""辗转反侧"。情辞凄切,缠绵不已。

(1)文段中的"他"指的是_____。

(2)试运用《经典常谈》中的相关内容谈谈《离骚》中"惟草木之零落兮,恐美人之迟暮"的深层含义。

◎ 参考答案

(1)屈原。

(2)这句诗的表层含义为:光阴如梭,美人的青春就像日益凋零的草木。屈原将楚怀王比作"美人",担心的是楚怀王步入衰残的暮年,他感叹岁月无情,来日无多,只希望能把握住短暂的人生,作出一番事业,表达了对楚怀王的忠诚和担忧。

  《离骚》作为屈原的代表作，其中的"惟草木之零落兮，恐美人之迟暮"一句，蕴含着丰富的深层含义。"惟草木之零落兮"以自然界中草木的凋零起兴，暗喻时局的动荡和国家的衰败。草木零落，象征着美好事物的消逝，反映出诗人对当时社会现状的深深忧虑。而"恐美人之迟暮"则借"美人"这一意象，比喻君王或理想中的贤明君主。迟暮，意味着年老色衰，这里用来形容君王因年老而可能失去明智和决断力，或是指国家因长久未得治理而日渐衰落。诗人以此表达自己对君王未能及时醒悟、国家未能得到挽救的深切担忧和痛心疾首。

  整句诗通过自然景象与人事的巧妙结合，传达出诗人对国家命运的忧虑和对理想政治的渴望，展现了屈原深沉的爱国情怀和崇高的政治理想。

《钢铁是怎样炼成的》领读

人最宝贵的是生命。生命每个人只有一次。人的一生应当这样度过：当回忆往事的时候，他不会因虚度年华而悔恨，也不会因碌碌无为而羞愧；在临死的时候，他能够说："我的整个生命和全部精力，都已经献给了世界上最壮丽的事业——为人类的解放而斗争。"

上面这段我们耳熟能详的话，出自苏联作家奥斯特洛夫斯基的《钢铁是怎样炼成的》一书。这段话是作者的生命誓言，也是书中主人公保尔·柯察金的人生写照。

一、保尔的成长史

保尔，作为一个早年丧父的贫苦人家的孩子，一个12岁便失学的少年，一个在车站食堂做杂役的童工，是如何一步步成长为一个无产阶级革命战士，一个双目失明、全身瘫痪还能在病床上潜心进行文学创作的作家？下面，笔者将从15个方面梳理保尔的心灵成长史和革命斗争史。

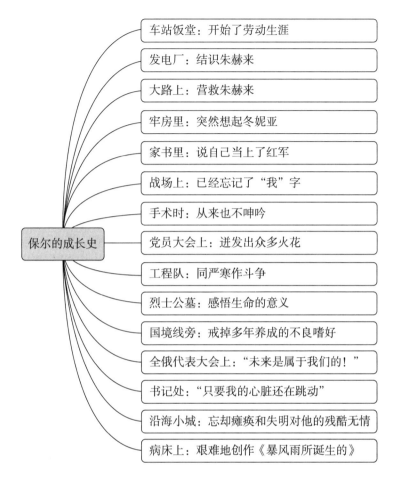

1. 车站饭堂：开始了劳动生涯

保尔和其他五个不及格的学生到神甫家里去补考。在厨房里，他把一把烟末撒在神甫家过复活节用的发面里。为此，保尔被学校开除了。在税务官家里当厨娘的母亲，把保尔送到车站食堂做杂役。保尔的劳动生涯就这样开始了。

劳动让人获得尊严：自食其力，给家庭减轻负担。只是此时的保尔才12岁，本应在学校里继续读书求知。

保尔在食堂里辛辛苦苦地干了两年。这两年里，他经受了许多苦难，并窥见了生活的深处、生活的最底层。他渴望了解一个全新的世界。后来，保尔被迫离开了车站饭堂，去了发电厂当锅炉工助手。

2. 发电厂：结识朱赫来

沙皇被推翻了。人们如饥似渴地听着那些新名词：自由、平等、博爱。但对于保尔来说，似乎什么都没改变。1918年春，保尔在哥哥的介绍下，结识了一名叫朱赫来的地下党。

朱赫来在和保尔一起生活的这段时间里，除了教他拳击，还给他讲了许多革命道理，传授了许多革命知识。朱赫来对保尔思想的成长起到了决定性的作用。

3. 大路上：营救朱赫来

一天深夜，朱赫来突然来到保尔家借宿，同保尔一起住了八天。这八天对年轻锅炉工的成长，有着决定性的意义。保尔从他那里懂得了，那一大堆名称好听的党派，比如社会革命党、社会民主党、波兰社会党等，原来都是工人阶级的凶恶敌人；只有一个布尔什维克党不屈不挠地同所有财主作斗争。

一天，在一条路上，保尔忽然发现，两个佩特留拉匪兵押着的正是朱赫来。当黄胡子押送兵走到保尔跟前的时候，保尔猛然向他扑去，抓住他的步枪……在保尔的勇敢相助下，朱赫来得救了！这是保尔第一次参加革命斗争。这为他以后在艰苦的环境下仍能茁壮成长增添了勇气和信心。

然而，一个叫维克托的家伙来到警备司令部出卖了保尔。保尔被匪兵抓进了一个旧仓库。匪兵们对他不停地拳打脚踢，毫不留情。

4. 牢房里：突然想起冬妮亚

仓库里一共关押着三个人。后来，仓库里又有一个姑娘被带进来。

这个善良而苦命的姑娘，不想便宜那些当官和当兵的，向保尔表白。保尔想起心爱的冬妮亚，始终坐怀不乱。纯洁的友谊、朦胧的爱情，让尚不成熟的心灵拥有了更多的真善美。

因为监狱错放犯人，保尔等人获得了自由。他想都没想就跑到了冬妮亚的家里。为了安全,保尔必须离开。第二天一大清早,保尔和冬妮亚依依惜别。

5. 家书里:说自己当上了红军

保尔离开后,去了哪里,干了什么,仿佛是个谜。终于有一天,哥哥阿尔焦姆收到保尔的一封信。从这封信中,我们可以看到,保尔已成为一名红军战士。也可以看到,他虽然大腿上挨了一枪,但并没表现出丝毫的怯懦和悲观。在红军队伍里,保尔的进步更快了。只是他没想到,林务官的女儿冬妮亚已经移情别恋,和一个混在革命队伍里的投机分子在一起。

6. 战场上:已经忘记了"我"字

保尔转战在祖国大地上已经一年了。他在艰难困苦的环境中锻炼成长。这一年里,有两次保尔不得不暂时离开革命的风暴:第一次是因为大腿受了伤;第二次是在严寒的 1920 年 2 月,他得了伤寒,发高烧,大病了一场。但他还没等自己痊愈,就回到了自己的部队。6 月 5 日,保尔顶替已牺牲的战友,成为排头兵。

"不要染上一个污点",脑子里只有"我们"!在革命的大熔炉里,保尔逐渐被锻造成一块钢铁,一块只有队伍、只有革命而没有自己的钢铁战士。

战争总是那么残酷。在 8 月 19 日的一场战斗中,一块烧红的铁片灼伤了保尔的头。保尔像一根稻草似的,被甩出了马鞍,翻过马头,沉重地摔在地上。保尔不省人事。

7. 手术时:从来也不呻吟

昏迷了 13 天之后,保尔终于苏醒了。这得益于医护人员的精心护理,更得益于他顽强的生命力。陆军医院里的青年医生尼娜在医护日记上记下了保尔的一些表现。保尔为什么一直没有呻吟?他说:"您读一读《牛虻》就明白了。"是书籍让保尔更加坚强,是英雄人物让保尔更加坚强。

保尔的右眼瞎了。临别的时候，他说："还不如左眼瞎了呢，现在我怎么打枪呀？"他心里想的全是战斗。

朱赫来成了省肃反委员会主席，但他的一只胳膊已经被炮弹炸掉了。朱赫来邀请保尔一起搞肃反工作。保尔接受了邀请。保尔经常头疼得像针扎一样。肃反工作损害着他的神经。不得已，保尔到铁路工厂去担任不脱产的共青团书记。

8. 党员大会上：迸发出众多火花

苏维埃乌克兰与波兰的和约签订后，1920年12月的一个早晨，保尔乘火车回到了他熟悉的故乡。两个星期后，保尔又回到了基辅。在全区党员大会上，保尔上台发言，言辞激烈地指责党背叛了革命事业。

第二天，团省委召开紧急全会，决定将保尔和另四名同志开除出省委会。大会上，保尔以临战的姿态发表了发自肺腑的演讲："因为离开了党，我们没法生存下去。""请还给我们生命。"保尔哽住了。他浑身颤抖，走下了讲台。此时大厅里爆发出震耳欲聋的掌声。然而，保尔头疼得要命，差点失去知觉。这一番发自内心的演讲，让大家团结起来的，不单单是友谊。这是对党的忠诚，对革命事业的忠诚，感动了大家，说服了大家。

9. 工程队：同严寒作斗争

铁路运输眼看要瘫痪，饥饿和寒冷就会接踵而来。保尔被抽调到修路工程队。靴底磨烂了，脚趾冻伤了，暴风雪突然袭来，保尔虽有钢铁般的意志，但身体毕竟还是血肉长成的。"他每走一步，都像有什么东西猛刺他的胸部，浑身发冷，上下牙直打架，两眼昏黑，树木像走马灯一样围着他打转。"

医生说，保尔是肠伤寒，并发大叶性肺炎。有人认为保尔已经死了，叫人把尸体抬到了停尸房。

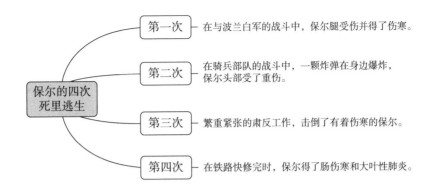

10. 烈士公墓：感悟生命的意义

保尔第四次跨过死亡的门槛。但有一天，保尔在园子里散步时，突然感到脊椎一阵剧痛，随即摔倒在地上。第二天，医生给他做了详细的检查，摸到他脊椎上有一个深坑。

回城前，保尔来到烈士公墓。保尔缓缓地摘下了帽子。极度的悲愤充溢在他的心中。他更加认识到："人最宝贵的是生命。生命每个人只有一次。……要抓紧时间赶快生活，因为一场莫名其妙的疾病，或者一个意外的悲惨事件，都会使生命中断。"

在烈士公墓，保尔对生命的意义有了更深的认识。"为人类的解放而斗争"是对生命意义的最好诠释！"抓紧时间赶快生活"，这里的"生活"更多的是为国家建设而奉献个人的全部力量。回到团省委继续工作，他总是为时间不够用而苦恼。他向区党委书记郑重地交上一份加入俄国共产党（布尔什维克）的申请书。每天晚上，保尔都到公共图书馆去，待到很晚才走。他如饥似渴地读书学习。

11. 国境线旁：戒掉多年养成的不良嗜好

别列兹多夫小镇离国境线十公里，过国境线便是波兰的科列茨镇。保尔在这里身兼两职：第二军训政委，区团委代理书记。

有一天晚上，安娜那里又聚集了许多年轻人，保尔出人意料地戒掉了多年养成的抽烟习惯。他说："人应该支配习惯，而决不能让习惯支配人。不然的话，岂不要得出十分荒唐的结论吗？"

不仅如此，保尔还说，要是一个人不能改掉坏习惯，那他就毫无价值。他还说自己有个骂人的坏毛病。他决心要改掉这两个坏习惯。因为身体原因，保尔同他工作了一年的别列兹多夫告别了。

12. 全俄代表大会上："未来是属于我们的！"

保尔光荣地参加全俄共产主义青年团第六次代表大会。会前，他意外地见到了曾经爱过的丽达。而大会则让保尔更加震撼。

"未来是属于我们的！"这不仅是大会的会标，更是保尔等人心中的呐喊。这将化作动力，化作信念，激励着更多的年轻人一起走向未来，创造未来。

然而，保尔的身体却每况愈下。现在只有两条出路：要么承认自己是个"残废"；要么坚守岗位，直到完全不能工作为止。他选择了后一条。但医务委员会认为，保尔必须立即停止工作，去克里木长期疗养。

13. 书记处："只要我的心脏还在跳动"

疗养之后，保尔被安排到乌克兰中央委员会书记处工作。他本来以为，只要一开始工作，失去的精力就会恢复。但过了一个多月，保尔又卧床不起了。领导建议他不要上班，他回答道："我才二十四岁，我不能拿着残废证混一辈子……给我的工作应该使我内心不感到孤独离群。"

"只要我的心脏还跳动，就别想叫我离开党，只有死，才能让我离开战斗行列。"他把整个身心交给了党，交给了革命事业。

保尔在领取抚恤金的同时，还领到了一张残废证。但保尔仍然如饥似渴地读着书。他的眼睛里始终蕴藏着顽强的意志。

14. 沿海小城：忘却瘫痪和失明对他的残酷无情

保尔和达雅结婚了。八年来，保尔第一次不担任任何工作，有这么多的空闲时间。他像一个刚刚入门的学生，如饥似渴地读着书，每天读18个小时。为避免达雅家庭的干扰，保尔和达雅搬到一个沿海的小城。

但是，不幸又偷偷地向他袭来：他双腿瘫痪了。此时只有右手还能活动。之后，他的右眼发炎，疼得难以忍受，接着左眼也感染了。保尔有生以来第一次尝到了失明的滋味。母亲和妻子悲痛到了极点，他却很冷静。

他以无坚不摧的顽强意志进行学习，忘记了一直在发烧的身体，忘记了肉体的剧烈疼痛，忘记了两眼火烧火燎的炎肿，忘记了严峻无情的生活。这就是保尔，一个疾病打不倒的保尔，一个身残志坚、自强不息的保尔，一个永远学习、永远工作的保尔。

15. 病床上：艰难地创作《暴风雨所诞生的》

保尔和达雅到了莫斯科。一位机关首长帮助保尔住进了一所专科医院。在医院里，教授坦率地告诉保尔，恢复视力是不可能的；建议他目前先进行外科治疗，消除炎症。当保尔躺在手术台上，手术刀割开颈部的时候，死神的黑翅膀曾先后三次触到他身上。然而，保尔的生命力十分顽强。

保尔坚定地选择了一条道路，决心通过这条道路回到新生活建设者的行列。保尔开始工作了。他打算写一部中篇小说——《暴风雨所诞生的》。他让人找来一块硬纸板，在硬纸板上刻出一条条空格，写的时候，铅笔就不会出格了。已经写好的东西，他必须逐字逐句地记住，否则，线索一断，工作就会停顿。母亲惴惴不安地注视着儿子的工作。

写作过程中，保尔往往要凭记忆整页地甚至整章地背诵，母亲有时觉得他好像疯了。

创作何其艰难！保尔恨透了这夺去他视力的生活，盛怒之下常常把铅笔折断，把嘴唇咬得出血……保尔是用坚强的意志在创作，用整个生命在创作。

终于完稿了。终于等来了列宁格勒的电报。电报上只有简单几个字："小说备受赞赏，即将出版，祝贺成功。"

这便是保尔·柯察金的成长简史，这便是一名无产阶级革命战士的战斗历程。这里饱含着一名战士对党和国家的全部心血，饱含着一位勇士对生命的无限热爱!

保尔的成长,是生活的磨砺、环境的影响、组织的关怀、亲人的呵护、战友的帮助以及个人的坚持的共同结晶。

二、保尔的多维度

谈起保尔·柯察金,我们必然会想到"刚毅坚强""钢铁般的意志""身残志坚"等词语,进而联想到硬汉、勇士、英雄等形象。然而,保尔也是一个有血有肉、有情有义、有温情亦有缺点的普通人。也许正因为如此,保尔的艺术形象才更为丰满,更有人情味。下面,笔者从坚强以外的角度,分析保尔这个人物。

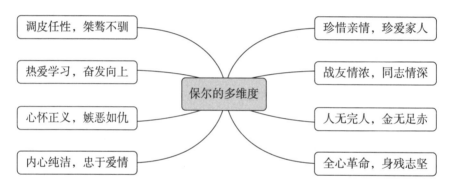

1. 调皮任性,桀骜不驯

少年时代的保尔并不是一个让人省心的乖小孩。12岁那年,因为学习不太用功,考试不及格,他和几个不及格的学生去神甫家补考,因痛恨神甫平时虐待他,便把一撮烟末儿,撒在神甫家准备做复活节蛋糕的面团上。

而此前,有一回,他跟同学打架,老师罚他留校,把他送到高年级教室。其时,高年级老师正在给学生讲地球和天体。在下一次《圣经》课上,保尔问神甫:"为什么高年级老师说,地球已经存在好几百万年了,并不像《圣经》上说的五千年……"这让神甫恼羞成怒,狠狠地把保尔给揍了一顿。因为这些事情,保尔被学校开除了。

从上面这些内容，我们看到了一个有点调皮、有点倔强、敢于质疑的少年形象。

2. 热爱学习，奋发向上

（1）耐心学拳击。英国拳击，要想学会并不容易。朱赫来的拳头一次次把他打飞，让他摔了一个又一个跟头，但他依旧勤奋而耐心地学下去。这对他后来参加革命斗争并形成坚韧不拔的性格，都是有好处的。

（2）坚持买书读。在发电厂当锅炉工助手期间，工资低得可怜，单靠他的工钱是不够家用的。但他每次领到工钱，就买五本《朱泽培·加里波第》（估计是连载）。朱泽培·加里波第，这位意大利民族英雄给保尔的心灵刻下了深深的烙印。后来，因为营救朱赫来而被告密、被抓进宪兵队拷问的时候，保尔什么也没有说，一问三不知。显然，这是朱泽培·加里波第给了他一种精神的力量。

（3）阵地痴迷读。其时，他们那个团正在卡扎京—乌曼支线上，据守着弗龙托夫卡车站附近的阵地。"这个小伙子看书入了迷，火烧头发都不知道。"这便是保尔。他看的这本书是《牛虻》，是从营政委那儿借来的。失学但不放弃学习，他反而更加热爱学习。

（4）病后发奋读。从"鬼门关"挣扎回来后，保尔在团委工作。此时的他，顾不得身体的虚弱和工作的劳累。每晚，保尔都到公共图书馆去，待到很晚才走。

（5）成立小组读。在给哥哥阿尔焦姆的信中，他写道："阿尔焦姆，我已经读了很多书，收获颇丰。国外的、国内的著作我都读。读完了主要的古典文学作品，学完了共产主义函授大学一年级课程，考试也及格了。晚上我辅导一个青年党员小组学习。"当双目失明后，保尔在学习小组活动之余，用广播来学习。保尔就是这样争分夺秒地学习着，顽强不屈地学习着。学习让他忘却了生活对他的残酷无情。

3. 心怀正义，嫉恶如仇

（1）在车站饭堂，看到普罗霍尔欺负女工弗罗霞，保尔怒火中烧："我要是个大力士，一定揍死这个无赖！"

（2）在修路期间，保尔意外碰到了冬妮亚。此时，冬妮亚已经是一位贵妇人。保尔给列车上下来的人都派了活。冬妮亚和丈夫却在摆谱，不愿意参加修路劳动。保尔对冬妮亚说："你浑身都是臭樟脑丸味。说实在的，我跟你已经没什么可谈的了。"

（3）一次下班后，一个名叫法伊洛的处长，自鸣得意，吹嘘自己的一些玩弄女性的肮脏事情。保尔听了，气不打一处来，一下子冲到法伊洛跟前，大喝一声"畜生！"法伊洛给了保尔一拳。保尔操起一张柞木凳子，一下就把法伊洛打倒在地。保尔也为此被迫出席党的法庭。

（4）丘察姆是达雅的父亲。这个老头专横暴虐，控制着全家，扼杀任何主动精神，不给人丝毫自由。在保尔眼里，这个老头是旧时代苦役犯世界的缩影，有着兽性的利己主义。保尔认为，这个家庭的出路只有一条，那就是让母亲和两个女儿永远离开这个老头。保尔就是这样的爱憎分明和打抱不平。

无论对方是无赖还是单位同事，无论是曾经的女友还是后来的老丈人，只要对方表现出一种非正义的行为，保尔都会与他们进行斗争。他心怀正义，嫉恶如仇。

4. 内心纯洁，忠于爱情

（1）保尔的第一段爱情：初恋女友冬妮亚。

书中有这样一段描述："一种从来没有过的、模模糊糊的感情，已经偷偷地钻进这个年轻锅炉工的生活里。这种感情是那样新鲜，又是那样不可理解地激动人心。它使这个具有反抗性格的顽皮少年心神不宁了。"此时，他对自己萌生的这种感情既戒备又疑惧。

后来，他和冬妮亚发生了一次非常厉害的争吵。之后被抓进宪兵队时，一名被抓进来的年轻女孩向他表白。突然，保尔想起了冬妮亚。他终于找到了自制的力量。这种自制的力量，便来自对爱人的忠诚。也因为这种忠诚，他的内心更为纯洁。

从宪兵队经受了七天七夜的折磨被侥幸放出后，保尔径直奔向冬妮亚的家中。冬妮亚的爱抚使他分外激动。但是，保尔始终保持着一种理智和清醒。坚强的性格，真诚的友谊，使保尔抵挡住了诱惑。

（2）保尔的第二段爱情：革命同志丽达。

用保尔的话说，丽达是"同志兼老师"。在保尔的心目中，丽达是神圣不可侵犯的。虽然丽达的拥抱使他很激动，但他还是用顽强的毅力，把某种念头给克制住了。

不久，保尔便以"时间越来越不够用"为由，果断地中断了这段尚未真正开始的爱情。

直至后来在全俄共青团代表大会期间，他们意外重逢，保尔才说出与丽达分手的原因："有一些书塑造了革命者的鲜明形象，他们英勇无畏，刚毅坚强，彻底献身于革命事业，给我留下了不可磨灭的印象，我产生了做这样的人的愿望。对你的感情，我就是照'牛虻'的方式处理的。"

会议结束时，丽达交给保尔两本旧日记和一封短信。看完信后，保尔沉思着把信撕碎。想必这是与这段感情的一种彻底告别吧。

（3）保尔的第三段爱情：终身伴侣达雅。

保尔在疗养期间，无意卷入达雅一家的悲剧。这一家最苦的是达雅，家里所有的粗活重活全落在她一个人身上。保尔最初只想把达雅从火坑里拯救出来。

在共同生活和学习中，达雅不仅成为一个"真正的人"，还当选为市苏维埃的委员，成为预备党员，继而转为正式党员，之后被选为工厂委员会的委员。保尔自己则因为妻子而感到自豪，这大大减轻了他的痛苦，并从此潜心创作《暴风雨所诞生的》。这是爱情的力量，是一起追求进步所收获的硕果。

5. 珍惜亲情，珍爱家人

这一点可以从保尔的两封家书上看出。

第一封信写于为躲避灾祸而头次出远门时。信里，他告诉哥哥自己的身体健康情况，并向妈妈问好，请求原谅他让家人操心等。同时，保尔说："我首先是属于党的，其次才属于你和其他亲人。"也就是说，在保尔的心里，党的地位比亲人的地位还高。

另一封信，是保尔与达雅结婚后写的。这封信里似乎没直接谈到对家人的思念，然而字里行间无不体现出骨肉深情。

6. 战友情浓，同志情深

这里只举一个例子。在共青团工作期间，一天晚上，机车库共青团书记、共青团区委书记奥库涅夫不好意思地和保尔谈起个人问题，说他和塔莉亚都有点那个意思了；他征求保尔的意见。

保尔沉思了一下，说："尼古拉，我能说什么呢？你俩都是我的朋友，出身都一样。其他方面也都相同，塔莉亚又是一个再好不过的姑娘……这样做是理所当然的。"

保尔就是这样地成全别人，并为"有情人终成眷属"而狂欢：奏手风琴、跳舞。从这一情节，也能看到保尔的另一面：多才多艺，富有生活情趣。

7. 人无完人，金无足赤

（1）有点无组织观念。比如在第 8 章，我们可以看到，保尔原本是一个侦察兵，但他没有一点组织观念，想到骑兵第一集团军去。指导员对保尔进行了批评教育，但第二天竟然看不到保尔的影子。

（2）没把身体当回事。保尔本已伤痕累累，然而他根本没把自己的身体放在心上，依旧拼命苦干。这其实是缺点。毕竟身体才是革命的本钱，身体垮了，不但给自己造成伤害，同时也会给组织、给集体、给家庭增添负担。

作为读者，对保尔内心的纠结和痛苦，我们或许不能完全理解。比如重病后，他一个人在海边，曾把口袋里的勃朗宁手枪对准了自己的眼睛……但我们看到每每此时，他总能自我调节，自我振作。这是最值得我们每一个人终身学习的。

8. 全心革命，身残志坚

总的来看，保尔是一位具有全心投入革命事业，即使身体残疾也意志坚定的英雄。他的事迹激励着无数人为理想而奋斗。

毛泽东同志在《纪念白求恩》一文中，要求大家学习白求恩同志那种毫无自私自利之心的精神，并指出"一个人能力有大小，但只要有了这点精神，就是一个高尚的人，一个纯粹的人，一个有道德的人，一个脱离了低级趣味的人，一个有益于人民的人"。保尔·柯察金，应当就是这样的一个人。

三、保尔的身边人

保尔·柯察金成为一名钢铁战士，一方面是他个人的生活磨砺、斗争实践、道德追求的"内因"结果，另一方面则与他成长路上所遇到的那些人密不可分。下面，笔者尝试从与保尔有过交集的部分人身上，去探寻保尔的成长"外因"。

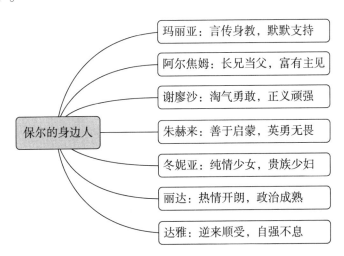

1. 玛丽亚：言传身教，默默支持

玛丽亚·雅科夫列夫娜是保尔的母亲。母亲在保尔 5 岁时就守寡。她曾在税务官家当厨娘，每天从早忙到晚。这让保尔感受到生活的不易。

母亲是一个教徒，很关心保尔的成长，常给保尔讲《圣经》上的道理。这让保尔从小受到正义与善良的熏陶。

当保尔在学校受到神甫的惩罚后，回到家，母亲痛骂保尔。可见母亲对保尔的要求很严格，当然，母亲对这件事的处理方法还值得商榷。

保尔失学后，母亲把保尔送到车站食堂打工。其时，保尔只有 12 岁。这对于母亲而言，是非常无奈的。在那里，母亲小声嘱咐保尔："保夫鲁沙，你可要好好干，别丢脸！"在这里，母亲说的是"别丢脸"而不是"多挣钱"，可见在母亲的心里，前者比后者更重要。

为缓解家庭经济困难，保尔在锯木厂另做了一份工作。十天后，保尔把领回的工钱交给母亲，请求母亲给他买一件蓝色衬衫。母亲疼爱地瞧着保尔说："是啊，保夫鲁沙，是得买了。"显然，母亲疼爱之余，更多的还是理解与体贴。

当从阿尔焦姆那里听说保尔吃了官司时，母亲哭得十分伤心；当阿尔焦姆收到保尔的第一封信，她收到保尔的亲热问候时，她又流了许多泪；当保尔从伤寒那里死里逃生时，她精心地照护着保尔；当保尔身体基本康复又要远行时，她同意了保尔提出的"不要去送行"的要求；当她接到阿尔焦姆的信，获悉保尔双腿瘫痪时，她立刻抛下一切，赶到保尔身边；当看到保尔两眼失明时，她悲观到了极点，但行动上却无微不至地照护着保尔；当保尔的书稿完成后，她把沉甸甸的包裹送往邮局，和保尔一起紧张地等待着……这真是"可怜天下父母心"！

书中对于保尔母亲，着墨不是很多，但她善良勤劳、隐忍坚强、理解孩子、支持孩子的形象却能浮现在读者眼前。特别是在保尔伤病越来越重时，母亲并没有一句怨言与责备，而是把眼泪埋藏在心里，把体贴付诸行动，这对于保尔的休养与调整、学习与创作，是有很大激励作用的。

2. 阿尔焦姆：长兄当父，富有主见

阿尔焦姆是保尔的哥哥。保尔在车站食堂打杂受到普罗霍尔欺负时，阿尔焦姆把普罗霍尔打得在地板上翻滚，为此，阿尔焦姆在宪兵队被关了六天六夜。回来后，他又把保尔安排到发电厂去干活，这让保尔感激不已。

发现保尔私藏枪支，阿尔焦姆把步枪砸了个四分五裂，并告诉保尔，私藏武器有可能会送命。保尔答应以后不把任何东西带回家。

保尔因营救朱赫来而被关进宪兵队，素来坚强的阿尔焦姆，时刻担心弟弟的命运，十分痛苦。保尔被释放后，阿尔焦姆果断作出决定，让保尔第二天迅速离开，到谢廖沙爸爸开的机车上做事。

作为兄长，阿尔焦姆对保尔的关爱与照护是非常周到的。保尔年少时，曾把哥哥作为一个榜样；参加革命工作后，保尔常常以书信的形式，告知自己的身体及思想情况。在保尔的心目中，阿尔焦姆既是"兄"，亦是"父"。

阿尔焦姆的婚事，母亲和保尔都不赞成。他是个血统工人，不知道为什么竟然同难看的斯捷莎结了婚，入赘到没有男劳动力的五口之家。生了两个孩子，生活非常困难。

作为一个社会人，阿尔焦姆曾在机车库工作，是朱赫来的得力助手。他曾对朱赫来说："我对党派的事，弄不太清楚，但是，什么时候需要我帮忙，我一定尽力，你可以相信我。"

因参与一起斗争事件，阿尔焦姆被德国军抓走，后从机车上逃脱。为摆脱那些土匪的抓捕，阿尔焦姆不得不离家出走，到邻近的村子里当铁匠，靠抡大锤挣饭吃。之后，阿尔焦姆又被抓去开火车。再之后，他又到机车库当钳工。

得知列宁去世的消息，15年来没有掉过眼泪的阿尔焦姆突然感到喉咙哽住了。在党委会上，阿尔焦姆向组织表白："我们应该一致动员起来，接替列宁，把苏维埃政权建设成铁打的江山。"党委们一致同意阿尔焦姆加入布尔什维克。后来，阿尔焦姆成为市苏维埃主席。

阿尔焦姆是保尔小时候的保护神。后来，这对骨肉兄弟还成为阶级兄

弟。两人在革命斗争中，相互勉励，共同成长。

3. 谢廖沙：淘气勇敢，正义顽强

谢廖沙·勃鲁扎克是保尔的一个最亲密的朋友。把烟末撒在神甫的发面上，其实是谢廖沙的馊主意，而且他们一伙都撒了；谢廖沙曾经在一个破棚子里挖下一个大坑，把领到的三支新枪藏在里面；佩特留拉匪兵们虐杀犹太人时，谢廖沙和父亲一起把印刷厂的一半工人藏在自己家的地窖里和阁楼上；一名匪兵要砍杀一位犹太老人，他一个箭步冲上去，用身子护住老人，他差点丢掉性命；保尔被抓进宪兵队时，谢廖沙曾在街上站了很久，忧郁地盯着这座房子的窗户；保尔从宪兵队出来后，把自己收藏的一支手枪托付给谢廖沙。

后来，谢廖沙加入了红军队伍，在革命熔炉里，谢廖沙逐渐成长为共青团员、团区委书记，并和丽达产生了爱情；参加革命工作后，谢廖沙一直没有回过故乡；在与敌军的抗争中，他充分显示出自己顽强不屈的意志。在乌克兰原野的战场上，他不幸中弹身亡。

保尔和谢廖沙，小时候是玩伴，长大后是战友。虽然参加革命斗争后两人很少见面，但友谊始终如初。在生命成长的过程中，两人有相互促进的作用。

4. 朱赫来：善于启蒙，英勇无畏

朱赫来是保尔及阿尔焦姆成长中的关键人物。这里，笔者用一张导图来梳理一下朱赫来的斗争事迹（见下页导图）。

通过梳理，我们可以看到，朱赫来既是保尔的精神导师，又是保尔的革命引路人。同时，朱赫来还是一位坚定勇敢的革命战士，一位富有斗争经验和人格魅力的布尔什维克领导。

保尔这样评价朱赫来："（他）是我最亲爱的人，是我的启蒙老师，是以自己的英勇无畏和坚强性格博得我深深敬重的人，是我在肃反委员会工作时的老首长。"由此可见，朱赫来对保尔的影响有多深。

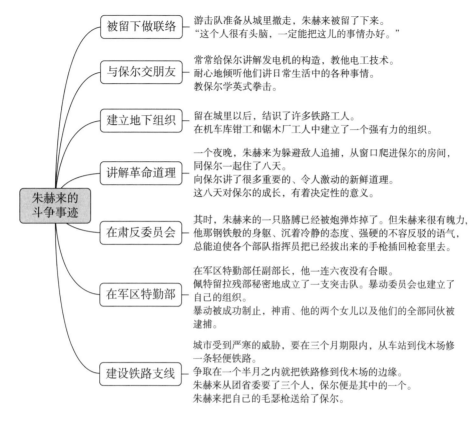

5. 冬妮亚：纯情少女，贵族少妇

冬妮亚·图曼诺娃，是林务官的女儿。她是保尔少年时代的女友。

（1）不期而遇。冬妮亚与保尔的第一次相遇，是在车站水塔旁的池塘边。其时，冬妮亚对保尔的第一印象，是个"晒得黝黑的、黑眼睛的孩子"，"是个粗野的家伙"。而保尔眼中的冬妮亚是这样的："她穿着领子上有蓝条的白色水兵服和浅灰色短裙。一双带花边的短袜紧紧裹住晒黑了的匀称的小腿，脚上穿着棕色的便鞋。栗色的头发梳成一条粗大的辫子。"显然，这两个少男少女在家庭出身和个人气质上是完全不对称的。冬妮亚对保尔也是看不起的。但因为保尔与苏哈里科的一架，冬妮亚对保尔有了一些印象。

（2）你追我赶。第二次相遇，依旧是在池塘边。这一次，两人互通姓名，亲切而又热烈地交谈着。而且谁也没有注意到，两人在草地上已经坐了好几个小时。保尔要上工,只有奔跑回城。于是,来了一场你追我赶。这一次相见,冬妮亚改变了对保尔的印象:"他多么热情,多么倔强啊!他根本不像我原先想的那样粗野。"此后,两人便有了更多的互动。冬妮亚还把保尔带回家中,介绍给自己的母亲认识。此时,冬妮亚的心里,没有贫富差距,没有阶级差别。冬妮亚是如此的单纯。

(3)书信表白。这封信不是写给保尔的,而是写给塔妮亚的。信中,她是这样评价她和保尔的感情的:"在这寂寞无聊的小城里,我对这个邋里邋遢的小火夫的突发之情竟充满了我的全部身心,装点着周围灰蒙蒙一片的生活。"虽然此后两人曾因维克托·列辛斯基发生过争吵。但听到保尔被抓的消息时,冬妮亚一下子万分着急,甚至神情恍惚。第二天一早,她迅速赶到保尔家把情况告诉阿尔焦姆。冬妮亚对保尔的感情是非常真诚的。

(4)柔情似火。保尔被错放出来了,直奔冬妮亚家里。冬妮亚又惊又喜,内心交织着无限的怜悯和温暖的柔情。冬妮亚把自己对保尔的爱毫无保留地表达了出来。

(5)移情别恋。保尔与冬妮亚分别后,参加了苏联红军革命。不久,谢廖沙发现冬妮亚和宣传列车政委丘扎宁亲密地在一起。保尔出院后,在冬妮亚寄宿的一户人家里,两人有过短暂的相聚。其时,冬妮亚总打扮得花枝招展,像个资产阶级小姐,同志们都把她看作外人。因此,每一次会面,每一次谈话,都使两人的关系更加疏远,更加不愉快。保尔对冬妮亚的那种庸俗的个人主义愈来愈不能容忍了。再之后,冬妮亚嫁给了在铁路管理局担任重要职务的一位官员。两人的爱情彻底地诀别在那条正在建设的铁路支线上。

此处,笔者并不是对冬妮亚给予批评和谴责。志不同,道不合,这样的爱情必然无法维持长久。相反,我们应当看到,在这段爱情的悲欢离合中,保尔曾因冬妮亚而体验到青春的美好和爱情的甜蜜,并因此保持了心灵的纯洁和对未来的向往,也因此对社会、对阶级有了更为清醒、更为理性的认识。因此,保尔对冬妮亚的感情,应当是刻骨铭心的,也应当是心怀感激的,还应当是五味杂陈的。

6. 丽达：热情开朗，政治成熟

关于丽达，在"保尔的多维度"这部分里曾作过阐述，这里只略谈几句。

丽达·乌斯季诺维奇，系红军师政治部工作人员。最先呈现在读者面前的，是她和谢廖沙在一起。其时，丽达"是个十八岁的姑娘。乌黑的头发剪得短短的，穿着一件草绿色的新制服，腰里扎着一条窄皮带"，一副干练的模样。谢廖沙从她那里学到了许多东西。

在团省委时，保尔不知不觉地走到党的对立面。共青团省委书记阿基姆和丽达一起做保尔的思想工作，但保尔出言不逊，并固执己见。这让阿基姆火冒三丈。团省委决定将保尔和另四名同志开除出省委会。关键时刻，丽达劝说扎尔基之后，保尔在大会上作了发自肺腑的表白，分裂才得以化解。可以说，丽达不仅拯救了保尔，同时也成就了省委会。

丽达有一个非常好的习惯：写日记。日记里记下了她担任保尔学习指导员的经历，也记下了保尔其他方面的一些情况。丽达把保尔作为她的第三位恋人。但在保尔的心中，丽达是神圣不可侵犯的。"他们为同一目标而奋斗，她是他的战友和同志，是他政治上的指导者。"之后，保尔以一种"牛虻式"的方式，结束了这段尚未正式开始的爱情。虽然如此，但热情开朗、善良知性、兢兢业业、政治成熟的丽达，在工作中给予了保尔较大的影响和帮助。

7. 达雅：逆来顺受，自强不息

达雅是一个性格坚韧的女性形象。她成长于一个贫困且充满冲突的家庭环境，但并未因此逆来顺受，而是展现出自强不息的精神。

保尔在海滨疗养时结识了达雅，她的生活困境激发了保尔的同情心和保护欲。保尔不仅帮助达雅脱离了家庭的束缚，还鼓励她追求自己的梦想。在保尔的引导下，达雅逐渐成长为一名有追求、有理想的青年，并最终加入了共产党。

在保尔全身瘫痪、双目失明后，达雅给予了他无微不至的关怀和坚定的支持。她不仅照顾保尔的日常生活，还鼓励他进行文学创作，成为保尔精神上的支柱。在达雅的陪伴下，保尔重拾信心，完成了小说《暴风雨所诞生的》。

给予保尔帮助的，还包括保尔的其他战友和同事，甚至包括那些欺负保尔、伤害保尔的歹人、恶人们。好人给予保尔的是温暖和激励，歹人给予保尔的是磨砺和慧眼。正是这些或好或坏的人，助长了保尔的钢铁意志和斗争经验。

考题集锦

1.【2021·永州市中考题】晓轩同学在毕业赠言中引用了下面语段，请你阅读后完成下面的问题。

人最宝贵的是生命。生命每个人只有一次。人的一生应当这样度过：当回忆往事的时候，他不会因虚度年华而悔恨，也不会因碌碌无为而羞愧；在临死的时候，他能够说："我的整个生命和全部精力，都已经献给了世界上最壮丽的事业——为人类的解放而斗争。"

（1）这段文字摘自苏联作家＿＿＿＿＿＿（填人名）的名著《钢铁是怎样炼成的》，文中的主人公保尔·柯察金在病床上克服困难，计划写一部中篇小说，并给它命名为《＿＿＿＿＿＿》。

（2）保尔·柯察金身上凝聚着那个时代最美好的精神品质：＿＿＿＿＿＿

◎ 参考答案

（1）奥斯特洛夫斯基；暴风雨所诞生的。

（2）为理想而献身的精神；钢铁般的意志和顽强奋斗的高贵品质。

2.【2021·河南省中考题】《钢铁是怎样炼成的》一书中，保尔经过种种考验成为一名英雄。从保尔面对这些考验的表现中，你体会到了他的哪些可贵品质？选两个方面，结合相关内容简要分析。

◎ 参考答案

从《钢铁是怎样炼成的》一书中,我体会到了保尔的两个可贵品质。

一是钢铁般的意志。保尔在筑路时,面对恶劣的劳动环境和生活条件,始终坚韧不拔,即使身患重病也不肯休息,展现出顽强的毅力。

二是勇于献身的精神。保尔在战场上英勇无畏,多次冲锋陷阵,即使受伤也坚持战斗,为了革命事业不惜牺牲自己的生命。

这些品质让我深受感动,也激励我在面对困难和挑战时,要勇往直前,不屈不挠。

3.【2022·河池市中考题】名著阅读。

冬末,有一个近卫骑兵团开到了小城。每天早晨,他们成群结队地骑着马到车站去抓西南前线"开小差下来的逃兵"。

这些近卫骑兵都很胖,身材也颇为高大。军官大都是伯爵和侯爵,金色的肩章,马裤的滚边是银色的,一切都与沙皇时代一样,好似根本没有发生过革命。

以上文段节选自小说《钢铁是怎样炼成的》,文中叙述主人公保尔·柯察金由一个顽劣少年在革命者的指引下逐渐成长为杰出的布尔什维克战士的故事。请阅读文段并结合原著内容,完成以下题目。

(1)选文中最能体现故事发生时所处社会环境的句子是:_____

(2)保尔少年时期非常调皮,爱打架,然而他所做之事看似顽劣,却事出有因,反映了他嫉恶如仇、刚直不阿的品质:他在_____(人名)的指使下拿烟末儿撒在神甫用来过复活节的_____(食物名)上,是因为他探寻真理而遭神甫的无理打骂;他偷走德军军官的手枪并把它藏到_____(处所),是出于对侵略者的憎恨;他在冬妮亚面前暴打苏哈里科,是因为他正在_____(事件)时苏哈里科首先向他发出挑衅,试图将他赶走。

◎ 参考答案

(1)一切都与沙皇时代一样,好似根本没有发生过革命。

(2)谢廖沙;蛋糕的面团;破砖窑里;钓鱼。

4.【2022·重庆市中考 B 卷题】根据《钢铁是怎样炼成的》一书的内容,按要求答题。

(1)下图概括了保尔的成长历程,请你根据小说内容在横线上填入相应的情节。

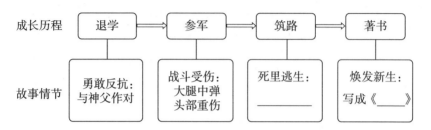

(2)"钢是在烈火与骤冷中铸造而成的",烈火的淬炼让钢不断祛除杂质,变得坚硬纯净。保尔也是在不断祛除杂质中淬炼成钢的。请你结合小说内容,举出一例加以分析。

◎ 参考答案

(1)得了伤寒和大叶性肺炎;暴风雨所诞生的。

(2)示例1:祛除懒惰和软弱。保尔在病重期间,曾一度想要放弃斗争,甚至产生了自杀的念头。然而,他最终战胜了内心的软弱,重新振作起来,以更加坚定的信念投入到革命工作中。这一过程中,保尔摒弃了懒惰和消极的情绪,锤炼出了更加坚韧不拔的意志。

示例2:祛除个人主义和狭隘思想。保尔在参加革命初期,曾有过个人英雄主义和狭隘思想的倾向。但在与战友们的共同战斗中,他逐渐认识到集体力量的重要性,学会了与同志们团结协作。特别是在与冬妮亚的关系上,保尔意识到个人感情不能凌驾于革命事业之上,毅然决然地与她分手。这一过程中,保尔祛除了个人主义和狭隘思想,成长为一名真正的无产阶级战士。

通过分析,我们可以看出保尔在不断祛除杂质的过程中,逐渐成长为一名具有钢铁般意志和无私奉献精神的英雄人物。

5.【2021·齐齐哈尔市中考题】《简·爱》和《钢铁是怎样炼成的》都是

带有自传色彩的长篇小说，请你分别用一个四字词语概括出主人公的性格特点，并概括出与此性格特点相关的故事情节。

◎ 参考答案

保尔·柯察金：毅力顽强。修筑铁路时，保尔忍受着身处艰苦工作环境的痛苦，凭借顽强的毅力忘我工作。

6.【2023·枣庄市中考题】在"2023齐鲁书香节暨枣庄市第七届书香文化节"启动季，你的班级拟就《钢铁是怎样炼成的》开展"钢铁铸魂、保尔育人"主题读书交流会，请完成以下两个任务。

（1）任务一：初中三年，你一定阅读了大量名著，积累了不少科学有效的读书方法，请把你最擅长的一种分享给同学，不少于70字。

（2）任务二：填写表格空白，梳理与保尔有关的事件，为交流作准备。

成长阶段	保尔故事
第一阶段： 苦难的童年	12岁被迫离开学校，在车站食堂打工，受尽凌辱，目睹底层人民生活的艰辛。
第二阶段： _____	在_____（人物名）的影响下参加革命，成为红军骑兵。打击侵略者和反革命者，捍卫苏维埃政权，足迹踏遍全国。
第三阶段： 参加国民经济恢复建设	参加肃反工作；参加筑路队，感染伤寒，被遣送回家；抢救木材受伤，被送往疗养院。
第四阶段： 实现生命意义	在病情恶化，以至于_____的情况下，不得不离开战斗队伍；战胜病魔，完成作品《暴风雨所诞生的》，开始新的生活。

◎ 参考答案

（1）角色代入法示例：我最擅长的读书方法是角色代入法，尤其是在阅读《西游记》时特别有效。我会把自己想象成孙悟空，随着他一起斩妖除魔，经历九九八十一难。这种方法让我更深入地理解孙悟空的机智勇敢和忠诚无畏，也让我更加投入地感受故事的起伏跌宕。同时，我还会思考如果我是唐僧、猪八戒或沙僧，会如何应对各种挑战，这种换位思考让我对人物性格和故事情节有了更全面的认识。

（2）在红军队伍里，用鲜血和生命捍卫苏维埃政权；朱赫来；双目失明，全身瘫痪，丧失工作能力。

7.【2021·北京市中考题】你准备参加学校举办的"奋斗吧，青年！"主题演讲比赛，要从读过的名著中选择合适的人物作例证，请说明你的选择和理由。（100字左右）

◎ 参考答案

保尔·柯察金示例：我选择保尔作为"奋斗吧，青年！"主题演讲比赛的例证。保尔历经磨难，从工人子弟成长为钢铁战士，他的坚韧不拔、顽强拼搏的精神是青年的楷模。他的故事告诉我们，只有不断奋斗，才能实现自我价值，为社会的进步贡献自己的力量。保尔的事迹激励着我们青年要勇往直前，不懈奋斗。

《艾青诗选》领读

"为什么我的眼里常含泪水?因为我对这土地爱得深沉……"这一脍炙人口、时常出现在媒体上的诗句,源于艾青的《我爱这土地》一诗。正是类似于《我爱这土地》的98首现代诗,组成了人民教育出版社2018年版的《艾青诗选》。

然而,诗歌的阅读与小说的阅读会有一定的区别。小说的阅读,依托时代背景,把握故事情节,分析人物形象,揭示作品主题。诗歌的阅读,要把握诗歌的意象,品味诗歌的语言,体味诗歌的情感和诗歌的理性之美。

因此,诗歌的阅读,需要我们静下来、慢下来,需要我们浅唱低吟,细品慢思。

一、订好计划

凡事预则立,不预则废。厚厚的一本《艾青诗选》拿来,在阅读之前,我们不妨先规划一下:准备多长时间读完。笔者手头的这本,共收录了艾青的98首诗歌。阅读时,我们可以根据个人实际情况做好阅读规划。比如,我们可以按写作年份来定量,全书阅读需要四周来完成。

年份	诗歌
1932—1937 （27首）	《当黎明穿上了白衣》、《阳光在远处》、《那边》、《窗》、《透明的夜》、《大堰河——我的保姆》、《芦迪——纪念故诗人阿波里内尔》、《马赛》、《铁窗里》、《画者的行吟》、《我的季候》、《黎明》（啁啾的小雀淹留着）、《九百个》、《晨歌》、《小黑手》、《梦》、《春雨》、《太阳》、《煤的对话——A Y.R.》、《春》、《生命》、《浪》、《黎明》（当我还不曾起身）、《死地——为川灾而作》、《复活的土地》、《他起来了》、《雪落在中国的土地上》
1938—1939 （21首）	《浮桥》《手推车》《风陵渡》《北方》《乞丐》《向太阳》《黄昏》《秋日游》《斜坡》《我爱这土地》《吊楼》《冬日的林子》《街》《我们的田地》《吹号者》《他死在第二次》《桥》《秋》《秋晨》《低洼地》《怀临汾》
1940 （25首）	《旷野》《冬天的池沼》《树》《解冻》《愿春天早点来》《岩壁》《山城》《青色的池沼》《山毛榉》《鹈》《农夫》《土地》《太阳》《月光》《灌木林》《水鸟》《初夏》《鞍鞯店》《火把》《城市人》《旷野（又一章）》《公路》《高粱》《刈草的孩子》《篝火》
1941—1978 （25首）	《古松》《黎明的通知》《我的父亲》《少年行》《秋天的早晨》《时代》《村庄》《太阳的话》《给太阳》《河边诗草（五首）》《献给乡村的诗》《给乌兰诺娃——看芭蕾舞〈小夜曲〉后作》《新的年代冒着风雪来了》《年轻的母亲》《礁石》《写在彩色纸条上的诗——为年轻的人们而写，记苏联第十三届青年联欢晚会》《马头琴》《启明星》《鸽哨》《下雪的早晨》《帐篷》《鱼化石》《伞》《镜子》《光的赞歌》

一旦订好了计划，我们就应当严格按照计划来执行，不能因为学习或生活上的一些事情或困难而拖延或放弃。"明日复明日，明日何其多？我生待明日，万事成蹉跎。"

二、知人论世

所有的文学作品，都是特定时代的产物，或者说，文学作品是作者与时代所碰撞出来的思想火花。唐诗宋词，明清小说，民国杂文，莫不如此。阅读《艾青诗选》，我们也要从诗人所处的特定年代、所经的人生阅历着手。因为生活是诗歌的创作源头，尤其是一些关键人、一些特别事，往往更能触发诗人的创作灵感和写作激情。

人生经历	相关诗歌
1910年3月27日出生。原名蒋海澄。自幼由农妇"大堰河"养育到5岁。	《大堰河——我的保姆》
1928年中学毕业,考入国立杭州西湖艺术院;1928年到巴黎勤工俭学,学习绘画。	《当黎明穿上了白衣》《阳光在远处》等
1932年初回国,在上海加入中国左翼美术家联盟,从事革命文艺活动,但不久被捕。	《窗》《透明的夜》《马赛》《铁窗里》《画者的行吟》《我的季候》《黎明》等
1935年出狱。抗日战争爆发后,任《文艺阵地》编委、育才学校文学系主任等。	《梦》《春雨》《太阳》《煤的对话——A.Y.R.》《春》《黎明》《复活的土地》《雪落在中国的土地上》《向太阳》《我爱这土地》等
1941年3月,奔赴延安,任《诗刊》主编。	《我的父亲》《少年行》《秋天的早晨》《时代》《太阳的话》《给太阳》《河边诗草（五首）》《献给乡村的诗》等
1949年后,诗人满怀激情,用诗作迎接新时代,歌颂新时代,建设新社会;因为经常出国访问,也有一些国际题材的作品。	《新的年代冒着风雪来了》《礁石》《启明星》《鸽哨》《帐篷》《给乌兰诺娃——看芭蕾舞〈小夜曲〉后作》《年轻的母亲》《写在彩色纸条上的诗——为年轻的人们而写,记苏联第十三届青年联欢晚会》等
1957年被戴上"右派"帽子,到黑龙江、新疆生活和劳动,中断创作,直到1976年重新执笔。	《鱼化石》《伞》《镜子》《光的赞歌》等

1910年3月27日,艾青在浙江金华畈田蒋村的一个封建地主家庭中诞生,本名蒋海澄。他幼时的前五年,是在一位被唤作"大堰河"的贫苦农妇的抚养下度过的。这段经历,在《大堰河——我的保姆》这首诗中有着详尽的叙述。

大堰河,是我的保姆。/她的名字就是生她的村庄的名字,/她是童养媳,/大堰河,是我的保姆。

我是地主的儿子,/也是吃了大堰河的奶而长大了的/大堰河的儿子。/大堰河以养育我而养育她的家,/而我,是吃了你的奶而被养育了的,/大堰河啊,我的保姆。

在这首诗中诗人交代自己的身世,交代自己被父母接回家后的种种陌生感,种种不适应。

我是地主的儿子,/在我吃光了你大堰河的奶之后,/我被生我的父母领回到自己的家里。/啊,大堰河,你为什么要哭?

我做了生我的父母家里的新客了!/我摸着红漆雕花的家具,/我摸着父母的睡床上金色的花纹,/我呆呆地看着檐头的我不认得的"天伦叙乐"的匾,/我摸着新换上的衣服的丝和贝壳的纽扣,/我看着母亲怀里的不熟识的妹妹,/我坐着油漆过的安了火钵的炕凳,/我吃着碾了三番的白米的饭,/但,我是这般忸怩不安!因为我/我做了生我的父母家里的新客了。

正是这段独特的人生经历,铸就了艾青自幼便拥有的自由与叛逆的性格。这种性格特征,在《我的父亲》与《少年行》两首诗中得到了清晰的展现。

去年春天他给我几次信,/用哀恳的情感希望我回去,/他要嘱咐我一些重要的话语,/一些关于土地和财产的话语:/但是我拂逆了他的愿望,/并没有动身回到家乡,/我害怕一个家庭交给我的责任,/会毁坏我年轻的生命。

地主们都希望儿子能发财,做官,/他们要儿子念经济与法律;/而我却用画笔蘸了颜色,/去涂抹一张风景,/和一个勤劳的农人。

而当我临走时,/他送我到村边,/我不敢用脑子去想一想/他交给我的希望的重量,/我的心只是催促着自己:"快些离开吧——/这可怜的田野,/这卑微的村庄,/去孤独地漂泊,/去自由地流浪!"(《我的父亲》节选)

像一只飘散着香气的独木船/离开一个小小的荒岛;/一个热情而犹豫的少年,/离开了他的小小的村庄。

我不喜欢那个村庄——/它像一株榕树似的平凡,/也像一头水牛似的愚笨，/我在那里度过了我的童年；

而且那些比我愚蠢的人们嘲笑我，/我一句话不说心里藏着一个愿望，/我要到外面去比他们见识得多些，/我要走得很远——梦里也没有见过的地方：

那边要比这里好得多好得多，/人们过着神仙似的生活；/听不见要把心都舂碎的舂白的声音，/看不见讨厌的和尚和巫女的脸。

父亲把大洋五块五块地数好，/用红纸包了交给我而且教训我！/而我却完全想着另外的一些事，/想着那闪着强烈的光芒的海港……（《少年行》节选）

艾青的叛逆性格，不仅体现在对家庭与父亲的反抗上，更深层次地体现为对所处时代的"叛逆"。中学毕业后，他于1928年考入国立杭州西湖艺术院，随后前往巴黎勤工俭学，研习绘画并接触欧洲现代派诗歌。在此期间，他创作了《当黎明穿上了白衣》与《阳光在远处》等诗作，这些作品主要描绘了清新自然的景色，给人以轻松之感。

紫蓝的林子与林子之间/由青灰的山坡到青灰的山坡，/绿的草原，/绿的草原，草原上流着/——新鲜的乳液似的烟……/啊，当黎明穿上了白衣的时候，/田野是多么新鲜！/看，微黄的灯光，/正在电杆上颤栗它最后的时间。/看！

一九三二年一月二十五日由巴黎到马赛的路上（《当黎明穿上了白衣》）

阳光在沙漠的远处，/船在暗云遮着的河上驰去，/暗的风，/暗的沙土，/暗的/旅客的心啊。/——阳光嬉笑地/射在沙漠的远处。

一九三二年二月三日苏伊士河上（《阳光在远处》）

1932年初，艾青回国并在上海加入了中国左翼美术家联盟，积极参与革命文艺活动，但不久遭遇了被捕的命运。在狱中，他创作了一系列诗篇，包括《透明的夜》《铁窗里》等，这些作品大多表达了对黑暗势力的诅咒以及对自由的深切渴望。

只能通过这唯一的窗，/ 我才能——/ 看见熔铁般红热的奔流着的朝霞；/ 看见潮退后星散在平沙上的贝壳般的云朵；/ 看见如浓墨倾泻在素绢上的阴霾；/ 看见如披挂在贵妇人裸体上的绯色薄纱的霓彩；/ 看见去拜访我的故乡的南流的云；/ 看见拥上火的太阳的东海的云；/ 看见法兰西绘画里的塞纳河上的晴空；/ 看见微风款步过海面时掀起鱼鳞样银浪般的天；/ 又凄凉的秋的天；/ 看见寂寞的残阳爬上 / 延颈歌唱在屋脊上的鸠的肩背；/ 看见温煦的朝日在蹁跹的鸽群的白羽上闪光；/ 看见夜游的蝙蝠回旋在沉重的暮气里……/（《铁窗里》节选）

1935年，艾青重获自由。随着抗日战争的爆发，他担任了《文艺阵地》编委及育才学校文学系主任等职务。在此期间，他创作了《梦》《春雨》《太阳》《春》《黎明》《复活的土地》《雪落在中国的土地上》等一系列诗篇，这些作品深刻反映了对祖国命运的忧虑，并充分表达了他个人的战斗热情与激昂情绪。

春天了 / 龙华的桃花开了①/ 在那些夜间开了 / 在那些血斑点点的夜间 / 那些夜是没有星光的 / 那些夜是刮着风的 / 那些夜听着寡妇的咽泣 / 而这古老的土地呀 / 随时都像一只饥渴的野兽 / 舐吮着年轻人的血液 / 顽强的人之子的血液 / 于是经过了悠长的冬日 / 经过了冰雪的季节 / 经过了无限困乏的期待 / 这些血迹，斑斑的血迹 / 在神话般的夜里 / 在东方的深黑的夜里 / 爆开了无数的蓓蕾 / 点缀得江南处处是春了 / 人问：春从何处来？/ 我说：来自郊外的墓窟。

一九三七年四月（《春》）

---

① "春天了 / 龙华的桃花开了"，上海看桃花的名所龙华在当时是一个著名的屠场，许多年轻的斗士在那里牺牲。

1937年12月的一个暗夜,艾青在武昌创作了长诗《雪落在中国的土地上》。彼时,他渴望投身抗战,却在被誉为抗战中心的城市中,未见预期的热烈革命氛围,目睹的是普遍的贫困与饥饿,以及权贵们的横暴。

透过雪夜的草原/那些被烽火所啮啃着的地域,/无数的,土地的垦殖者/失去了他们所饲养的家畜/失去了他们肥沃的田地/拥挤在/生活的绝望的污巷里:/饥馑的大地/朝向阴暗的天/伸出乞援的/颤抖着的两臂。

中国的苦痛与灾难/像这雪夜一样广阔而又漫长呀!

雪落在中国的土地上,/寒冷在封锁着中国呀……

中国,/我的在没有灯光的晚上/所写的无力的诗句/能给你些许的温暖么?(《雪落在中国的土地上》节选)

1941年3月,艾青前往延安,担任《诗刊》主编,深受全民抗日精神的鼓舞,创作了《我的父亲》《太阳的话》《献给乡村的诗》等一系列作品,既赞美了革命根据地的新风貌,又呼吁民众投身战斗,怀抱理想,共筑幸福生活。

打开你们的窗子吧,/打开你们的板门吧,/让我进去,让我进去,/进到你们的小屋里。/我带着金黄的花束,/我带着林间的香气,/我带着亮光和温暖,/我带着满身的露水。/快起来,快起来/快从枕头里抬起头来,/睁开你的被睫毛盖着的眼,/让你的眼看见我的到来。/让你们的心像小小的木板房,/打开它们的关闭了很久的窗子,/让我把花束,把香气,把亮光,/温暖和露水撒满你们心的空间。

一九四二年一月十四日(《太阳的话》)

我的诗献给中国的一个小小的乡村——/它被一条山岗所伸出的手臂环护着。/山岗上是年老的常常呻吟的松树;/还有红叶子像鸭掌般撑开的枫树;/高大的结着戴帽子的果实的榉子树/和老槐树,主干被雷霆劈断的老槐树;/这些年老的树,在山岗上集成树林,/荫蔽着一个古老的乡村和它的居民。

我想起乡村边上澄清的池沼——/它的周围密密地环抱着浓绿的杨柳，/水面浮着菱叶、水葫芦叶、睡莲的白花。/它是天的忠心的伴侣，映着天的欢笑和愁苦；/它是云的梳妆台，太阳、月亮、飞鸟的镜子；/它是群星的沐浴处，水禽的游泳池；/而老实又庞大的水牛从水里伸出了头，/看着村妇蹲在石板上洗着蔬菜和衣服。(《献给乡村的诗》节选)

1949年后，艾青满怀热情地以诗作迎接新时代的到来，创作了《新的年代冒着风雪来了》《礁石》《启明星》等作品，歌颂新时代，赞颂新社会的建设。同时，由于频繁出国访问，他还创作了一些国际题材的诗篇，如《给乌兰诺娃——看芭蕾舞〈小夜曲〉后作》等，展现了其广阔的创作视野和深厚的国际情怀。

新的年代冒着风雪来了/大路上扬起了一阵笑声……/他从烟火弥漫的前线来，/从岩石凿穿的坑道里来，/他的眼里有熬夜的血丝，/他的前额上刻上了皱纹；/敌人倾倒了成吨的钢铁，/但英雄的阵地毫不动摇——/在纵深百里的阵地后面，/有着伟大的祖国和人民。

战斗的岁月又过了一年，/新的年代含着微笑来了，/让我们乘着时间的列车，/走上我们的新的征程；/无边的大地覆盖着白雪，/静静地静静地等待春天，/当铁犁犁翻松软的土地，/原野将变成绿色的大海；/我们的道路多么宽阔，/通向新的城市和乡村，/自然正在改变着面貌，/到处都出现新的工程，/密密的钢骨织成大网，/不久将是无数新的工厂。

新的年代带来新的礼物，/这礼物就是新的希望：/我们要坚守每一个阵地，/像那上甘岭的英雄一样，/让我们的意志变成花岗岩，/把敌人打得跪在我们面前；/不要辜负这个伟大的时代，/这是一个英雄辈出的时代；/不要辜负我们伟大的祖国，/我们都是她的光荣的子民——/让我们胜利接连着胜利，/让我们永远在胜利中前进……

一九五四年（《新的年代冒着风雪来了》）

一个浪，一个浪／无休止地扑过来／每一个浪都在它脚下／被打成碎沫、散开……／它的脸上和身上／像刀砍过的一样／但它依然站在那里／含着微笑，看着海洋……

一九五四年七月二十五日（《礁石》）

1957 年，艾青被错划为"右派"，直至 1976 年，他才得以重新执笔创作。尽管当时已近古稀之年，但艾青却迎来了创作的新高潮，创作了《鱼化石》《光的赞歌》等佳作。这些作品蕴含着他历经人生沧桑后的深刻感悟与豁达心境，而他的创作生涯也一直延续至 1988 年才渐渐停歇。

动作多么活泼，／精力多么旺盛，／在浪花里跳跃，／在大海里浮沉；

不幸遇到火山爆发，／也可能是地震，／你失去了自由，／被埋进了灰尘；

过了多少亿年，／地质勘察队员，／在岩层里发现你，／依然栩栩如生。

但你是沉默的，／连叹息也没有，／鳞和鳍都完整，／却不能动弹；

你绝对的静止，／对外界毫无反应，／看不见天和水，／听不见浪花的声音。

凝视着一片化石，／傻瓜也得到教训：／离开了运动，／就没有生命。

活着就要斗争，／在斗争中前进，／当死亡没有来临，／把能量发挥干净。

一九七八年（《鱼化石》）

每个人的一生／不论聪明还是愚蠢／不论幸福还是不幸／只要他一离开母体／就睁着眼睛追求光明

世界要是没有光／等于人没有眼睛／航海的没有罗盘／打枪的没有准星／不知道路边有毒蛇／不知道前面有陷阱

世界要是没有光／也就没有扬花飞絮的春天／也就没有百花争艳的夏天／也就没有金果满园的秋天／也就没有大雪纷飞的冬天

世界要是没有光／看不见奔腾不息的江河／看不见连绵千里的森林／看不见容易激动的大海／看不见像老人似的雪山／要是我们什么也看不见／我

们对世界还有什么留恋（《光的赞歌》节选）

1996 年 5 月 5 日，艾青因病逝世，享年 86 岁。艾青的一生，是创作的一生，也是战斗的一生。

三、揣摩意象

"意""象""言"，是文学作品的"三维码"。文学创作是作者将内心的"意"转化为想象中的"象"，再表达为文字上的"言"的过程；而文学欣赏则是读者通过解读文字上的"言"和文中的"象"，来理解作者内心的"意"的过程。我们通常将"意"与"象"结合，称为"意象"。

简而言之，意象就是蕴含"意"的"象"，即将主观的"意"与客观的"象"融合。这种意象实际上是作者情感的载体，即具有特定含义或文学色彩的具体形象。从艾青的诗歌标题中，我们可以看到他常用的意象有"黎明""土地"和"太阳"。

1. 黎明

包括《当黎明穿上了白衣》、《黎明》（啁啾的小雀淹留着）、《黎明》（当我还不曾起身）、《黎明的通知》等。下面以《黎明的通知》为例，略作分析。

为了我的祈愿 / 诗人啊，你起来吧 / 而且请你告诉他们 / 说他们所等待的已经要来 / 说我已踏着露水而来 / 已借着最后一颗星的照引而来 / 我从东方来 / 从汹涌着波涛的海上来 / 我将带光明给世界 / 又将带温暖给人类 / 借你正直人的嘴 / 请带去我的消息……

在这首诗里，"黎明"是什么？黎明是白日的先驱，是光明的使者，是温暖的阳光，是希望的田野。结合时代背景，我们可以知道，"黎明"在诗中象征革命的胜利、全国的解放。

2. 土地

包括《死地——为川灾而作》《复活的土地》《雪落在中国的土地上》《我爱这土地》《我们的田地》《低洼地》《土地》等。下面以《我爱这土地》为例分析"土地"这个意象。

假如我是一只鸟，/我也应该用嘶哑的喉咙歌唱：/这被暴风雨所打击着的土地，/这永远汹涌着我们的悲愤的河流，/这无止息地吹刮着的激怒的风，/和那来自林间的无比温柔的黎明……/——然后我死了，/连羽毛也腐烂在土地里面。

为什么我的眼里常含泪水？/因为我对这土地爱得深沉……

在这里，诗中的意象有许多，首先是鸟，一只用嘶哑的喉咙歌唱的鸟，一只连羽毛也腐烂在土地里的鸟，一只眼里常含着泪水的鸟；其次是土地，被暴风雨所打击着的土地，永远汹涌着我们的悲愤的土地。这里的意象还有河流、风和黎明等。土地是什么？土地是家园，土地是祖国，土地是我们生于斯、歌于斯、葬于斯的永恒皈依。诗人借这些意象，表达了作者作为一个中国人应有的一种刻骨铭心、至死不渝的爱国之情。

3. 太阳

包括《阳光在远处》《太阳》《向太阳》《太阳的话》《给太阳》等。下面以《太阳》为例，来看看"太阳"的含义。

从远古的墓茔/从黑暗的年代/从人类死亡之流的那边/震惊沉睡的山脉/若火轮飞旋于沙丘之上/太阳向我滚来……

它以难掩的光芒/使生命呼吸/使高树繁枝向它舞蹈/使河流带着狂歌奔向它去

当它来时，我听见/冬蛰的虫蛹转动于地下/群众在旷场上高声说话/

城市从远方 / 用电力与钢铁召唤它

于是我的心胸 / 被火焰之手撕开 / 陈腐的灵魂 / 搁弃在河畔 / 我乃有对于人类再生之确信

1937年，中国正处于剧烈变革的关键时期，两股势力正在激烈对抗。一方是国民党反动派勾结外国侵略者，企图将中国拖入黑暗的深渊；另一方是革命者和广大民众，他们决心打破这个腐朽的旧世界，开创一个光明自由的新纪元。艾青在这首诗中，将中国革命的历史洪流比喻为"太阳"，赋予了它宏伟的气魄和强大的力量，以此彰显历史进程的不可阻挡以及光明前景的必然到来。在太阳的照耀下，"冬蛰的虫蛹转动于地下 / 群众在旷场上高声说话"，这象征着中国正步入一个生机盎然的新时期。诗人通过"太阳"这一意象，赞美时代，激励同胞，共同投身革命，迎接美好的未来。

此外，诗人还把"窗""月""雨""煤""雪""桥""村庄""火把"等作为意象，以此来表达自己在特定时期的某种情思。

下图是诗人常用的意象和主题。

四、品味语言

艾青的诗，总体来说比较好懂。因为许多诗篇是以叙事为主，而且语言比较直白；诗人所用的意象，从上文可以看到，比较明朗。作为整本书的阅读，我们也许不太可能把每首诗都拿来细细品味，但应当把自己比较心动的诗句，或是比较有感的词语，作一些勾画与批注，这对于提升语文素养，提升审美情趣，是很有帮助的。

品味语言，我们可以从三个方面着手：一是分析手法（修辞手法、表达方式、写作技法等）的作用，二是体会词句的精妙，三是洞察语句中蕴含的思想感情或某种哲理。

下面以《街》为例，略作点评。

我曾在这条街上住过——/ 同住的全是被烽火所驱赶的人们：
女的怀着孕，男的病了，老人呛咳着 / 老妇在保育着婴孩……

点评：烽火，即战争。运用排比的手法，客观描摹战争让孕妇、病人、老人、老妇、婴孩一个个背井离乡，饱受折磨，使得这条街满眼都是老弱病残，毫无生机。

每个日子都在慌乱里过去；/ 无数的人由卡车装送到这小城，
街上拥挤着难民，伤兵，失学的青年，/ 耳边浮过各种不同的方言；

点评："慌乱"一词点出了当时人们的普遍心理状态；"各种不同的方言"，表明难民、伤兵、失学的青年来自四面八方，也就是说战争并非存在于某个局部。

街变了，战争使它一天天繁荣：/ 两旁摆满了各式各样的货摊，
豆腐店改为饭店，杂货铺变成了旅馆，/ 我家对面的房子充作医院。

点评："繁荣"一词耐人寻味，街道貌似繁荣，其实不堪，繁荣乃是一种假象。"货摊""饭店""旅馆""医院"这一组排比，渲染了这条街的杂乱无章；尤其是"医院"，表明难民们已是伤痕累累。

一天，成队黑翼遮满这小城的上空，/ 一阵轰响给这小城以痛苦的痉挛；
敌人撒下的毒火毁灭了街——/ 半个城市留下一片荒凉……

点评："成队黑翼"，借指敌人战机，一个"黑"字令人恐怖；"痛苦的痉挛"，运用拟人的手法，写出了这座小城被轰炸后深受重创；一个"撒"字表明了敌人心狠手辣。

看：房子被揭去了屋盖，/墙和墙失去了连络，
井被塞满了瓦砾，/屋柱被烧成了焦炭。

点评：一组排比句，渲染了小城在敌机轰炸后，残垣断壁，目不忍睹；揭示了战争给人们带来的深重灾难。

人们都在悲痛中散光了，/（谁愿意知道他们到哪儿去？）
但是我却看见过一个，/那曾和我住在同院子的少女——

点评：括号里的一个反问句道出了战火中的人们十分的无奈：谁愿意知道他们到哪儿去呢？他们又能到哪儿去呢？该节的后两句留下了悬念。

她在另一条街上走过，/那么愉快地向我招呼……
——头发剪短了，绑了裹腿，/她已穿上草绿色的军装了！

点评："愉快"似乎与当时的情势有些反常，但让人精神振奋；再通过外貌的描写，表现了这位刚刚参军入伍的女兵良好的精神状态。

这首诗，通过一条街、一座城、一群人的刻画，表现出战争给这座小城、给中国留下了满目疮痍，给老百姓造成了深重灾难。这种写作方法，便是"以小见大"，它给读者留下了无限的想象空间，让读者对敌人怀有深深的痛恨之情。该诗的最后一节，其实也是在以小见大，从一个新女兵的身上，体现出中国工农革命军的昂扬斗志和蓬勃朝气。

考题集锦

1.【2019·杭州市中考题】根据你对艾青诗歌的了解，选出不是评论艾青诗歌的一项（　　）

A. 这是一首长诗，用沉郁的笔调细写了乳娘兼女佣（"大堰河"）的生活痛苦……我不能不喜欢《大堰河》。——茅盾

B. 归真返璞，我爱好他的朴素、平实，爱读他那用平凡的语言，自由的格式，不事雕琢地写出的激动人心的诗篇。——唐弢

C. 他的诗把我们从怀疑、贪婪的罪恶的世界，带到秀嫩天真的儿童的新月之国里去……它能使我们在心里重温着在海滨以贝壳为餐具，以落叶为舟，以绿草上的露点为圆珠的儿童的梦。——郑振铎

D. 在国难当头的年代，诗人歌唱"土地"具有格外动人的力量，而诗人那种不断转折和强化的抒情方式，当然也是和充满险阻坎坷的时代相吻合的。——孙光萱

◎ 参考答案

C。

◎ 解析

郑振铎所评的是泰戈尔的《新月集》。

2.【2021·烟台市中考题】20世纪30年代，艾青诗歌中主要意象之一是"土地"。比较阅读下面两首诗歌（节选），填写表格。

我爱这土地（节选）

假如我是一只鸟，
我也应该用嘶哑的喉咙歌唱：
这被暴风雨所打击着的土地，
……
为什么我的眼里常含泪水？
因为我对这土地爱得深沉……

1938年11月17日

复活的土地（节选）

因为，我们的曾经死了的大地，
在明朗的天空下
已复活了！
——苦难也已成为记忆，
重新漱流着的
将是战斗者的血液。

1937年7月6日

诗歌	"土地"的象征意义	诗歌表达的思想感情
《我爱这土地》		
《复活的土地》		

◎ 参考答案

《我爱这土地》：民族精神的象征，中华文明的象征，也是祖国命运的象征；表现了作者决心生于土地、歌于土地、葬于土地，与土地生死相依、忠贞不渝的强烈情感。

《复活的土地》：中华民族的觉醒，并预言了抗日战争的来临；表现了对国家、对革命、对人民美好前景的向往，对战斗者给予了热情的赞颂。

3.【2022·武威市中考题】有人说艾青这两首诗中的"煤"和"礁石"都象征着中华民族，请你简要分析。

煤的对话

你住在哪里？/ 我住在万年的深山里 / 我住在万年的岩石里 / 你的年纪—— / 我的年纪比山的更大 / 比岩石的更大

你从什么时候沉默的？/ 从恐龙统治了森林的年代 / 从地壳第一次震动的年代 / 你已死在过深的怨愤里了么？/ 死？不，不，我还活着—— / 请给我以火，给我以火！

1937 年春

礁　石

一个浪，一个浪，/ 无休止地扑过来，/ 每一个浪都在它脚下 / 被打成碎沫、散开…… / 它的脸上和身上 / 像刀砍过的一样 / 但它依然站在那里 / 含着微笑，看着海洋……

1954 年 7 月 25 日

◎ 参考答案

煤：中华民族拥有着与煤相似的过往，经历了煤所承受的苦难，曾长久地保持沉默，就像煤一样积蓄着无尽的能量，并对光明灿烂的未来满怀期待。

礁石：尽管海浪不断地冲击着礁石，礁石却仍然屹立不倒，它象征着中华民族在面对重重困难和压迫时，依然保持着英勇不屈的精神。

4.【2022·江西省中考题】给艾青诗歌《刈草的孩子》作一个批注。

夕阳把草原燃成通红了。／刈草的孩子无声地刈草，／低着头，弯曲着身子，忙乱着手，／从这一边慢慢地移到那一边……

草已遮没他小小的身子了——／在草丛里我们只看见：／一只盛草的竹篓，几堆草，／和在夕阳里闪着金光的镰刀……

◎ 参考答案

在对孩子这个意象进行描写时，诗人运用了"忙乱""慢慢地""小小的身子"等词语，写出孩子很小，小到身躯被草丛遮挡，还不会用镰刀，就担负起生活的重任。他们挥舞着"闪着金光的镰刀"，不免让人揪心。这一系列词语写出了在那个艰苦的年代，人们生活的艰辛和民族的苦难。

5.【2022·广安市中考题】九年级二班最近开展了名著阅读活动。同学们阅读名著后，从图书馆或网上搜集了一些资料，分小组对不同作品进行了探究。

第一小组举行了关于《艾青诗选》的问答赛，假如你是该小组成员，请作答。

问题一：20世纪30年代，艾青诗歌的主要意象是"_____"和"太阳"；

问题二：艾青的成名作是_____。

◎ 参考答案

土地；《大堰河——我的保姆》。

6.【2020·眉山市中考题】家国情怀是一个人对自己国家和民族所表现出来的深情大爱，《艾青诗选》和《傅雷家书》都体现了这一主题。请在两部作品中任选一部，结合作品内容分析其是如何体现家国情怀的。要求：《艾青诗选》举出具体篇目（不少于两首）；《傅雷家书》结合具体内容。100字左右。

◎ 参考答案

《艾青诗选》示例：我选择《艾青诗选》。在《大堰河——我的保姆》中，艾青不仅表达了对乳母的深情厚谊，还巧妙地将人民生活的"土地"作为象征，寄托了他希望众人能够团结一心，共同为国家的进步贡献力量的愿景。《黎明的通知》中，诗人化身光明的使者，向祖国的每一寸土地传递胜利的好消息，唤醒全体民众，让他们争相传递这一喜讯，从而淋漓尽致地展现出深沉的家国情怀。

7.【2022·湖州市中考题】个人"小我"应融入国家"大我"。某农村书屋里，正举行"'小我'与'大我'"主题演讲活动。请根据你的阅读体验，从教科书"名著导读"和"自主阅读推荐"的名著中找一个合适的人物或某部名著的作者，结合你对他（她）的认识，阐述你对这个主题的理解。（不超过150字）

◎ 参考答案

艾青示例：艾青。其诗歌中"小我"与"大我"完美融合。他以煤象征苦难的中华民族，抒发对祖国的深情与忧思。《我爱这土地》里，他化身一只鸟，用嘶哑的喉咙歌唱土地，至死不渝。艾青的一生，是将个人命运与国家兴亡紧密相连的一生，他以笔为剑，展现了"小我"融入"大我"的崇高情怀。

8.【2023·吉林省中考题】在"感悟与评价"环节，主持人围绕"爱"这一主题，提供了以下作品。请你任选其一，写一段感悟或评价。不少于30字。

《艾青诗选》《昆虫记》《钢铁是怎样炼成的》

示例：在《傅雷家书》中，傅雷关心儿子的生活和成长，教导儿子如何做人，如何做一个德艺兼备的艺术家。爱子之情流露于字里行间。

◎ 参考答案

《艾青诗选》示例：艾青的诗如炽热的火焰，燃烧着对土地深沉的爱，对国家命运的忧虑与呼唤，让人感受到诗人胸腔中那颗跳动着的赤子之心。

9.【2023·山西省中考题】阅读下面备选名著,你从中获得了哪一种力量?这种力量又给了你怎样的帮助?请任选其中一部名著,结合具体内容,谈谈你的收获。(不少于50字)

备选名著:《朝花夕拾》《骆驼祥子》《艾青诗选》

◎ 参考答案

《艾青诗选》示例:我选择《艾青诗选》。从这本诗集中,我获得了坚韧不拔的力量。艾青的诗中充满了对苦难与光明的深刻思考,他的坚韧精神激励着我在面对困难时不轻言放弃。比如,在《向太阳》中,他对光明未来的坚定信念,让我在遇到挫折时能够重拾信心,勇往直前。这种力量帮助我在学习和生活中更加坚强,勇于追求自己的梦想。

《水浒传》领读

《水浒传》又名《忠义水浒传》《江湖豪客传》,讲述了北宋末年以宋江为首的一百零八位好汉在梁山泊聚义,以及他们接受朝廷招安、四处征战的故事。书中人物性格鲜明,如智勇双全的及时雨宋江、武艺高强的豹子头林冲、行侠仗义的花和尚鲁智深等。他们因各种原因被迫落草为寇,但心中始终秉持忠义二字,反抗欺压。

《水浒传》不仅展现了草莽英雄们的豪情壮志,也深刻揭示了封建社会的黑暗与腐败。作品情节跌宕起伏,引人入胜,语言生动传神,富有感染力。通过这部小说,我们可以了解到古代社会的历史背景和人民的生活状态,同时也能感受到人性的复杂与多样。

我们可将《水浒传》整本书的情节分为三个部分来理解(如下图)。

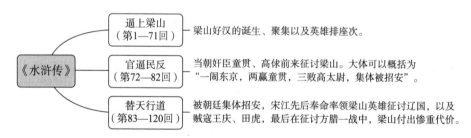

"逼上梁山""官逼民反""替天行道"是《水浒传》的三个关键词,我们可以从这几个关键词入手,进一步读懂这部名著。

一、"逼上梁山"与"某十回"

"逼上梁山"是《水浒传》的主体部分,包括第1—71回。这部分讲梁山好汉的诞生、聚集,并且排座次。内容大体如下(下文导图中的序号表示回目)。

1. "误走妖魔"

包括"引子"及第1回。作者借用神话故事,交代水泊梁山一百零八将的来源:"三十六员天罡星,七十二座地煞星,共是一百单八个魔君。"同时也给读者准备了一个容易理解的社会背景:在宋徽宗时期,皇帝昏庸无能,不理朝政;四大奸臣蔡京、童贯、高俅、杨戬欺上瞒下,祸国殃民。

2. "鲁十回"与"林十回"

《水浒传》的第一部分大体写的是几个主要人物的传记。一些学者习惯把它们叫作"某十回"。其实这个"十回"是一个概数,有的人物并非刚好用了十回。同时,相互之间的衔接靠的都是人物。比如,开篇几回的衔接就是这样的:高俅—王进—史进—少华山三雄(朱武、陈达、杨春)和鲁智深—林冲。"鲁十回"与"林十回"(第3—12回),虽有先后之分,但两人交叉的内容不少。二人在这十回的故事包括:鲁智深拳打镇关西、大闹五台山、大闹桃花村、火烧瓦罐寺、倒拔垂杨柳、大闹野猪林;林冲误入白虎堂、刺配沧州道、棒打洪教头、风雪山神庙、雪夜上梁山、落草梁山泊等。

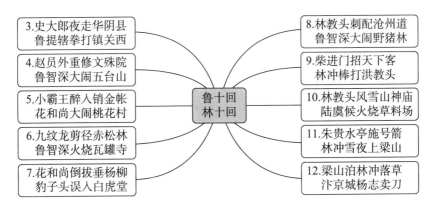

《水浒传》领读 | 183

3. 押送金银担

这里说的是第 12—17 回。主要讲的是青面兽杨志的一些事情，包括汴梁城卖刀、押送金银担、双夺宝珠寺等事件。杨志是一条线。另一条线则放在晁盖、吴用等人身上，包括晁盖的认义东溪村、吴用的智取生辰纲等。同时，这些章回还引出本书的最主要人物：宋江。

4."宋十回"

全书写宋江的笔墨最多，陆续写到的肯定不止十回。正面写宋江的，包括私放晁天王（第 18 回）、怒杀阎婆惜（第 21 回）、燕顺释宋江（第 32 回）、夜看小鳌山（第 33 回）、揭阳岭逢李俊（第 36 回）、浔阳楼题反诗（第 39 回）、智取无为军（第 41 回，上梁山，排二座）、遇九天玄女（第 42 回）、三打祝家庄（第 47—50 回）等。下面这张人物导图，就揭示了宋江与众多梁山好汉之间的关系。

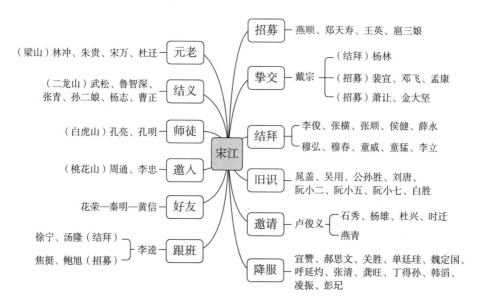

5."武十回"

这是关于武松的完整而集中的十回：第23—32回。包括景阳冈打虎、供人头设祭、威镇安平寨、醉打蒋门神、大闹飞云浦、夜走蜈蚣岭、醉打孔亮等。

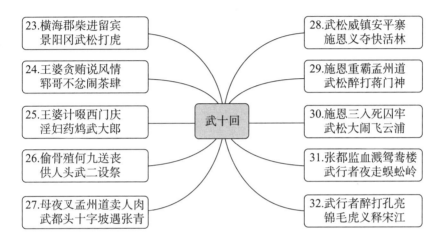

6."李十回"

黑旋风李逵从第38回开始登场，结识宋江，之后斗浪里白跳（张顺）、怒杀李鬼、沂岭杀四虎（第43回）、打死殷天锡（第52回）、斧劈罗真人（第53回）、探穴救柴进（第54回）等。

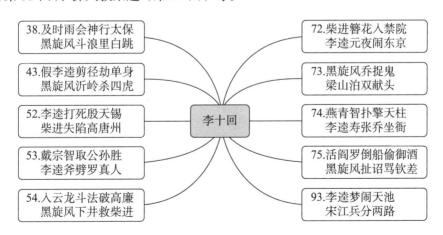

7. 几个节点

各路好汉先后入伙梁山，有几个节点值得关注。

第 19 回，"林冲水寨大并火　晁盖梁山小夺泊"。当吴用推举林冲为山寨之王时，林冲力推晁盖到正中第一把交椅坐定，吴用执掌兵权坐第二位，公孙先生善用兵坐第三位，林冲自己坐第四位。此时梁山共十一位好汉。晁盖发表"就职演讲"："汝等众人，各依旧职，管领山前山后事务，守备寨栅，休教有失。各人务要竭力同心，共聚大义。"此时的梁山，大概还是以劫赏敛财为主。

第 41 回，"宋江智取无为军　张顺活捉黄文炳"。晁盖请宋江做山寨之王，坐第一把交椅。宋江再三推却，最终还是晁盖排第一位，宋江排第二位，吴用排第三位，公孙胜排第四位。此时，梁山共四十位头领。他们的宗旨大概还是以除暴安良的江湖聚义为主。

第 60 回，"公孙胜芒砀山降魔　晁天王曾头市中箭"。随着晁盖阵亡，宋江被推上梁山泊主，但此时这个梁山泊的一把手是临时的。因为晁盖临死前嘱咐："如有人捉得史文恭者，便立为梁山泊主。"虽然是个"代主"，宋江也发表了"就职演讲"，称"一同替天行道"，"聚义厅改为忠义堂"。

虽说史文恭最终被卢俊义活捉（第 68 回），但卢俊义称"卢某宁死，实难从命"。在卢俊义的坚持下，在大伙的力推下，宋江依然坐第一把交椅。"天罡尽数投山寨，地煞全群聚水涯。"梁山一百零八将全部集结。

第 71 回，"忠义堂石碣受天文　梁山泊英雄排座次"。宋江、卢俊义、吴用、公孙胜依次坐第一至四把交椅。石碣一边题写"替天行道"四字，一边题写"忠义双全"四字。堂前柱上，立朱红牌二面，各有金书七个字："常怀贞烈常忠义""不爱资财不扰民"。此时的梁山，是名副其实的"八方共域，异姓一家""相貌语言，南北东西虽各别；心情肝胆，忠诚信义并无差"。在正式"就职演讲"中，宋江称"共存忠义于心，同著功勋于国，替天行道，保境安民"。至此，以宋江为首，以替天行道为核心的忠君报国思想正式确立。

二、"官逼民反"与"替天行道"

1."官逼民反"

第72—82回。这11回的内容,大体可以概括为"一闹东京,两赢童贯,三败高太尉,集体被招安"。也就是英雄聚义后,当朝奸臣童贯、高俅前来征讨梁山,童贯中了十面埋伏之计,梁山英雄两次都取得了胜利;三败高太尉,实际是三次打败高太尉。宋江却在此时产生了归顺朝廷的意愿。我们且看宋江与梁山大小头领是怎么说的:

众弟兄在此,自从王伦开创山寨以来,次后晁天王上山建业,如此兴旺。我自江州得众兄弟相救到此,推我为尊,已经数载。今日喜得朝廷招安,重见天日之面,早晚要去朝京,与国家出力。……我等一百八人,上应天星,生死一处。今者天子宽恩降诏,赦罪招安,大小众人,尽皆释其所犯。我等一百八人,早晚朝京面圣,莫负天子洪恩。汝等军校,也有自来落草的,也有随众上山的,亦有军官失陷的,亦有掳掠来的。今次我等受了招安,俱赴朝廷……

2."替天行道"

第83回至结尾。被朝廷集体招安,宋江先后奉命率领梁山英雄征讨辽国,以及贼寇王庆、田虎,最后在征讨方腊一战中,梁山付出惨重代价,最后仅剩二十七位,擒住方腊。

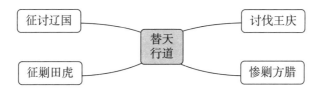

梁山悲风,从同意被招安之日起已经决定了这样的命运。第83回,枢

密使童贯奏道:"这厮们虽降,其心不改,终贻大患。以臣愚意,不若陛下传旨,赚入京城,将此一百八人尽数剿除。然后分散他的军马,以绝国家之患。"此时,"天子听罢,圣意未决"。显然,奸臣设计陷害,皇帝听信谗言,宋江等人哪来好果子吃?

梁山一百零八将,从第110回开始,逐渐走的走,亡的亡。最先离开的是公孙胜。他说:"向日本师罗真人嘱咐小道,令送兄长还京之后,便回山中。今日兄长功成名遂,贫道就今拜别仁兄,辞别众位,便归山中,从师学道,侍养老母,以终天年。"公孙胜的请辞,既是遵从师训,更是明哲保身。此后金大坚、皇甫端被皇帝留用,萧让、乐和被蔡太师、王都尉调用,至此,宋江少了五个弟兄。再之后,到了第112回,宋万、焦挺、陶宗旺三员偏将壮烈牺牲。"瓦罐不离井上破,将军必在阵前亡。"从此,梁山好汉步入英雄末路。

生擒方腊,班师回朝,鲁智深圆寂,武松出家,林冲、杨志病死,宋江、卢俊义则被奸臣暗害,吴用和花荣最终自缢身亡。"天罡尽已归天界,地煞还应入地中。"梁山英雄再也无人能够"替天行道"了。

三、逼上梁山的好汉们

1. 史进:"我是个清白好汉,如何肯把父母遗体来点污了?"

史进,系《水浒传》中第一个出场的梁山好汉。因全身刺了九条青龙,江湖人称"九纹龙"。

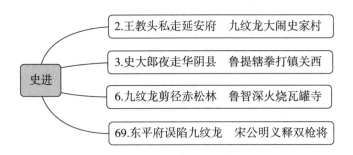

（1）勤奋习武。因得罪高俅而逃命的八十万禁军教头王进，投宿史家庄，看见史进在练习武艺，评论史进"赢不得真好汉"，史进大怒要挑战王进，被王进轻松击败。史进心悦诚服拜王进为师，半年学会了十八般武艺。

（2）重义重名。史太公死去，史进成了庄主。少华山中三位头领来华阴县借粮，史进活捉了陈达。朱武、杨春自缚来降，史进深感义气，便放了陈达，并与朱武等人来往。后因猎户李吉告官，华阴县派兵围了史家庄，史进和三头领打败官兵，上了少华山。朱武劝史进留做寨主，他说："我是个清白好汉，如何肯把父母遗体来点污了？你劝我落草，再也休提。"

（3）被迫落草。鲁智深打死了镇关西，官府通缉鲁、史二人。史进后至延州、北京，盘缠用尽，与鲁智深一起火烧瓦罐寺后分手，投少华山落草。一次，史进劫了犯人画匠王义（王义有个漂亮女儿被本州贺太守夺走，王义被发配偏远军州），得知王义父女的遭遇后到太守府去刺杀贺太守，但不慎被捉。鲁智深听说后想救史进，也被捉。吴用用计杀了贺太守。史进获救后，携少华山众人投奔梁山。

史进本是一个莽撞少年，爽快耿直，爱憎分明，看重自己的清白名声，但因官府一再逼迫，最终投奔梁山。征方腊时，史进杀死沈刚，生擒甄诚；后被敌军一箭射死，死后被朝廷追封为忠武郎。

2. 鲁智深："洒家若撞着那厮，教他吃三百禅杖"

鲁智深是《水浒传》中一个重要人物，绰号"花和尚"。鲁智深的人生大体经历下面四个阶段。

（1）避罪出家。他本名鲁达，是渭州经略府提辖（宋代的低级武官），因打抱不平，三拳打死恶霸镇关西，为躲避官府缉捕出家做了和尚，法名智深。

（2）被迫落草。鲁智深又因搭救林冲，流落江湖，与杨志、武松一同在二龙山落草。"三山（桃花山、二龙山、白虎山）聚义"后加入梁山泊，排第十三位。

（3）南征北战。宋江率梁山好汉接受招安后，鲁智深跟随宋江先后征讨辽国、田虎、王庆、方腊,屡立战功,生擒方腊。宋江劝智深还俗为官,光宗耀祖,鲁智深表示已看破世事,不愿接受;宋江又劝他住持名山,鲁智深也拒绝了。

(4)杭州圆寂。征辽得胜后,鲁智深陪同宋江重上五台山,参礼智真长老。智真长老临别赠言:"逢夏而擒,遇腊而执。听潮而圆,见信而寂。"鲁智深后在杭州六合寺圆寂,追赠义烈昭暨禅师。

书中鲁智深相关情节有很多,一些故事,如"拳打镇关西""大闹五台山""大闹桃花村""倒拔垂杨柳""大闹野猪林"等也在民间广为流传。

明末清初著名的文学家、文学批评家金圣叹,这样评价鲁智深:"鲁达自然是上上人物,写得心地厚实,体格阔大。论粗卤处,他也有些粗卤;论精细处,他亦甚是精细……"

具体而言,鲁智深有如下性格。一是性格粗鲁,粗中有细。比如拳打镇关西、大闹五台山等情节就体现了一个"粗"字,而救刘太公的独生女儿时,他不仅将周通打跑,还说服周通永不强娶;救林冲时他不仅沿途暗中细心保护,还亲自送林冲到沧州地界开阔之地后才罢休,这些都体现一个"细"字。二是慷慨大方,淡泊名利。这在资助金家父女、拒绝还俗为官等情节中可以看到。三是见义勇为,嫉恶如仇。比如救金家父女、救刘家独生女、救林冲等情节,都因为一个"义"字。

3. 林冲:"闪得我有家难回,有国难投,受此寂寞!"

"豹头环眼,燕颔虎须,八尺长短身材,三十四五年纪。"此人便是八十万禁军枪棒教头豹子头林冲。因其妻被高太尉的养子高衙内看中,林冲多次遭到陷害,最终被逼上梁山落草。

当林冲认出调戏他妻子的是高衙内时,先自手软了,并对鲁智深说"不怕官,自怕管";当被骗误入白虎堂,被发配沧州时,他默默忍受,并把妻子休掉;当途中被押送人沸水烫伤双脚时,他一直强忍着;路过小旋风柴进府上,洪教头极度傲慢,对林冲步步紧逼,林冲一直忍让着;被发配沧州牢城后,林冲在草料场看守时,遭陆谦、富安放火暗算,当无意得知自己被陷害的真相时，他终于爆发，提枪戳死三人；上梁山后，寨主王伦嫉贤妒能，多方刁难，后来在吴用的智激之下，林冲火并了王伦；当吴用等推举林冲坐第一把交椅时，林冲果断拒绝……

林冲的性格就这样随着事态的发展而逐渐变化，从原本的逆来顺受、妥协忍让，到后来的坚决勇敢、敢于反抗，这都是被逼出来的。他是中层人物被迫造反的典型代表。

4.柴进："如有流配来的犯人，可叫他投我庄上来，我自资助他"

柴进系沧州人氏，后周柴世宗嫡派子孙，家中有太祖武德皇帝御赐的"丹书铁券"。他仗义疏财，喜结豪杰，绰号"小旋风"。

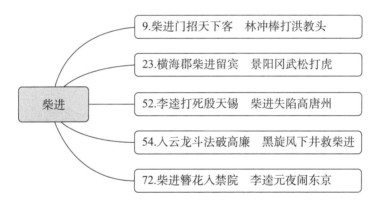

（1）仗义疏财。林冲刺配沧州时，拜访柴进。柴进久闻林冲大名，不但对他厚礼款待，还写信给沧州大尹、牢城管营，让他们照看林冲。林冲因此被免了一百杀威棒，还得到看守天王堂草料场的差使。林冲风雪山神庙后，再次遇到柴进。柴进又修书一封，推荐林冲到梁山泊入伙，还亲自将他送出沧州。

宋江杀死阎婆惜后，也到沧州投奔柴进。此外，白衣秀士王伦、摸着天杜迁、行者武松、石将军石勇都曾得到柴进的帮助。

（2）逼上梁山。高唐州知府的妻舅殷天锡，想夺取柴进叔父柴皇城的花园，并殴打其叔父。柴进闻讯与李逵（当时在柴进家躲避）奔赴高唐州。柴皇城气愤而死，柴进让人回沧州取丹书铁券。殷天锡又前来滋事，还辱骂柴进，结果被李逵打死。柴进忙让李逵离开，自己却被高廉拘捕，被打入死牢。

宋江听闻柴进陷狱，发兵攻打高唐州。其时，柴进被人藏入枯井之中。高廉因战事无暇顾及。梁山军攻破高唐州后，李逵深入枯井，将柴进救出。柴进从此入伙梁山。

5. 杨志："指望把一身本事，博个封妻荫子"

"生得七尺五六身材，面皮上老大一搭青记，腮边微露些少赤须，把毡笠子掀在脊梁上，坦开胸脯，带着抓角儿软头巾。"这便是杨志，因其脸生有一大块青记，江湖人称"青面兽"。

作为三代将门之后，五侯杨令公之孙，杨志是个有抱负的人。他最大的理想就是边关立功、封妻荫子、光宗耀祖、光耀门楣。然而，命运多舛，一波三折，他经历了"落魄—振作—绝望"三部曲之后，被迫落草。

（1）落魄。杨志曾是殿司制使官，押送花石纲在黄河翻船，导致任务失败。他在返回东京途中路过梁山，与林冲大战不分胜负，拒绝了王伦的入伙邀请。到了东京，他陷入困境，只好街头卖刀，不料误杀了牛二，因此被发配至大名府。

（2）振作。在大名府，杨志凭借出色的武艺，赢得了梁中书的赏识，迅速晋升为提辖官。

（3）绝望。正当杨志在仕途上初露锋芒时，他被委以重任护送生辰纲，却不幸被晁盖、吴用等人用计劫走。这一事件彻底击垮了他的理想。最终，他别无选择，只能与鲁智深一同攻占二龙山，杀死邓龙，成为山寨的首领。在"三山聚义"时，他与其他英雄一同加入了梁山。

宋江受招安，杨志最为高兴，因为这样可以满足他的毕生心愿。可惜征方腊途中，他病死异乡。

纵观杨志一生，作为名门之后，他理想远大；作为武将，他精明能干，但一些时候性情暴躁，急功近利。

6.晁盖:"若哪个捉得射死我的,便叫他做梁山泊主"

晁盖(绰号"托塔天王"),梁山泊的第二任寨主,山东郓城县东溪村人,东溪村保正。他武功超群,平生仗义疏财,为人义薄云天。

因与刘唐、吴用等人合谋,智取生辰纲,事发后遭官府追杀,晁盖不得已投奔梁山泊落草。因寨主王伦嫉贤妒能,吴用智激林冲火并王伦后,大伙推晁盖为寨主。宋江因在浔阳楼题反诗而遇险时,晁盖与其他梁山好汉一起劫了江州法场,将宋江、戴宗救出。后在讨伐曾头市战役中,被毒箭射中面颊而亡。

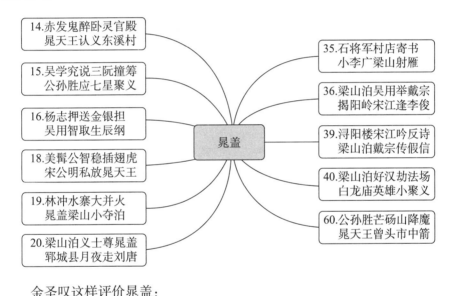

金圣叹这样评价晁盖:

看他有阔处,有毒处,有正处,有良处,有快处,有真处,有捷处,有雅处,有大处,有警处,实是《水浒》中之第一人。义薄云天,豪气干云,是为阔;仗义疏财,广交天下豪杰,是为正;劫富济贫,严整梁山军纪,不许滥杀无辜,是为良;在石碣村凭七人之力杀败上千官兵,是为快;虚怀若谷,重情重义,是为真;亲率人马前往江州解救宋江,是为捷;七星聚义,智取生辰纲,是为大;发觉宋江有投降朝廷之心,临终遗言传位给为己报仇之人，是为警。晁盖的一身集有鲁达之阔、林冲之毒、杨志之正、柴进之良、阮七之快、李逵之真、吴用之捷、卢俊义之大、石秀之警，不作第一人，可乎？

也许是晁盖死得太早，也许是作者为突出宋江，总之，晁盖既非"天罡"，也非"地煞"，并非"一百零八将"。但阅读水浒时，我们不应当也一定不会忘记托塔天王晁盖！

7. 吴用："吴某心中想念宋公明恩义难报，交情难舍……"

吴用，梁山起义军军师。他文韬武略，足智多谋，绰号"智多星"。他曾与晁盖等人智取生辰纲，为了避免官府追缉而上梁山。之后，他几乎策划了梁山所有的军事行动。他是梁山起义军中的知识分子代表。

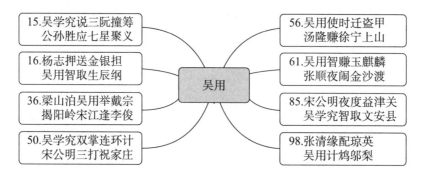

吴用的性格也在悄然变化。在晁盖时期，他果敢、无畏，一经出场，促成"七星聚义"，智取生辰纲，智激林冲火并王伦，那时的吴用是何等的生机勃发，让人敬佩不已！

到了宋江时期，吴用虽然仍能不断地出谋划策、出奇制胜，但逐渐变得世故、畏缩。比如征辽时，辽国侍郎对宋江劝招安，吴用"长叹一声，低首不语，肚里沉吟"，并说"若论我小子愚意，弃宋从辽，岂不为胜，只是负了兄长忠义之心"。这似乎没有晁盖时期"智多星"的半点影子。

后闻宋江被害致死，吴用缢死在宋江坟前。大概在吴用的内心深处，他只为宋江这个主子服务，所谓"士为知己者死"吧。

8. 公孙胜："恐怕有人寻来，故改名清道人，隐居在此"

贫道复姓公孙，单讳一个胜字，道号一清先生。贫道是蓟州人氏，自幼乡中好习枪棒，学成武艺多般，人但呼为公孙胜大郎。为因学得一家道术，善能呼风唤雨，驾雾腾云，江湖上都称贫道做入云龙。

这是公孙胜向晁盖所作的自我介绍，并以"十万贯金珠宝贝"为投名状。因为他不满贪官搜刮的不义之财，便与晁盖等人谋划劫取，后来一同上了梁山，坐定第四把交椅。他与吴用共掌军机，属于梁山领导层核心成员。

梁山好汉劫江州法场，救出宋江后，他因思念母亲而下山回乡。显然，这是为了躲避俗世与俗事。后来梁山军马攻打高唐州时为高廉妖法所败，只得再请公孙胜出山相助。公孙胜大破高廉的妖法，从此留在了梁山。

在宋江招安后，他想起师傅给他的嘱咐"逢幽而止，遇汴而还"，第一个辞行，"今日兄长功成名遂，贫道就今拜别仁兄，辞别众位，便归山中，从师学道，侍养老母，以终天年。"公孙胜淡泊名利，回归山林，过着闲云野鹤的生活。这无疑是他的一种人生大智慧。

9. 宋江："望天王降诏早招安，心方足"

宋江，字公明，在一百零八将中稳坐第一把交椅，为三十六天罡星之首的天魁星。

宋江的正式登场，从第18回开始。书中是这样交代的：

这宋江自在郓城县做押司。他刀笔精通，吏道纯熟，更兼爱习枪棒，学得武艺多般。平生只好结识江湖上好汉，但有人来投奔他的，若高若低，无有不纳，便留在庄上馆谷，终日追陪，并无厌倦。若要起身，尽力资助。端的是挥霍，视金似土。人问他求钱物，亦不推托。且好做方便。每每排难解纷，只是周全人性命。如常散施棺材药饵，济人贫苦，周人之急，扶人之困。以此山东、河北闻名，都称他做及时雨。

押司并不是什么官，只能算是吏，也就是一个办事员。此时的宋江，帮官府做一些文书案牍等事。但他仗义疏财、扶危济困，因而时人对他好评如潮，被称作"呼保义""及时雨"。

然而，晁盖因参与"智取生辰纲"事件，被人举报，被捉进监狱。当宋江获悉此事，竟然因晁盖"是心腹弟兄"，便通风报信，私放晁盖。此事当如何评价？可以说，宋江一方面敢于为朋友两肋插刀，另一方面则目无法纪、为"吏"不忠。

第68回中，"卢俊义活捉史文恭"，按照此前约定，谁捉到史文恭，谁便坐梁山第一把交椅。卢俊义完成了这项使命，但坚决不当一把手。宋江此时又提出一个意见，他和卢俊义同时攻打东平府和东昌府，谁先攻下，谁当梁山泊主。同时还通过抓阄的方式来选择。这不得不让人怀疑，宋江此举用意何在？显然，是希望通过这次的"公平竞争"，让自己"名正言顺"。宋江的诚意不得不令人怀疑。难怪明代"沙弥怀林"这样评价宋江：

若夫宋江者，逢人便拜，见人便哭，自称曰"小吏小吏"，或招曰"罪人罪人"，的是假道学真强盗也，然能以此收拾人心，亦非无用人也。当时若使之为相，虽不敢曰休休一个臣，亦必能以人事君，有可观者也。

金圣叹也认为"宋江是纯用术数去笼络人"。

招安，宋江一直怀有此心。当梁山英雄排好座次，宋江大醉，乘着酒兴作了一首《满江红》。最后两句便是："望天王降诏早招安，心方足。"而此时武松、李逵、鲁智深纷纷表示反对。

但此时的宋江是"老大"，一切由他说了算。其他众人只是不敢说出声罢了。宋江的奴才嘴脸，在第80回表露得一览无遗。本来"三败高太尉"，活捉了高俅，但他见了高俅，却是这样的：

（宋江）慌忙下堂扶住，便取过罗缎新鲜衣服，与高太尉从新换了，扶上堂来，请在正面而坐。宋江纳头便拜，口称："死罪！"高俅慌忙答礼。

宋江并让人杀牛宰马，大设筵宴，又对高俅"请罪"：

文面小吏，安敢叛逆圣朝，奈缘积累罪尤，逼得如此。二次虽奉天恩，中间委曲奸弊，难以缕陈。万望太尉慈悯，救拔深陷之人，得瞻天日，刻骨铭心，誓图死保。

宋江如此低三下四，高俅便有恃无恐，俘虏成了上位者。宋江只要一有合适机会，便提出招安一事。

对于宋江的招安愿望，我们本也无须评判：人各有志，不可强求。但是即便是梁山泊主，也不能代表其他好汉！显然，宋江用自己的所谓道义，绑架了其他众将。这是梁山的悲哀，更是其他众将的悲剧。更让人愤怒的是，第 120 回里，宋江自己被贼臣们下了毒酒，临死之前，他还拉了一个陪葬，在接风酒里，也给李逵下了慢性毒药，而且似乎还很有理由：

我死之后，恐怕你造反，坏了我梁山泊替天行道忠义之名，因此请将你来，相见一面。昨日酒中已与了你慢药服了，回至润州必死……

在宋江的眼里，这种虚名竟然比兄弟的性命还贵！原来的那个仗义疏财、扶危济困、为朋友两肋插刀的及时雨、呼保义宋江，哪里去了？
水泊梁山，成也宋江，毁也宋江；百零八将，聚也宋江，死也宋江。

10. 武松："我若吃了十分酒，这气力不知从何而来！"

武松这个人物形象，可谓妇孺皆知。在《水浒传》里，从第 23 回开始，到第 32 回结束，非常生动全面地刻画了武松的形象。在此之后，武松偶有出现，但没有成章成回地描述。下面简要回顾武松的人生历程。

（1）结识宋公明。武松本是清河县人，因与人斗殴误以为对方被打死，逃亡至沧州柴进庄上，住了一年多。宋江杀了阎婆惜，投奔沧州柴进，两人不打不相识。从此，宋江厚爱武松，关怀备至。

（2）景阳冈打虎。武松回乡探望哥哥，路过景阳冈，不听店家劝阻，喝十八碗酒后独自上山，赤手空拳打死吊睛白额大虫，被封为阳谷县都头。

（3）怒杀西门庆。潘金莲殷勤款待武松，一日撩拨武松和她同饮，武松怒斥，并搬走。武松出差期间，潘金莲与西门庆通奸，踢伤并毒杀捉奸的武大郎。武松回到家，找到证据、证人，怒杀西门庆和潘金莲，后自首，被判发配孟州。

（4）戏耍孙二娘。发配孟州路上，武松戏耍孙二娘，惹得孙二娘下药；武松差点反杀孙二娘，幸亏张青赔小心后救下孙二娘。张青建议武松落草二龙山。武松不肯，与张青结拜为兄弟。

（5）醉打蒋门神。到孟州，牢房头子施恩父子不打杀威棒，反而每天款待武松。武松力举三五百斤石墩，承诺为施恩出头。武松醉打蒋门神，重夺快活林。随后施恩父子重占快活林，加收利息，并由武松坐镇店里。

（6）被诬陷为贼。军队张都监倍加器重武松。武松深居宅府不得与施恩往来。中秋夜，张都监引武松与家眷饮酒，并许配养娘玉兰给武松。半夜里玉兰谎称有贼入室，武松救护反被诬陷为贼。施恩解救不得，武松再次被发配。

（7）血溅鸳鸯楼。武松吃完施恩送的熟鹅，在飞云浦杀死公人和蒋门神徒弟，合计四人；返回孟州，杀死张都监全家共十五人，并血书"杀人者打虎武松也"，带上金银器皿逃亡。

（8）剪发做行者。逃亡路上，武松疮发且疲惫，在土地庙被张青孙二娘的火家误抓，张孙二人将其解救。武松听从张孙二人劝告，改扮为行者，前往二龙山。在蜈蚣岭看到道人搂着女人作乐，武松怒杀道人和道童，烧了庵，放走妇人，不收受金银。

（9）落草二龙山。武松在孔庄附近喝酒，打了店家和孔亮；醉酒后，打狗落水，被孔明孔亮等抓住。宋江解救，邀请武松和自己一起到清风寨去找花荣。武松拒绝，随后投奔二龙山，与鲁智深、杨志一起做头领。至此，"武十回"结束。

（10）六和寺出家。后来，"三山聚义"武松上梁山。梁山被招安后，武松参与了平定辽国、田虎、王庆、方腊的全过程。在征讨方腊的战斗时，武松被包道乙暗算失去一臂。班师时，武松拒绝回汴京，在杭州六和寺出家，享年八十善终。

武松就是这样一个武艺高强、刚正不阿、嫉恶如仇的勇士。金圣叹这样评价武松："一百八人中，定考武松上上……武松粗卤是豪杰不受羁靮。"但是，武松的酗酒成性，特别是滥杀无辜，我们应该予以摒弃。

11. 花荣："实被刘高这厮无中生有，官报私仇，逼迫得花荣有家难奔，有国难投"

齿白唇红双眼俊，两眉入鬓常清。细腰宽膀似猿形。能骑乖劣马，爱放海东青。百步穿杨神臂健，弓开秋月分明。雕翎箭发迸寒星。人称小李广，将种是花荣。

可以看出，花荣是一位美男子，是将门之后，最令人称道的是他的神箭绝学，被比作西汉"飞将军"李广，人称"小李广"。

花荣是宋江的好友，清风寨副知寨。宋江怒杀阎婆惜投奔花荣，途径清风山，救了被王英掳来的刘高之妻。不料刘妻恩将仇报，在元夜观灯时，谎称宋江是抢掳她的贼头，唆使其夫将宋江抓住。花荣大怒，抢回宋江。刘高告上青州，知府派镇三山黄信来假做调解，将花荣捉拿，与宋江一并押解青州；路上两人被燕顺、王英、郑天寿救下，花荣杀了刘高。黄信逃回清风寨写信求救，知府命霹雳火秦明带兵征剿，花荣出阵与秦明大战，箭射秦明盔缨。后宋江设计收降秦明，花荣、黄信与清风山人马一同投奔了梁山。

梁山受招安后，花荣随宋江平定辽国、田虎、王庆、方腊，屡获战功，被封为应天府兵马都统制。后来他和吴用一起缢死在宋江墓前。儒雅、正直、重情重义、嫉恶如仇的花荣，就这样抛妻别子，结束了自己的一生。

12. 李俊："待病体痊可，随后赶来朝觐。哥哥军马，请自赴京"

李俊，外号"混江龙"，原是庐州（今安徽合肥）人。"江州三霸"之一，与催命判官李立同霸揭阳岭。

宋江被发配江州，在李立的酒店中被麻翻，幸亏李俊赶到相救。宋江后被穆弘、穆春兄弟追杀，逃到浔阳江上，又被船夫张横抢劫，危急时刻，又是李俊赶来相救。关键时刻，李俊似乎总能未卜先知，及时赶到，说明他在江州信息源很广，也可见他的足智多谋。宋江在浔阳楼酒醉写反诗，被绑押刑场，梁山好汉下山劫法场，李俊与江州众英雄一起相救；二十九名英雄"白龙庙小聚会"，共上梁山。李俊一身水下功夫，且有指挥才能，多次为梁山建功。后来，宋江征方腊凯旋，兵马到苏州城外，李俊假装中风，要求把童氏兄弟留下照顾自己。随后打造海船，与费保等人远赴暹罗国（今泰国）。之后，李俊做了该国国主。

李俊的功绩与结局，与他为人谨慎、有谋略、识时务密不可分。

13. 戴宗："我使神行法，不敢食荤"

戴宗是《水浒传》中的传奇人物，原是江州两院押牢节级，人称戴院长；为人仗义疏财，能日行八百里，故名"神行太保"。

当宋江被发配到江州时，戴宗与宋江相识。后来，宋江因醉后在浔阳楼题反诗反词，被黄文炳发现，黄欲置宋江于死地。宋江被捕入狱，将被押送至京城。戴宗被蔡九派往京城送礼给其父蔡京，却在梁山泊朱贵酒店中，被人下蒙汗药逮住。戴宗与吴用本是"至爱相识"，在梁山，戴宗和吴用商议，让萧让模仿蔡京笔迹写成假书来救宋江。不料一时疏忽，图章上出了纰漏，戴宗也受牵连，陷入狱中。后被梁山好汉从法场上救出，戴宗此次上了梁山。

戴宗因为其"特异功能"，在梁山担任"总探声息头领"，相当于现在的情报局局长，手下有"员工"十二人，包括四方酒店的接待人员八人：孙新、顾大嫂夫妻，张青、孙二娘夫妻，朱贵，杜兴，李立，王定六；走报机密步军头领四人：乐和、时迁、段景住、白胜。

戴宗一路跟随宋江征战，征方腊后被授兖州府都统制，后辞官到岳庙出家，最终大笑而终。

14. 李逵："生时服侍哥哥，死了也只是哥哥部下一个小鬼"

家住沂州翠岭东，杀人放火恣行凶。不搽煤墨浑身黑，似着朱砂两眼红。闲向溪边磨巨斧，闷来岩畔斫乔松。力如牛猛坚如铁，撼地摇天黑旋风。

这便是黑旋风李逵。因为戴宗的原因，李逵认识了宋江。与李逵相关的故事有下面这些。

（1）斗浪里白跳。宋江、戴宗、李逵三人到琵琶亭饮酒，宋江要吃鲜鱼，李逵便去讨，却听说要等鱼牙主人来了才卖。李逵因此发怒。鱼牙主人，也就是浪里白跳张顺见他捣乱，便与他厮打起来，从陆地打到水中，直到宋江、戴宗来叫停。从此张顺也与三人成为好友。

（2）江州劫法场。为救宋、戴二人，梁山二十余条好汉赶到江州，劫了法场。李逵并不知晓梁山方面的行动，独自从预先藏身的楼上跳下，砍翻两个刽子手。救出宋、戴二人后，李逵和梁山好汉打入无为军，杀了黄文炳，从此与张顺等人随宋江上了梁山。

（3）沂岭杀四虎。上梁山后，李逵思母心切，特回家接老母亲上梁山。路遇李鬼扮成李逵拦路抢劫。李鬼谎称家中有九十老母，便被李逵放走。后来李逵路过李鬼家，发现李鬼所言不实，而且企图害他，便将李鬼杀了。回到家中后，李逵背着双目失明的老母亲奔梁山而去，路过沂岭时，李逵放下母亲去接水。回来后，发现母亲被老虎所吃。李逵一气之下杀了一窝四只老虎。

此外，李逵还有杀害小衙内、打死殷天锡、斧劈罗真人、元夜闹东京等情节。征方腊结束后，李逵获封镇江润州都统制之职。后来宋江受蔡京、高俅迫害，饮了毒酒，因怕李逵为了报仇再度啸聚山林，便使李逵在不知情的情况下也饮下毒酒，并告知真相。李逵表示："生时服侍哥哥，死了也只是哥哥部下一个小鬼。"李逵的一生以这样的方式结束，令人唏嘘不已。

戴宗与宋江最初的对话，可以让我们了解李逵的一些性格特点：耿直忠诚，贪酒好赌，心粗胆大，好打抱不平。此外还有滥杀无辜。

15. 萧让："小生只会作文及书丹，别无甚用"

上文在介绍戴宗时，提到了萧让。当时天下盛行苏东坡、黄鲁直、米元章、蔡京四家字体，而萧让均会书写，因此人称"圣手书生"；他还会使枪弄棒，舞剑抡刀。萧让又与吴用相识，因此与善于雕玉石的玉臂匠金大坚一同被吴用派去的戴宗骗上梁山。第二天，两人家眷也被接上山，从此，萧、金二人便死心塌地地入伙梁山泊。

在梁山，萧让负责文书工作。攻取祝家庄时，吴用让孙立到祝家庄卧底，萧让制作了伪文书。大聚义时，萧让负责抄录天书。大聚义后，梁山三败高太尉，并将其生擒，宋江让萧让、乐和陪同高俅面见圣上。之后，萧让、乐和被高俅软禁，吴用让戴宗将二人救出。在大多数情况下，萧让都随军在后方做文职工作，但是在讨伐王庆时，萧让摆出空城计，敌军大乱，梁山泊宣赞、郝思文趁机杀出，击败敌军。后来，萧让、金大坚、裴宣被一贼将抓到荆南伪留守梁永面前，三人宁死不跪，感动了城内义士萧嘉穗。萧嘉穗引发全城起义，救出三人，夺了荆南城池。

在征方腊前，蔡太师将萧让留下，做了门馆先生。就这样，萧让成为梁山泊幸存的少数将领之一。萧让自称"只会作文及书丹，别无甚用"，也许他就是凭着这一技之长保全了性命。

16. 石秀："路见不平，但要去相助，人都呼小弟作'拼命三郎'"

石秀，祖籍江南，自幼父母双亡，流落蓟州卖柴度日。一个偶然的机会结识病关索杨雄。当时杨雄被踢杀羊张保和两个军汉逼住，施展不得，幸亏石秀出手把张保一伙全打倒了。

（1）婉拒戴宗。石秀的出手相助，惊动正好路过的戴宗、杨林。戴宗看石秀功夫不错，有意接纳，试图为梁山招募石秀。但石秀婉拒了戴宗的请求。

（2）结拜杨雄。石、杨二人惺惺相惜，结为义兄弟。杨雄的老丈人潘公有家肉铺，而石秀父亲原是操刀屠户，于是潘公就让石秀来当肉铺的"经理"，石秀也就住在了杨雄家。

（3）识破奸情。杨雄妻子潘巧云为前夫做法事。石秀看见这个女人与和尚裴如海眉来眼去，便产生怀疑。经调查，石秀识破了潘、裴两人的奸情。石秀将此事就告知杨雄，并建议捉奸。没料到杨雄酒醉后露了口风，潘巧云反咬一口，说石秀调戏自己。杨雄一怒之下就把石秀赶出了家门，收了肉铺。

（4）投奔梁山。石秀设计引出裴如海，杀了这个好色和尚。杨雄向石秀道歉，并把潘巧云弄到翠屏山，与安排通奸的使女迎儿对质。奸情一清二楚，杨雄将潘巧云和使女给杀了。这一过程，恰好被鼓上蚤时迁目击。于是三人一同投奔梁山。

（5）首立战功。途径祝家庄，时迁贼心不改，偷鸡被抓。石秀上梁山求助于宋江，宋江决定攻打祝家庄。石秀成功地从钟离老人那里探明了盘陀路的机关，还帮助陷入迷宫的宋江突围。不久石秀又假败，到祝家庄当内应，石秀为打破祝家庄立下了大功。

（6）独劫法场。石秀、杨雄被派往大名府打探情况。卢俊义再次被抓。梁中书怕夜长梦多，决定将卢俊义就地正法。千钧一发之际，石秀孤身一人劫了法场，但石秀人单势孤，结果自己也被逮捕。后来大名府被攻破，石秀获救。

石秀东征西战，屡立战功。遗憾的是，征方腊时，石秀在昱岭关被乱箭射死。路见不平，拔刀相助，拼命三郎，英勇阵亡。

17. 梁山女将：孙二娘、扈三娘、顾大嫂

（1）母夜叉孙二娘。菜园子张青之妻，在武松发配孟州的路上出场。"门前窗槛边坐着一个妇人：露出绿纱衫儿来，头上黄烘烘的插着一头钗环，鬓边插着些野花。""搽一脸胭脂铅粉，敞开胸脯，露出桃红纱主腰，上面一

色金纽。"

"母夜叉"这个外号揭示了她的性格，凶悍、泼辣；同时好义气，敢爱敢恨，风骚大胆。她与丈夫在孟州道十字坡一起经营黑店，后来为了拜把子兄弟武松，舍弃家业，带着丈夫落草二龙山；"三山聚义"时一起归顺梁山，掌管梁山驻西山酒店，打探消息。受招安后，随宋江征讨方腊时，被杜微飞刀射死。

（2）一丈青扈三娘。"天然美貌海棠花，一丈青当先出马。"扈三娘是一位美丽的女将。她使用一对日月双刀，弓马娴熟，巾帼不让须眉。

打祝家庄时，矮脚虎王英见扈三娘是个女将，便想捉来，没想到自己反被扈三娘活捉了去。后来，扈三娘被林冲捉住。攻破祝家庄，梁山众将得胜回山。宋江因曾答应给王英许一门亲事，于是给扈三娘与王英做红娘。扈三娘"见宋江义气深重"，只得答应。自此，扈三娘成为一名女头领。

后来多次征战，扈三娘基本上都有参与。征方腊时，扈三娘和丈夫有活捉两敌将的战绩。丈夫王英战死，扈三娘前往报仇，被郑彪抛出的石弹打落马。智勇双全、性格倔强、敢爱敢恨、嫉恶如仇的扈三娘香消玉殒。

（3）母大虫顾大嫂。"眉粗眼大，胖面肥腰。……有时怒起，提井栏便打老公头；忽地心焦，拿石碓敲翻庄客腿。生来不会拈针线，正是山中母大虫。"顾大嫂与丈夫孙新以开酒店为生，但算是正规经营：卖酒卖牛肉，开赌房；只求财，不害命。

绰号"母大虫"，可见其性情暴躁，但急中有智；敢作敢为，是个热心肠。她曾两次潜入牢中做内应，一次为救解珍、解宝，另一次为救九纹龙史进，都表现得可圈可点。征方腊后封东源县君，全身而归，返回登州，这也可见她智慧的一面。

18. 卢俊义："是我不听好人言，今日果有凄惶事"

玉麒麟卢俊义，是祖居北京大名府（今河北邯郸大名县）的"大员外"，是"河北三绝"（可理解为武功好、钱财多、颜值高）。宋江十分仰慕卢俊义，为壮大梁山声势，也想为晁天王报仇，想要将他请上梁山。

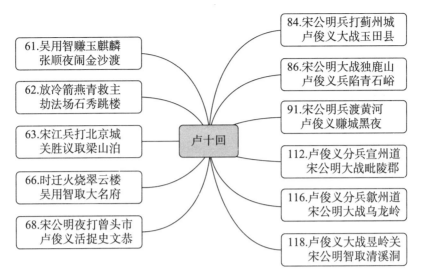

（1）被骗上山。宋江派吴用与李逵乔装打扮，混入卢府，为卢俊义算命。吴用设计一首藏头反诗："芦花丛里一扁舟，俊杰俄从此地游。义士若能知此理，反躬逃难可无忧。"卢俊义坐立不安，带着管家李固等人前往泰安州经商以逃避灾祸；受人激将，他向梁山泊发起挑战，糊里糊涂地被浪里白跳张顺活捉。卢俊义不愿意落草为寇，宋江、吴用用缓兵之计，软禁了卢俊义两个月；施离间计，放其管家李固先回大名府，让李固去告发卢俊义落草为寇的事情。之后，宋江等人才放其下山。

（2）死牢死罪。回到城中，浪子燕青告知他，李固与卢妻贾氏通奸并霸占了家产。卢俊义并不相信。李固诬陷卢俊义"勾结叛匪"，将其告到大名府梁中书那里。卢俊义被梁中书抓捕进监狱，并屈打成招，打入死牢。李固买通蔡福、蔡庆，让他们在牢里杀掉卢俊义；但两人佩服卢俊义为人，并没有这么做。柴进出资营救，蔡福、蔡庆上下打通关节，使卢俊义得以免除死罪而改判刺配。但李固买通差役，让他们在刺配路上杀死卢俊义，幸亏燕青放冷箭将二差射死。但卢俊义不幸又被后来赶上的官军抓走，因杀死公差而被重新定了死罪。

（3）逼上梁山。幸得燕青、石秀以及梁山其他好汉先后搭救，三打大名府，卢俊义方免遭毒手。上梁山之后，卢俊义坐上了第二把交椅；率兵攻打曾头市，因快速活捉史文恭而震撼群雄。

（4）被害而死。宋江招安后，卢俊义参加了数次大型战役，大显神威，战功赫赫。平定方腊后，卢俊义被封为庐州安抚使兼兵马副总管。后被高俅、杨戬两人设计陷害，卢俊义喝了放入水银的御酒，不能骑马，乘船时失足落水而死。

纵观卢俊义一生，可谓非理不为、非财不取，为人正直，重情重义，但有时不通人情世故，太容易相信别人。

考题集锦

1.【2021·苏州市中考题】下面是著名诗人聂绀弩先生读《水浒传》后写的一首诗，根据要求完成相关题目。

董超薛霸

聂绀弩

解罢林冲又解卢，英雄天下尽归吾。
谁家旅店无开水，何处山林不野猪？
鲁达感悲齐幸免，燕青义愤乃骈诛。
佶京俅贯江山里，超霸二公可少乎！

（1）概括第二联涉及的故事情节，并根据此联简析诗人对"林、卢"所处社会的认识。

（2）尾联中"佶京俅贯"和"超霸二公"代表了封建社会中的哪两类人？

◎ 参考答案

（1）董超、薛霸受人指使，用相同的方法加害林冲、卢俊义：先在旅店用开水烫伤两人的脚，后在山林动手想结果两人性命。当时社会黑暗险恶，到处都可以成为害人的地方。

（2）统治者；奴才、帮凶。

2.【2020·绍兴市中考题】《水浒传》中有很多与"酒"有关的故事。请仔细阅读下表，完成探究任务。

人物	故事	酒与故事的关系	探究发现
	大闹五台山	酒令好汉狂	通过对这几个经典片段的探究，发现小说多处写"酒"有如下作用（写出两点）：_____
杨志		酒误好汉差	
武松	景阳冈打虎		
	浔阳楼吟反诗	酒添好汉愁	

◎ 参考答案

鲁达；误失生辰纲（生辰纲被劫）；酒壮好汉胆（意对即可）；宋江。

一是推动情节发展，丰富故事内容；二是烘托人物形象，凸显人物性格。

3. 【2022·贵港市中考题】阅读语段，在下面横线上填空。

林冲因被高俅陷害，刺配沧州。陆谦买通押送公差董超、薛霸，欲杀害林冲。A得知林冲被流放沧州后，一路相随。在野猪林，两公差要用水火棍打死林冲，A出手救下林冲，一路护送他安全到达沧州。

语段中的A指的是_____，从中可以看出他_____的性格。

◎ 参考答案

鲁智深；侠肝义胆，粗中有细。

4. 【2022·天津市中考题】《水浒传》中，林冲是被逼上梁山的典型。他从最初的委曲求全、逆来顺受，到最后的忍无可忍、奋起反抗，体现了"官逼民反"的主题。请结合相关情节，分析林冲是如何被一步步逼上梁山的。

◎ 参考答案

林冲原本是东京八十万禁军教头，生活安稳，家庭和睦。然而，高衙内对林冲的妻子张氏心生邪念，这成为林冲命运转折的开始。

高衙内为了得到张氏，设计让林冲误入白虎堂，犯下"闯入禁地"的大罪，林冲因此被刺配沧州。在发配途中，押送的公差董超、薛霸受高俅指使，意图在野猪林杀害林冲，幸得鲁智深相救。

到了沧州后，林冲被分配到草料场看管。高俅并未就此罢休，又派人火烧草料场，企图将林冲烧死。林冲在漫天大火中侥幸逃生，终于看清了朝廷的黑暗和腐败，以及高俅等人的险恶用心。在忍无可忍的情况下，林冲终于奋起反抗，杀了陆谦等人，并冒着风雪连夜投奔梁山。

从林冲的经历可以看出，他原本是一个安分守己的官员，但面对朝廷的腐败和高俅等人的步步紧逼，他不得不走上反抗的道路。这充分体现了《水浒传》"官逼民反"的主题。

5.【2022·新疆维吾尔自治区中考题】《水浒传》中有关宋江的情节，按先后顺序排列正确的一项是（   ）。

①阎婆大闹郓城县，朱仝义释宋公明。

②及时雨会神行太保，黑旋风斗浪里白条。

③美髯公智稳插翅虎，宋公明私放晁天王。

④武行者醉打孔亮，锦毛虎义释宋江。

⑤张顺凿漏海鳅船，宋江三败高太尉。

A.①③②⑤④   B.④③①⑤②

C.②①⑤④③   D.③①④②⑤

◎ 参考答案

D。

6.【2023·河南省中考题】有学者认为《水浒传》有两个主角。第一主角是宋江，其地位争议不大；另一主角呼声较高的有下面两位。请从中任选其一，结合相关情节及你对小说主题的理解谈谈看法。

A. 鲁智深   B. 林冲

◎ 参考答案

选项 B 示例：我选择林冲作为《水浒传》的另一主角。

林冲是《水浒传》中塑造得极为成功的形象，他的一生充满了坎坷与波折。从最初的东京八十万禁军教头，到被高俅陷害、发配沧州，再到火烧草料场、雪夜上梁山，林冲的命运轨迹清晰地展现了"官逼民反"的主题。

林冲的遭遇让人深感同情，他原本是一个忠诚于朝廷的武将，却因高俅等人的陷害而陷入绝境。在经历了一系列磨难后，他终于看清了朝廷的黑暗与腐败，毅然选择了反抗。林冲的形象不仅具有深刻的社会意义，还展现了人性的复杂与多样。他既有委曲求全、逆来顺受的一面，又有忍无可忍、奋起反抗的一面。这种性格的转变，使林冲的形象更加立体、丰满。

因此，我认为林冲是《水浒传》中不可或缺的主角之一，他的经历与命运深刻地揭示了小说的主题，也让我们对人性有了更深入的认识。

7.【2022·威海市中考题】通过分析《水浒传》中鲁智深、史进、李逵、武松等人物形象，可以归纳出中国早期长篇白话小说在塑造人物形象上的特点是_____。

◎ 参考答案

塑造人物有类型化倾向，但刻画人物能做到各有特点。

8.【2019·衢州市中考题】巧妙的构思让情节引人入胜，从下列名著中选一部，结合故事分析作者的构思技巧。

A.《西游记》 B.《水浒传》 C.《哈利·波特与死亡圣器》 D.《基地》

◎ 参考答案

选项 B 示例：我选择《水浒传》来分析作者的构思技巧。

《水浒传》的构思极为巧妙，作者通过一系列环环相扣的故事，将众多好汉的形象生动地展现在读者面前。书中人物故事相互关联，如鲁智深展示武艺引出林冲，再集中写林冲的故事，这种叙事方式不仅激发了读者的阅读兴趣，也使人物形象更加立体。

作者善用伏笔，如前有林冲结交鲁智深的情节，后来才有鲁智深野猪林救林冲的壮举，前后呼应的写法增强了故事的可读性。同时，作者还善于设置巧合，如林冲因大雪压垮栖身之所而夜宿山神庙，恰好听到陆谦等人的密谈，怒杀仇人后上了梁山，这种巧合的安排使情节更加跌宕起伏，引人入胜。

总之，《水浒传》的构思技巧堪称一绝，使得这部作品成为中国古代小说的瑰宝。

9.【2020·苏州市中考题】美国作家赛珍珠翻译《水浒传》时，将书名译成 *All Men Are Brothers*（《四海之内皆兄弟》）。鲁迅先生认为这个书名译得不够妥当，因为梁山泊的人是"并不将一切人们都作兄弟看的"。对鲁迅先生的这一观点，有同学表示不太理解。请在下面三个故事中任选一个，概述相关内容并作简要分析，帮助同学理解鲁迅先生的观点。

①林冲递交投名状　　②武松血洗鸳鸯楼　　③李逵江州劫法场

◎ 参考答案

选项①示例：选择林冲递交投名状。林冲上梁山前，被要求下山杀一人作为"投名状"。这反映出梁山泊有一定的入伙门槛，并非无条件接纳所有人为兄弟。林冲为了入伙，不得不作出妥协，说明梁山泊的"兄弟情谊"并非普遍适用于所有人。

选项②示例：选择武松血洗鸳鸯楼。武松为报己仇，杀死张都监一家及蒋门神等人，手段残忍。这表明武松在特定情境下，对"兄弟"或"仇敌"的界定非常明确，并非将所有人都视为兄弟。他的行为反映出梁山泊人物间的复杂关系和恩怨情仇。

选项③示例：选择李逵江州劫法场。李逵为救宋江，不顾一切地劫法场，表现出对宋江的深厚情谊。然而，这也说明李逵的"兄弟情谊"是有所选择的，他只为特定的人（如宋江）冒险，并非将所有人都看作兄弟。这也验证了鲁迅先生的观点，即梁山泊的人"并不将一切人们都作兄弟看"。

《儒林外史》领读

《儒林外史》中的"儒林",即儒者之林,它指的是封建社会里读书人或士人群体。"外史"与"正史"相对。如若是正史的《儒林传》,记述的则是各朝有学问、有品德的大儒。那么,《儒林外史》中刻画的则是那些不为正史容纳的读书人或士人形象。

《儒林外史》是一部短篇艺术与长篇艺术相结合的作品。小说中没有贯穿全书的主要人物和主要情节,而是由一个个相对独立的故事连缀而成,以此表现普通士人日常生活中的生存状态与精神世界。全书大体可分为三个主体部分(见下页导图)。

一、内容简介

下面,笔者将每个章回内容略作梳理,并简要点评,以便读者能尽快地、较好地阅读这本著作。

1. 说楔子敷陈大义,借名流隐括全文

导读:元朝末年,王冕家境贫寒,善画荷花。京官危素想见他。因不愿结交官绅,又恐受害,王冕远走山东。后山东洪灾,王冕回乡。奉养母亲送了终,正值元末明军起义,朱元璋取了天下,王冕为避免入仕,归隐会稽山。

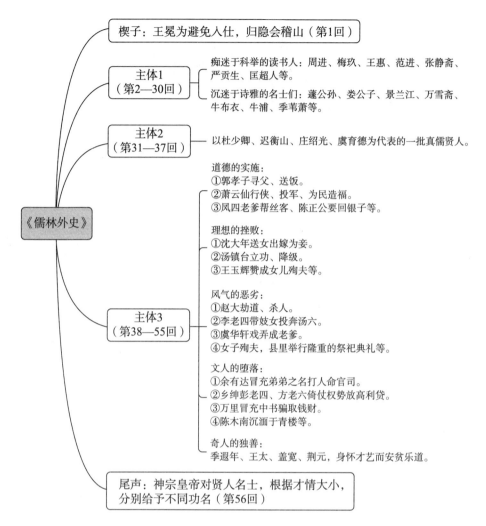

点评：作者主张"文行出处"，即文人做学问、修品行、走仕途、归乡野，都要坚守人生准则。

2. 王孝廉村学识同科，周蒙师暮年登上第

导读：年过六旬的周进，被推荐到薛家集当教书先生。该村宴请周进时，请梅玖作陪。席间，梅玖作弄周进，说梦见好兆头才中了秀才。王举人（王惠）避雨路过村塾，说梦见与周进的学生荀玫一同中了举人。周进很受刺激。村人笑称7岁的荀玫为"荀进士"。荀老爹以为是周进所为，便辞退

了周进。后来，周进随姐夫去省城做生意，参观贡院，因受刺激过度，一头撞上墙去。

点评：梅玖的尖酸刻薄，王惠的得志张狂，均可见一斑。周进的满腹屈辱，终于爆发。

3. 周学道校士拔真才，胡屠户行凶闹捷报

导读：周进的姐夫等商人可怜周进，凑钱替他捐了个监生，周进得以直接考举人，考中，后来又考中进士，任广东学道。遇范进考秀才，因同病相怜，便录取范进。范进后又考中举人。张乡绅（张静斋）来结交，赠与范进银子及房子。

点评：周进姐夫等商人的热心相助，直接打脸文人相轻、趋炎附势。

4. 荐亡斋和尚契官司，打秋风乡绅遭横事

导读：范进的母亲忽然得到阔绰的房子及家饰，兴奋过度而亡。范进服丧三年后，张静斋与他一起去拜访高要县汤知县。朝廷下令禁止屠耕牛，不得食用牛肉，回民来送牛肉，希望知县不要严格执行禁食牛肉的规定。张静斋把这看作"严格执法，以求升迁"的机会，便建议将送牛肉之人上枷锁。没想到送牛肉之人身亡，引来了回民围攻。

点评：张乡绅送银子用、给房子住，都只为以范进为桥梁，结识汤知县，好打秋风。哪知道，羊肉没吃到，惹得一身膻。

5. 王秀才议立偏房，严监生疾终正寝

导读：汤知县处理完回民案子，有两人来告严贡生。一个告严贡生抢夺别人的猪，一个告严贡生强要别人的利钱，知县下令拿人。严贡生畏罪而逃。其弟严监生（原名严大育，字致和）替他料理官司，出钱赔偿，上下打点。严监生之妻王氏重病，妾赵氏巧语苦心，被扶为正房。在举行婚庆的当天，王氏病亡。之后，严监生也病故。临死前，严监生那手只是指着不动，只有赵氏懂得其意。

点评：严监生死前不肯咽气，指着两茎灯草。说他是吝啬鬼、守财奴，但他该花的时候一点也不吝啬。

6. 乡绅发病闹船家，寡妇含冤控大伯

导读：严监生病故。大哥严贡生科举回来，不仅不安排弟弟丧事，还忙着去省城办儿子的亲事。赵氏的儿子病亡，王德给严贡生写信让其回来，商议立嗣的事。此时严贡生在省城接亲。因给吹打手的银子太少，吹打手不愿来，新娘因此不发轿。最后来了两个人，才勉强把新娘接回来。回来的路上，严贡生又假装发病，故意留下云片糕给船家吃，反污船家吃了救人的药，最后赖了船钱。回到家后，声称赵氏为妾，让儿子及新娘搬到死去的弟弟家的正房住，要霸占房子。赵氏告状，族长不敢管，知县判决遵从赵氏意见。严贡生不服，告到省里，后又告到部里。

点评：严贡生倚仗功名、横行不法、六亲不认、横暴贪婪的形象暴露无遗。

7. 范学道视学报师恩，王员外立朝敦友谊

导读：范进去拜见恩师周进。因范进要去山东任学道，周进叮嘱范进到山东后关注荀玫，使其进学。其时荀玫已同王惠一同考中。两人遇到了算命先生陈礼，陈礼为王惠的前途算了一卦。荀玫母亲病故，荀玫及王惠想等殿试后再回家奔丧，因此想隐瞒亡情；不成，只得回家。王惠借了上千两的银子与荀家。办完丧事后，王惠独自返回省城。

点评：荀玫一路科考，一路高中，春风得意马蹄疾。荀玫本应前程似锦，光宗耀祖……

8. 王观察穷途逢世好，娄公子故里遇贫交

导读：王惠回省城后，正遇朝廷下令补南昌知府缺，于是上任。到南昌后，故意不肯接印，直到蘧太守送了银子才正式就职。后宁王反叛，攻下南昌，王惠降顺。宁王兵败，王惠逃走，巧遇蘧公孙即蘧骕夫，得其资助。蘧

公孙回到家后，向爷爷蘧太守诉说此事。蘧公孙的两个表叔即娄三公子和娄四公子来访。几日后，送回省城。

点评：蘧太守"吟诗声，下棋声，唱曲声"，王太守"戥子声，算盘声，板子声"。高下立判，泾渭分明。

9. 娄公子捐金赎朋友，刘守备冒姓打船家

导读：两位娄公子回省城路上，看望为其家族看坟的仆人邹吉甫。席中得知杨执中因替人管账有亏空，下了监狱。娄公子决定救人，叫家仆晋爵带银子七百五十两去县里打点。慑于娄府家威，知县放了杨执中，而银子尽被晋爵占为己有。杨执中不知何人相救，径自回到了家中。多日后，娄公子想拜见杨执中，去杨家找，但未找到。路上遇到刘守备的船冒名娄府逞凶，娄公子仅予说教即放行。几日后再次拜访，仍未见到杨执中。

点评：娄公子不明就里，对老阿呆杨执中捐金相救，一再拜访，是尊重名流，还是沽名钓誉？

10. 鲁翰林怜才择婿，蘧公孙富室招亲

导读：娄公子二次仍未找到杨执中，返回途中遇到了鲁编修。谈到杨执中时，鲁编修不以为然。几日后，陈和甫来访。此时蘧公孙住在娄府，陈和甫为鲁家的女儿提亲。蘧太守来信让娄氏公子酌情办理。鲁编修让蘧公孙入赘鲁家。择吉日，办婚事。婚礼上，一只老鼠弄污了新郎的大红服，一只钉鞋砸了酒宴。

点评：鲁编修说："盗虚声者多，有实学者少。"文品即是人品，真才需要实学。

11. 鲁小姐制义难新郎，杨司训相府荐贤士

导读：婚后，鲁小姐对蘧公孙的文采学识很不满意，却也无可奈何。邹吉甫来到娄府，又谈到了杨执中，娄公子决定再次去拜访。见面后，相谈甚欢。因蘧公孙学识太低，鲁编修担心他不能考学做官，想再娶一妾，以图

再生一子，结果引来老夫人的不满。鲁编修因此发病。因见娄公子喜欢结交贤士，杨执中向其推荐了一个所谓"处则不失为真儒，出则可以为王佐"的高人。

点评：见杨执中的为人，即可知他所推荐的是怎样的名士。

12. 名士大宴莺脰湖，侠客虚设人头会

导读：娄公子正要去拜访权勿用，新到任的魏老爷来访。杨执中建议让仆人宦成带书信去请。途中，宦成了解到权勿用是个无所事事、不务正业的家伙。之后又去了一封书信，权勿用才来到娄府，并带来一个侠客张铁臂。娄公子另邀一些朋友，一起游玩喝酒数日。鲁编修被朝廷升了侍读，却高兴而亡。张铁臂骗了娄公子五百两银子后，不知去向。

点评：一个杨呆子，一个权疯子，一个张骗子，还有两个败家子。

13. 蘧駪夫求贤问业，马纯上仗义疏财

导读：蘧駪夫遇到以选书为生的马纯上即马秀才，听他大谈举业，很受启发。蘧駪夫想在马纯上选的书上署名，被拒绝。娄家仆人宦成与蘧家的丫鬟双红私通，带着原先王惠丢在蘧老太爷家的箱子私奔。蘧駪夫告了官，而拿人的差役知道了那个箱子是叛官的赃物后，诈走了宦成身上的全部银子，并以宦成的名义去诈蘧駪夫。差人没见到蘧駪夫，找到了马纯上，马纯上极力要自己出银子把事情压下来。

点评：蘧公孙依旧想在封面上署名，可见其之前的"看淡""梦醒"都是假的。

14. 蘧公孙书坊送良友，马秀才山洞遇神仙

导读：经过讨价还价，马纯上出了选书薪酬九十二两银子，方把赃箱取回来。而差人则拿了其中的大部分银子。宦成与双红远去他乡。事情厘清后，马纯上去杭州。到杭州后，一连几日四处游玩，直到在丁家祠遇到了一位"仙人"。

点评：西湖一家书店里，竟见到自己的书在摆着卖，马纯上顿觉事业有成，心旷神怡。

15. 葬神仙马秀才送丧，思父母匡童生尽孝

导读：洪憨仙给了几块黑煤，马纯上带回家中用火一炼即成了银子。其实，洪憨仙并非仙人，结交马纯上是想骗胡三公子。洪憨仙病亡，马纯上协助办完丧事，在街上遇上一个拆字的少年匡超人。匡超人无钱回家，而家中的父亲又病重。马纯上借与他十两银子，资助他回家尽孝，并一再叮嘱要举业进学。回家的船上，匡超人遇到郑老爹。

点评：马纯上对匡超人说："奉事父母，总以文章举业为主。"孝敬父母，最好的方式，是子女积极向上，自强不息。

16. 大柳庄孝子事亲，乐清县贤宰爱士

导读：三叔要强占匡超人一家的宅子，父亲一病不起，母亲终日以泪洗面。匡超人尽心尽力服侍父亲，并拿出马纯上给的银子做个小买卖，以补家用。村里失了火，匡超人一家被迫搬到了租屋。一夜，知县路过，见到匡超人辛勤读书，很是赏识，自助银两命其去考试。结果他连续考中，做了秀才。

点评：学道听知县说了匡超人的事，说："士先器识而后辞章。"读书人首先要注重修养气度和见识，然后才是修炼文赋辞章。有格局，才有好文章。

17. 匡秀才重游旧地，赵医生高踞诗坛

导读：匡超人进学之后，连续拜见了老师。不久，父亲病逝。知县因故被革职摘印，但百姓拥戴知县，围了省里的官员。匡超人恐受连累，到杭州避祸，结识了民间的贤士景兰江及他的一帮朋友。

点评："功名到底是身外之物，德行是要紧的。"匡父临终前对两个儿子说的话，入木三分。

《儒林外史》领读 | 217

18. 约诗会名士携匡二，访朋友书店会潘三

导读： 匡超人寓居的文瀚楼主人让他选编一些文章。马纯上当初两个月的活儿，匡超人只用了七天就做完了。匡超人得到了一些酬劳。景兰江带匡超人通过胡缜的生日认识了一些新的文人朋友。他们一起举行诗会，但有的人的文采着实一般。

点评： 附庸风雅，不务正业。抛头露面，华而不实。

19. 匡超人幸得良朋，潘自业横遭祸事

导读： 匡超人见到潘自业（潘三）。此人头脑灵活，但专干非法营生。匡超人耳濡目染，与之沉瀣一气。金东崖的儿子想考学，但没学问，经过潘自业筹划，由匡超人替考，并顺利考中。匡超人得了二百两银子，因此买了房，并与郑老爹的女儿成了亲。李知县平反，让其去温州应考，考中。李知县升官至给事中，邀请匡超人过去。潘自业终于作案太多被拿下监。

点评： 作恶多端，终将自犯。法网恢恢，疏而不漏。

20. 匡超人高兴长安道，牛布衣客死芜湖关

导读： 匡超人来京城找到了老师李给谏（李本瑛）。获悉超人以优行贡入太学，老师大喜；要把外甥女嫁给超人，超人谎称未婚，成了亲。超人回浙江开取证明，顺便到家看望，而妻子已经病逝，超人暗喜。旧友景兰江过来，要他去看望狱中潘自业，超人推脱不便。回京船上，超人遇上牛布衣，吹嘘自己的才学高超。牛布衣在芜湖县住在甘露庵里，不幸病亡。老和尚信守诺言，为其操办丧事。

点评： 匡超人薄情寡义，老和尚热心守信，形成鲜明对比。

21. 冒姓字小子求名，念亲戚老夫卧病

导读： 牛浦郎来庵里，认识了老和尚，趁老和尚不在时，偷看了牛布衣留下的诗集；因同姓，遂改名冒充牛布衣，自刻了手章。牛浦郎娶卜老爹外

甥女为妻，并接手爷爷的杂货店，但经营不善，日益亏空。牛爷爷知悉后上火，病亡。卜老爹年岁已大，办完牛爷爷丧事后，随之而亡。老和尚的弟子做了九门提督，差人接了老和尚去京，留下庵子让牛浦照顾。

点评：三讨不如一偷，一偷即成惯性。

22. 认祖孙玉圃联宗，爱交游雪斋留客

导读：董瑛慕名拜访冒名的牛布衣。为显出气势，牛浦让两个舅丈人一个端茶倒水，一个收拾卫生。接待完后，牛浦和舅丈人互相埋怨不懂礼数，惹得两个舅丈人把牛浦赶出家门。牛浦想去投奔董瑛，在船上遇到了牛玉圃。虚张声势的牛玉圃认了牛浦为孙子。半路上遇到了牛玉圃的结拜兄弟王义安，吃饭时王义安被人骂作乌龟，并被打一顿。到杭州后，牛浦随牛玉圃去拜访万雪斋，在池塘边散步时，不小心掉进池塘，被牛玉圃骂上不了台面。

点评：万雪斋家"慎思堂"有联曰："读书好，耕田好，学好便好；创业难，守成难，知难不难。"好对子，需贴在好地方。

23. 发阴私诗人被打，叹老景寡妇寻夫

导读：牛玉圃去万家时，道士向牛浦说了万雪斋的底细。万雪斋原是盐商程明卿的管家，故最恨别人提起此事。牛浦却向牛玉圃说，如果在万雪斋面前提起程明卿，就能得到好处。牛玉圃不明就里，在万家提及此事，万雪斋当即发怒，将牛玉圃赶了出来。牛玉圃迁怒于牛浦，找到他暴打了一顿。牛浦恰好遇到黄姓船家，因为说与董知县（董玉英）相好，得到了黄的敬重，并把四女儿嫁与他。董知县升任到京，他向冯琢庵说牛布衣在甘露庵，致使牛布衣的妻子找上门来。

点评：对于牛玉圃、牛浦及其系列行为带来的后果而言，大概是"种瓜得瓜，种豆得豆"吧。

24. 牛浦郎牵连多讼事，鲍文卿整理旧生涯

导读：牛布衣的妻子牛奶奶不知道丈夫已死，以为是牛浦害死了她丈

夫，于是到官府告了牛浦。向知县以同名为由，不予审理，发回原籍。崔察司认为向知县不务正业，欲参他，但被戏子鲍文卿所救。更难得的是，鲍文卿不取一文。鲍文卿回到南京，想找几个人成立一个小戏班子。

点评：鲍文卿是一个真正的善良人、本分人。

25. 鲍文卿南京遇旧，倪廷玺安庆招亲

导读：鲍文卿在街上遇到一个修理乐器的老者倪老爹，遂请到家中修理乐器。倪老爹家贫如洗，五个儿子已卖出四个，最后一个也难以养活；与鲍文卿商议后，将第五个儿子过继给鲍文卿，更名鲍廷玺。此后，鲍文卿带着鲍廷玺四处开班演戏。一日在街上遇到原来的向知县，他已到本地升任知府。向知府将府上总管王老爹的女儿许配给鲍廷玺。

点评：公门里好修行？事在人为。

26. 向观察升官哭友，鲍廷玺丧父娶妻

导读：鲍廷玺的妻子难产而死。向知府升任福建道台。鲍文卿回到老家南京，不久病重而死。戏班金次福来给鲍廷玺提亲，女方是"王太太"。鲍老太太叫归姑爷打听女方的底细。原来女方是一个十分泼辣之人，但有些积蓄。归姑爷请媒婆沈大脚说和此事。女方虚荣心极强，媒婆极力夸大鲍廷玺身家，女方同意了婚事。

点评：归姑爷不是好东西。

27. 王太太夫妻反目，倪廷珠兄弟相逢

导读：婚后，王太太脾气大发，气出病来。鲍老太太不堪忍受，把鲍廷玺夫妇赶出家门。走投无路之际，鲍廷玺遇见来寻亲的大哥倪廷珠。大哥在抚院姬大人那里做幕僚，给了鲍廷玺一些银子，叫他买座房子。鲍廷玺去苏州投奔大哥，路上遇到了季苇萧。季公子此时是鲍老爹的孙女女婿。

点评：世事浮沉，潮起潮落。靠人靠不住，靠己才牢靠。

28. 季苇萧扬州入赘，萧金铉白下选书

导读：倪廷珠因病去世。季苇萧正娶二房亲。鲍廷玺借盘缠希望落空。因为要回南京，季苇萧托鲍廷玺给朋友季恬逸带封信。此时季恬逸在南京身无分文。恰巧，诸葛天申来找选书先生，想共同刻书，以借此成名。季恬逸找到了朋友萧金铉，但萧的学问并不高。为挣银子，三人找到一处僧庵做住所，开始安排刻书事宜。

点评：季苇萧说："轿里坐的是债精，抬轿的是牛精，跟轿的是屁精，看门的是谎精，家里藏着的是妖精，盐商头上戴的是方巾。"真是冷幽默。

29. 诸葛佑僧寮遇友，杜慎卿江郡纳姬

导读：僧官摆酒庆贺，竟然陆续到了几十位客人。其中包括"龙老三"醒酲不堪的来访。诸葛天申在路上看到了杜慎卿，带朋友前去拜访。因杜慎卿在考试时得过头名，众人都很仰慕。杜慎卿留下众人吃了饭。杜慎卿决意纳妾。

点评：此回中，一位姓董的书办说："荀大人因贪赃拿问了。"这便是少年得志的荀玫下场。

30. 爱少俊访友神乐观，逞风流高会莫愁湖

导读：杜慎卿谈起缺少一位知己，季苇萧有意戏弄他，杜慎卿信以为真。次日去了神乐道观后，杜慎卿才知季苇萧说的是来霞士，一个又黑又胖的道士。杜慎卿同鲍廷玺商议，要开莫愁湖湖亭大会，挑选色艺俱全的人。最后选出了前三名，分别是郑魁官、葛来官、王留哥。

点评：此类文人所谓"风流"，无不显示他们是空虚、无聊、猥琐的货色。

31. 天长县同访豪杰，赐书楼大醉高朋

导读：通过莫愁湖湖亭大会，鲍廷玺看到了杜慎卿的慷慨大方，想借些

银子重新建立一个戏班。但杜慎卿向他推荐了堂弟杜少卿。鲍廷玺去找杜少卿的路上，遇到了韦四太爷。杜少卿果然更是慷慨，不仅好酒好菜招待客人，给门客抓药治病，并且不去攀附本县知县，还当掉自己新做的衣服，给杨裁缝死去的母亲买棺材。

点评：杜慎卿，花天酒地，但是一文不借；杜少卿，声名远播，其实捉襟见肘。

32. 杜少卿平居豪举，娄焕文临去遗言

导读：杜少卿虽说手头很紧，但出手一直很大方。他宁可卖田地，也要把钱给娄老伯的孙子、仆人黄大、臧三爷、张俊民，还有鲍廷玺。丢了官的王县令，杜少卿腾出房子让他住。娄老伯的病越来越重，临行前，直言不讳地叮嘱杜少卿要学会持家，出借银子要分人分事，特别要提防有人前来骗钱财。杜少卿依旧有求必应，又卖了一块地。

点评：管家娄焕文，忠心耿耿，忠言逆耳。

33. 杜少卿夫妇游山，迟衡山朋友议礼

导读：杜少卿搬去了南京，身无积蓄，只得租房居住。众朋友纷纷前来拜访，杜少卿也回拜。杜老太爷的门生李大人要举荐杜少卿做官，杜少卿不愿受官场的束缚。拜访李大人返程中，身无分文，幸亏遇着韦四太爷，得到十两银子资助。迟衡山同杜少卿商量为吴泰伯建一座祠堂，以便传承传统礼乐，并向众朋友募集资金。杜少卿捐银三百两。

点评：此回中，杜少卿拒官场名利，甘守清贫，彰显文人风骨；韦四太爷仗义解困，映照市井人情冷暖。迟衡山议建泰伯祠，以礼乐匡世风，杜氏慷慨捐银，既见志同道合之谊，亦显士人对文化传承的担当。

34. 议礼乐名流访友，备弓旌天子招贤

导读：为推辞知府知县相邀为官，杜少卿装病应付。薛乡绅宴请众朋友，包括迟衡山、马纯上等人，杜少卿病辞。席间高老先生大谈杜少卿没

有做官的本事，将历代积累下的家产都挥霍空了。迟衡山同杜少卿去拜访庄绍光，商议建泰伯祠堂之事。庄绍光受徐巡抚举荐，要进京赴任。在客店遇到押解银饷的孙守备。孙守备的马队路遇响马。幸有萧昊轩用弹弓击退。

点评："不可学天长杜仪。"这说的是天长县杜少卿。挥金如土，不务正业，岂能学之？

35. 圣天子求贤问道，庄征君辞爵还家

导读：庄绍光应诏觐见皇帝，皇帝大为赞赏。但庄绍光不谙官场之事，得罪了太保，太保说，朝廷不宜重用没有通过层层科举选拔之人。皇上赐银两及元武湖，允庄绍光回乡著书立说。回乡路上，庄绍光借宿一老农家，亲见老农夫妇双亡。庄绍光将其安葬。中途及到家后，各路官僚、乡绅纷纷前来拜见，庄绍光不堪其扰，搬到了御赐的元武湖上。卢信侯到湖上来访，因收藏禁书，被官府追来捉拿。卢信侯自首，一个月后，被庄绍光疏通关系救了出来。迟衡山、杜少卿来找庄绍光商议，需找一个贤士主祭泰伯祠堂。

点评：庄绍光淡泊官场，救友人于危难，专心著书立说，尽显贤士风范。

36. 常熟县真儒降生，泰伯祠名贤主祭

导读：常熟虞博士50多岁中进士，钦点南京国子监。虞博士为人积德行善，履行诺言，关照武书；有人劝其庆生收礼，被拒绝；旧邻汤相公因缺钱用，将虞博士房子拆卖，虞博士另给银子让他租房；一个犯了赌博罪的监生被送来，虞博士与之同吃同住，将其教化。虞博士被选为泰伯祠堂大典的主祭。

点评："君子以果行育德"，虞博士名育德，字果行，人如其名。

37. 祭先圣南京修礼，送孝子西蜀寻亲

导读：虞博士主祭大典。礼毕，蘧公孙见到张俊民，张俊民见劣迹显

露，辞别而去。武书给杜少卿又讲了虞博士的两个善举：一是监考时，替考生隐瞒小抄；二是把丫头许配给严管家，严管家并不领情。武书遇到孝子郭铁山，虞博士等名士凑了二十两银子，资助他去四川继续寻找父亲。

点评：鱼龙混杂，有辱先圣。

38. 郭孝子深山遇虎，甘露僧狭路逢仇

导读：郭孝子（郭铁山）找到尤知县，住了几日。临行前，尤知县赠与盘缠，并修书一封。郭孝子一路风餐露宿，途中遇到劫道的木耐，劝其改邪归正；到成都后找到了父亲（王惠），但已出家的父亲坚决不认。郭孝子在附近住了下来，每日做工给父亲送饭。一个老和尚要出访峨眉山，顺便来看郭孝子。路上遇到了劫道的赵大，赵大以前被老和尚赶出山门，要害老和尚。卖酒的老妇人给老和尚指了一条生路。

点评：小说家，常以奇遇丰富情节。不可信。

39. 萧云仙救难明月岭，平少保奏凯青枫城

导读：生路在于萧昊轩之子萧云仙。萧云仙跟随老和尚，用弹弓射伤了赵大，背着老和尚逃出来。途中遇到了郭孝子，其父已病逝，郭孝子要把父亲的骨骸带回湖广。其时正值番兵夺了青枫城，朝廷派平少保剿灭番兵。萧昊轩叫萧云仙去投军，以博取功名。投军路上遇到木耐，遂收了木耐同行。平少保命萧云仙打头阵，大军垫后。萧云仙用计潜进城去，里应外合，拿下青枫城。

点评：行侠仗义是左道，为国效力是正道。

40. 萧云仙广武山赏雪，沈琼枝利涉桥卖文

导读：萧云仙留在青枫城，休整城池，开垦荒地，安抚百姓，兴修水利，又请教书先生给幼童教授知识。之后，萧云仙向朝廷上报所花费用。朝廷说有虚报，让萧云仙自行承担七千两。萧父填补，坚称萧云仙无错，去世。萧云仙被提升为守备，去南京任职。船上遇到教书先生沈大年。沈大年

要把女儿沈琼枝送到扬州嫁与盐商宋为富，未料到宋是纳妾。沈大年告状，宋家暗中疏通。沈大年被押回常州，沈琼枝私自逃到南京。

点评：先农祠里供着萧云仙的长生禄位牌，敬之，害之。

41. 庄濯江话旧秦淮河，沈琼枝押解江都县

导读：杜少卿等人在秦淮河畔看到沈琼枝的招牌后，前去认识，引得沈琼枝到杜少卿家回访。此时，江都县差役来捉拿沈琼枝。沈琼枝只得跟随差役。回去的船上，遇到李老四带着两个妓女投奔汤六。

点评：不带淫气，不带贱气，沈琼枝有骨气。

42. 公子妓院说科场，家人苗疆报信息

导读：汤镇台（汤奏，贵州总镇）的两个儿子来南京赶考，堂兄汤老六接待。席间，两个公子大谈考场上的程序、排场。考完后，两个公子请戏班演戏，又找戏子饮酒作乐。汤二公子因与人争执，被脱光衣服关了起来，靠着"都督府"的名号才走脱。二十天后揭榜，两个公子均未考中。

点评：俩公子侮辱"都督府"三字。

43. 野羊塘将军大战，歌舞地酋长劫营

导读：在贵州，汤镇台按上级指示，出兵打败苗兵。臧四打探到苗民首领别庄燕要来城中复仇，汤镇台设计拿下了别庄燕及冯君瑞。雷太守上奏朝廷时使坏，汤总镇反被降三级，卸任回家。

点评：有勇有谋的汤镇台，却生了两个不学无术的儿子。

44. 汤总镇成功归故乡，余明经把酒问葬事

导读：汤镇台卸任回家后，见侄子汤老六不成气候，十分生气；又看到两个儿子学识太差，就想请教书先生。萧柏泉推荐了余有达，余有达拒绝应聘。余有达的父亲已过世多年，因找不到好地，一直未葬。余有重到凤阳科考，考了一等第二名。余有达去南京看望朋友，在与杜少卿谈论风水时，迟

衡山劝其不可过于相信风水。

点评：汤镇台望子成龙，求贤若渴却遭拒，需反思子女教育与家风培养。

45. 敦友谊代兄受过，讲堪舆回家葬亲

导读：余有达忽然接到在家的弟弟的来信，叫他暂时不要回家。原来，余有达在无为州，曾以弟弟余有重的名字帮人打了一桩人命官司，收人钱财。而今案发，差役捉拿余有重。余有重以没有到过无为州为由，帮哥哥应付差役。打发了差役后，有人请堂弟余敷、余殷看风水，余敷及余殷高谈阔论，余有达不以为然。但哥俩还是去找张云峰帮其择地及择日，安葬已过世多年的父母。但对门发生火灾，余氏兄弟不得不令人将灵柩请进中堂。

点评：钱财来得容易，大多必有后患。

46. 三山门贤人饯别，五河县势利熏心

导读：余有达去南京拜访杜少卿，在杜家遇迟衡山、庄绍光、虞博士、武书等人。时值重阳，众人登高饮酒作诗。杜少卿对虞博士的拜别，让人不禁戚戚然。余有重来信让大哥回去，说是虞华轩要请余有达教子读书。余有达来到虞家当先生。因乡绅彭老四、方老六等依仗钱势，放高利贷，府里派季苇萧下来查问。

点评：此回中，杜少卿说："宰相须用读书人，将帅亦须用读书人。"自古至今，莫不如此。

47. 虞秀才重修元武阁，方盐商大闹节孝祠

导读：成老爹来找虞华轩，说乡下有分田地，虞华轩答应要买。虞华轩打听到成老爹在说大话，便替方家做了一张假请帖送给了成老爹，戏弄了成老爹一回。县里的节孝祠建好后，方家、彭家、余家、虞家都要送故去的女性老人的牌位到祠里。因方、彭两家势大，周围的人都跟在两家的队伍后面随队而行。而虞、余两家送牌位的只有寥寥几人。虞华轩故意让成老爹看着

给工匠发工钱，而说好的要买田结果又不要，又捉弄了成老爹一把。

点评：余大先生（余有达）说，礼义廉耻，一总都灭绝了！雪崩时，没有一片雪花是无辜的。

48. 徽州府烈妇殉夫，泰伯祠遗贤感旧

导读：余有达被选了徽州府学教导。到任后，老秀才王玉辉来拜。王一直在著书立说，家贫如洗。恰逢其三女婿病逝，女儿要殉夫，他人都苦劝，而王玉辉赞成这么做。三女儿绝食而亡。县里举行了隆重的祭祀典礼。之后，王玉辉受不了老妻的哀怨，要去南京散心，余有达让他去找杜少卿、庄绍光等人，并一一写信。到南京后，要找的人都不在，却遇到了故人侄子邓质夫。邓来南京帮东家卖盐。两人一起去看了南京的泰伯祠，不胜唏嘘，怀念虞博士在南京时的崇文风气。王玉辉花光盘缠后，在邓的资助下返回徽州。

点评：殉夫即烈妇？愚蠢！殉夫父赞同？迂腐！

49. 翰林高谈龙虎榜，中书冒占凤凰池

导读：万里自称被保举为中书，拜访高翰林，高翰林邀武书作陪。高翰林看不起迟衡山、庄绍光、马纯上等所谓的名人，因为他们没有考中举人；也看不起那些通过保举取得职衔的人。秦中书在家中请客，席间，万里被差役锁走。

点评：英雄不问出处，但得有真本事。

50. 假官员当街出丑，真义气代友求名

导读：凤四老爹多方打探，才搞清楚事情的来龙去脉。原来是台州一名姓苗的总兵被参，万里受了牵连，公文上说万里是秀才。在凤四老爹的追问下，万里承认自己是秀才，冒充中书是为骗取钱财。假冒官职，兹事体大。凤四老爹决意救人，叫秦中书拿出一笔银款，活动施御史等人，保举一个真的中书官衔。这样，以假成真，大事化小。

点评：钱权勾连，官场腐败，科举弊端。

51. 少妇骗人折风月，壮士高兴试官刑

导读：凤四老爹同府差押着万里回台州。同船一名年少的丝客，受妓女诱惑，被偷去二百两银子。凤四老爹让人摇船回去，找到了妓女，将其骗到这条船上来。丝客要回了银子。到台州后，凤四老爹叮嘱万里，受审时把责任都推给自己。万里照办。大堂给凤四老爹用刑时，凤四老爹接连崩断了三副夹板。知府将情况上报。当时，案首苗总兵已经死在狱中，万里及凤四老爹被释放。凤四老爹未受杯水之谢，直奔杭州而去。

点评：侠肝义胆，应为伸张正义，而非助长歪风。

52. 比武艺公子伤身，毁厅堂英雄讨债

导读：凤四老爹到南京找朋友陈正公，想要回银子做盘缠回家。到杭州时遇到了秦二侉子，逗留了几日，显示了功夫。此时，陈正公与毛二胡子在南京贩丝。毛二胡子接连介绍了两笔放贷的生意给陈正公，陈正公收获颇丰。后因毛二胡子要盘一家典当行，陈正公主动借他一千两。这是毛二胡子的一个骗局。凤四老爹来找陈正公，听说此事，便答应帮他要回银子。他们找到毛二胡子家，凤四老爹徒手掀翻了他半间屋子，毛二胡子无奈，只得连本带利还清了欠银。

点评：获利快，风险大，谨防糖衣炮弹。

53. 国公府雪夜留宾，来宾楼灯花惊梦

导读：来宾楼的聘娘长相娇媚，喜欢结交名贵。国公府里徐九公子介绍其表兄陈木南与聘娘认识。陈木南来到来宾楼，聘娘很高兴，叫邹泰和陈木南下了十几盘棋，陈木南输得一塌糊涂。陈木南说日后若做了官，定替聘娘赎身。聘娘当夜做了一场官太太好梦。

点评：儒生都有功名梦，青楼都有富贵梦。

54. 病佳人青楼算命，呆名士妓馆献诗

导读：陈木南从聘娘处出来借钱，此时，徐三公子要去福建上任，徐九公子同去。耽搁了两日，陈木南才借到银子。他到来宾楼时，聘娘正在生病。陈木南的房东劝他不要把银子花在青楼里，陈木南不听。果然，陈木南无银可用时，聘娘便不再理他。陈和甫的儿子是个算命先生，整日与丈人吵架。在一次争吵后一气之下出了家。丁言志拿着仅有的碎银也想会会聘娘，被聘娘奚落出来。虔婆疑心聘娘私收了花钱，向聘娘索要。二人争执起来，聘娘受气不过，在延寿庵出了家。

点评：虞博士、杜少卿时代的文雅一去不返了。

55. 添四客述往思来，弹一曲高山流水

导读：老一辈的名士或老或死，社会风气渐渐衰败。虽然也有琴棋书画的高手如荆元、王太、季遐年、盖宽等后辈出现，但一个个只是安贫乐道，艰难度日。

点评：君子固穷，也要养家糊口。

56. 神宗帝下诏旌贤，刘尚书奉旨承祭

导读：万历四十三年（1615年），天下水旱偏灾，民不聊生。御史单飏言上奏朝廷：因民间有很多有才之士，朝廷不委以用，有才无处施展，积聚的怨气与天地合为一体，故而水旱成灾，请求朝廷深入民间调查。朝廷采纳，对于书中出现的贤人名士，根据才情大小，分别给予不同学位。

点评：亡羊补牢，为时不晚。

二、走近代表性人物

从上文我们可以看到，《儒林外史》描绘了封建科举体制下，各类人士对于"功名利禄"的不同表现和追求方式，一方面揭示了人性渐变的过程和

原因，以此对当时科举的弊端、官场的腐败、礼教的虚伪等进行了真实的揭露和深刻的批判；另一方面热情地歌颂了以虞博士、庄绍光、杜少卿等为代表的少数人物，他们以遵从内心、呵护善美、改良社会为出发点，不戚戚于贫贱，不汲汲于富贵，以此坚守自我、完善人格、寄予理想。

该书没有中心人物，没有中心事件，而以不同类型将全篇200多个人物进行或褒或贬、或深或浅的勾连。

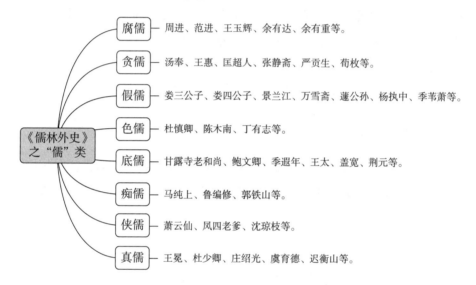

下面，我们有代表性地走近人物，了解封建士人的不同人性。

1. 周进：“长叹一声，一头撞在号板上”

成化末年（1487年），山东兖州汶上县薛家集，年过花甲的周进被推荐为教书先生。村里宴请周进时请秀才梅玖作陪。梅玖席间作弄周进，并说梦见好兆头才中的秀才。王举人（王惠）避雨路过村塾，同样嘲笑周进，说他梦见与周进的学生荀玫共同中了举人。村人因此嘲笑称呼荀玫为"荀进士"。荀老爹以为是周进所为，辞退了周进。后周进随姐夫去省城做生意，路过贡院，受刺激过度，撞上墙去，晕了过去。醒来之后，嚎啕大哭，满地打滚。这一幕被几个商人见到了，他们出于怜悯，凑钱帮周进捐了个监生。周进后来借着监生的身份，居然中了举人，接着又中了进士，到广东做学道。再之后，一路升到国子监司业。

发迹后，从前瞧不起周进的梅玖冒称是他的学生；周进在村塾中写下的对联，被恭恭敬敬地揭下来裱好；曾经辞退了周进的薛家集，也供奉起他的"长生禄位"。这是后话。

文人相轻，故弄玄虚，让周进受尽屈辱。作者通过周进发迹前后士人们对他的态度变化，批判了整个士人阶层和市民社会，更表现了科举制度是造成污浊世风的根源。

2. 范进："噫！好了！我中了！"

范进50多岁仅是个童生，家中穷苦不堪，十二月的天气还穿着单衣服，"冻得直发抖"。他在几十年应试不中的情况下，由于主试官周进的抬举，应试及第。他喜不自胜出现了癫狂状态。在恢复过来后，他的岳丈胡屠户由从前对他不屑一顾变为阿谀奉承；同县的"名流"也纷纷登门巴结，比如张乡绅赠与银子及房子。

范进中举后，因丁母忧，过了三年才进京会试，中了进士，授职部属，考选御史。数年后钦点山东学道。这也是后话。

范进，是一个为功名利禄而神魂颠倒的科举制度的殉道者典型形象。各名流趋炎附势的嘴脸也在作品中暴露无遗。

3. 张乡绅："取一面大枷枷了，把牛肉堆在枷上"

张乡绅，名师陆，别号静斋。南海县人，举人出身，曾做过一任知县。

范母七七之后，张静斋邀约范进一起去拜访高要县汤知县。其实，张静斋巴结范进，是为了巩固自己在南海县的既得利益，同时还能搭上并利用范进的关系网，为自己谋取更多的利益。比如，对于现任的汤知县，张静斋更是想方设法地攀附他。尽管汤知县对于这个"屡次来打秋风"的张静斋非常厌烦。

朝廷下令禁止屠耕牛，不得食用牛肉。回民来送牛肉，希望知县不要严格执行禁食牛肉的规定。张静斋把这看作"严格执法，以求升迁"的机会，使得知县整死了送牛肉的人，引来了回民的围攻。书中叙述了张静斋夺田地、打秋风、通过陷害别人达到自己个人目的等情节。可以说，张静斋是一个趋炎附势、横行霸道、歹毒至极的乡绅形象。

4. 严监生："临死之时，伸着两根指头，总不肯断气"

严贡生因横暴贪婪被人告状，知县下令拿人。严贡生畏罪而逃。他弟弟严监生替兄长料理官司，自己出钱，该赔偿的赔偿，该打点的打点。后来，严监生的妻子王氏重病，妾赵氏巧语被扶为正房。在举行婚庆的当天，王氏病亡。

严监生最被人熟知的，莫过于两茎灯草的桥段。"话说严监生临死之时，伸着两根指头，总不肯断气"，众人上前猜度解劝，但都没有说中，最后还是赵氏走上前道："爷，只有我能知道你的心事！你是为那灯盏里点的是两茎灯草，不放心，恐费了油。我如今挑掉一茎就是了。"赵氏挑掉一根灯草，严监生才点点头，咽了气。

严监生不光是一个吝啬鬼形象，同时也是一个外柔内奸、心狠情薄之人。他妻子王氏病卧在床，生命垂危。赵氏假意殷勤，想要扶正王氏，刚一吐话，严监生听不得这一声，连三说道："既然如此，明日清早就要请二位舅爷说定此事，才有凭据。"只这一件事，就把严监生的性格本质充分表现出来了。

5. 严贡生："比不得二老爷在日，小老婆当家"

严监生病故。严贡生科举回来，却不顾弟弟的死，为了儿子的亲事去了省城。赵氏的儿子后来病亡，王德给严贡生写信让其回来，商议立嗣的事。此时严贡生在省城给儿子接亲。因给吹打手的银子太少，吹打手不愿来，新娘家因此不发轿。最后勉强把新娘接回来。回来的路上，严贡生又假装发病，故意留下云片糕给船家吃，以此反污船家吃了救人的药，最后赖了船钱。回到家后，让儿子及新娘搬到死去的弟弟家的正房住，要霸占房子。赵氏告状，族长不敢管，知县判决遵从赵氏的意见。严贡生不服，告到省里，后又告到部里,并冒认周学台(周进)的亲戚,而周进只是公事公办。

学子经考选等方式进入国子学以后才称为贡生。入贡者必须"学行端庄,文理优长"。但严贡生却是一个讹诈成性的流氓。

6. 荀玫:"荀大人因贪赃拿问了"

范进要去山东任学道,临行前拜见恩师周进。周进叮嘱范进到山东后关照荀玫。没料到,荀玫凭着自己的学识考了个汶上县的第一名。次年经过录科、省试、会试、殿试,荀玫一路过关斩将,位列二甲。不久后,就升任工部员外。

事不凑巧,家人来报,荀玫母亲病故。听到母亲去世的消息,荀玫立刻哭倒在地。醒来之后,就立马想到要去递呈丁忧,回老家为母亲守孝三年。其时,年过五旬的王惠劝荀玫隐瞒此事,以免影响仕途。果然,荀员外自换了青衣小帽,悄悄去求周司业(周进)、范通政(范进)两位老师,求个保举,两位都说:"可以酌量而行。"

但后来,荀玫还是被迫回家丁忧。王惠为讨好荀玫,坚持要陪荀玫一起回家,帮他处理丁忧事宜。王惠将荀玫母亲的葬礼办得风风光光,花费了上千两银子。几年后,荀玫升任为御史、两淮盐运使司盐运使。

一路走来,荀玫可谓春风得意,登上人生巅峰。然而等到第29回时,通过他人谈论提及荀玫,知"荀大人因贪赃拿问了!"

荀玫本应是一个难得的人才,学识超群,少年得志,又有周、范二人提携。然而很快便被王惠拉拢,并受其影响,最终落得个"贪赃拿问"的下场,这不禁令人唏嘘不已。

7. 王惠:"戥子声,算盘声,板子声"

王惠刚到京城,就接到报录人传旨:到南昌府当知府。前任蘧太守年老告病,由其37岁的儿子蘧景玉与王惠办理交接手续,将其父结余的"二千余金"尽数交给王惠。

然而,王惠一开口就是鄙陋不过的话:"地方人情,可还有甚么出产?

词讼里可也略有些甚么通融？"蘧公子笑谈，其父在位时是"吟诗声，下棋声，唱曲声"，而王太守恐怕会是"戥子声，算盘声，板子声"。

果然，王太守一上任就开始压榨百姓，贪污钱粮，"这些衙役百姓，一个个被他打得魂飞魄散；全城的人，无一不知道太守的利害"。

王惠，历经层层科举而受朝廷重用，可惜他不问当地治安，不问黎民生计，不问案件冤情，只顾中饱私囊，欺上瞒下。后因宁王反叛，望风而逃；幸得蘧公孙资助，最终出家为僧。这样的结局，乃是他幡然醒悟，不幸中的万幸了。

8. 蘧公孙："香房里满架都是文章，公孙却全不在意"

蘧公孙，即蘧太守的孙子，蘧景玉的儿子。蘧太守是个清官，为官奉行无为而治（"吟诗声，下棋声，唱曲声"），任期未满便告病回乡。蘧景玉是有名的贤公子，可惜寿命不长，回到嘉兴次年便病故了，时年 38 岁。

蘧公孙在这样的家庭里成长，并未青出于蓝而胜于蓝。他将一本《高青邱集诗话》添了自己的名字去刊刻，还遍赠亲友，这种行径并不光彩。只是对于一个年轻人有些出名卖弄之心，倒也可以谅解一二。然而，蘧太守知晓此事后，竟然"成事不说"，这不禁让人感到遗憾。

蘧公孙奉祖父之命入赘鲁府，娶了漂亮贤惠、饱读诗书的鲁小姐为妻。这算是祖上积下的福荫。鲁小姐见蘧公孙只把吟诗作为风雅之事，对举业功名毫无追求，因此整日愁眉泪眼，长吁短叹。本当新婚燕尔，却弄得关系紧张。

后来，蘧公孙逐渐看淡诗文虚名，有心重致举业，却一时无从入手。所幸的是，后随马纯上先生学做选家，也算是做了一些正事。

蘧公孙算不得一位贤达之人，也算不得一位成功之士，但在《儒林外史》一书中倒也算是一位并不多见的"正常儒人"。

9. 娄公子："我们就同诸友做一个'人头会'"

这里说的娄公子，包括娄三公子玉亭和娄四公子瑟亭。他们的父亲是执掌朝政 20 多年的中堂大人。娄中堂去世之后，谥号文恪。这两位公子均是蘧太守的内侄。因此，蘧公孙称他俩为表叔。

这里略说一些这两位公子交朋结友的事情。一位是杨执中，乃一家盐店的管事先生。"杨先生虽是生意出身，一切帐目，却不肯用心料理；除了出外闲游，在店里时，也只是垂帘看书，所以一店里人都称呼他是个'老阿呆'。"杨执中把店里管出了七百多两银子的亏空，还对店主咬文嚼字，指手画脚。店主一气之下就把他给告了。娄公子对杨执中既同情又钦佩，决定把老杨"解救"出来，于是给了家奴晋爵七百五十两银子，让他去赎杨执中。结果晋爵只给了县衙书办二十两银子就搞定了这事，其余的银子都落入晋爵的腰包。之后，娄公子三顾茅庐，才见到杨执中。杨执中其实并非高雅寒士，而只是迂腐之人。

第二位是经杨执中介绍认识的权勿用，杨称权有"经天纬地之才，空古绝今之学"。后来才知道此人乃一坑蒙拐骗之徒。杨权二人闹矛盾后，权勿用说杨执中是个呆子，杨执中说权勿用是个疯子。权勿用者，"全无用"也。

第三位是经权勿用介绍的侠客张铁臂。张"侠士"用一个猪头冒充人头，骗了娄公子五百两银子。临行之际还忽悠娄公子召集众"名士"吃饭，看他回来后表演用药末将人头化水的奇术。如此荒诞恶心的忽悠，两位公子竟然真的做了一个"人头会"。

看一个人的品行如何，可以看看他和哪些人交朋友。杨执中、权勿用、张铁臂，这些奇葩居然成了两位娄公子的座上宾。自感怀才不遇的，常常乐助好施的，有点沽名钓誉的，其实幼稚可笑的娄公子（主要是三公子）经历了这些事后，觉得意兴稍减，从此闭门整理家务。

10. 马纯上："作文之心如人目"

马纯上，人称"马二先生"。这位马二先生，"身长八尺，形容甚伟，头戴方巾，身穿蓝直裰，脚下粉底皂靴，面皮深黑，不多几根胡子"，一看样子，就感觉他是一位气宇轩昂、落落大方的儒士。事实也的确如此。

他举业当行：补禀 24 年，可惜科场不利，但屡败屡战。

他做事认真："时常一个批语要做半夜，不肯苟且下笔。"

他善于教化："举业二字是从古及今人人必要做的"，一番话让蘧公孙如梦初醒。

他学风纯正：他认为"站封面"，写署名，"这事不过是名利二者"，因此"只可独站，不可合站"。

他仗义疏财：蘧公孙私藏王惠枕箱，被其丫头双红与其相好讹诈，他用九十二两银子帮蘧公孙赎回枕箱。

他以德报怨：对骗过他的洪神仙，仍捐资为之装殓送殡。

他帮助后学：与匡超人萍水相逢，便"将文章按在桌上，拿笔点着，从头至尾，讲了许多虚实反正、吞吐含蓄之法与他"，并拿出十两银子给予资助，让匡回去做些生意，请医生医治其父……

在作者吴敬梓的心目中，马纯上应当是一位古道热肠、纯正上等的儒士。

11. 匡超人："才知道天下还有这一种道理"

匡超人，是《儒林外史》里的一个重点人物，涉及第 15—20 回。对于这位"超人"，我们可分三个阶段来简要梳理。

（1）优秀阶段。得到马纯上的资助后，匡超人一路晓行夜宿，回到本乡。他白天杀猪，卖豆腐，晚上便服侍父亲，对父母真是体贴入微。苦心人，天不负，因为这些，匡超人在一个深夜被路过的知县李本瑛发现。知县深受感动，便提携他中了秀才。这时匡超人 22 岁，可谓青年楷模。

（2）转折阶段。真是世事难料，李知县被人诬告，匡超人怕受牵连，便跑到杭州躲避风头。到了杭州，匡超人要投奔的潘三外出未归，便与景兰江等一班假名士交往。在他们的影响下，匡超人很快学会了诗酒风流、逢迎拍马。期间，他仿佛豁然开朗，转身投入这些假名士所吹捧的"终南捷径"之中。在这转折阶段，匡超人没有回头，反而愈走愈远。

（3）变质阶段。匡超人所投奔的潘三，本是一个把持官府、包揽诉讼、拐卖妇女的市井恶棍。他看中匡超人知书识字、能写会算，便想利用匡超人为自己服务。匡超人在金钱的诱惑下，果然和潘三一伙干起了伪造文书、为人替考等不法勾当。潘三被捕后，匡超人逼妻子回大柳庄乡下（导致其妻后来郁闷忧虑而死），他本人急忙进京，寻求业已复任的李本瑛庇护。当李本瑛问他可曾婚娶时，他谎称没有，心安理得地做出停妻再娶之事。这个时候的匡超人自私自利，冷酷至极，一个原本淳朴、上进、孝顺的匡超人彻底变质了。

匡超人就是这样从纯朴善良到道德沦丧，一步一步地背叛了人格，背叛了良知，背叛了师友，也背叛了自己。匡超人是《儒林外传》中的又一类反面人物。

12. 牛浦郎："我从今就是牛布衣"

涉及牛浦郎的主要在第21—24回。这里，我们不妨用这四回中的各一联来对牛浦郎简要梳理。

（1）冒姓字小子求名。牛浦郎本是芜湖的一个孤儿，跟自己祖父相依为命。他也识些字，读些书，尤其爱读诗。一个偶然的机会，他得到了当时已经去世的牛布衣的诗集，然后冒充牛布衣。从此，牛浦郎摇身一变，成了著名诗人。

（2）认祖孙玉圃联宗。有个叫董瑛的进士，曾在京城读过牛布衣的诗作，慕名前来拜访，牛浦郎装模作样地接待董瑛。后来，牛浦郎得知董瑛做了淮安府安东县的知县，就决定投奔董瑛。在搭船的途中，结识了一个叫牛玉圃的人，这人本身比较粗爽，也爱吹个牛皮，他俩便以祖孙相称。

（3）发阴私诗人被打。到了扬州，牛浦郎在万雪斋的宴席上露了怯，牛玉圃从此不再带牛浦郎出门。牛浦郎憋了一肚子气。牛玉圃给牛浦郎三百两银子，让他到苏州替万家寻找入药用的"雪蛤蟆"。牛浦郎却在临行前给牛玉圃找麻烦，弄得万雪斋不和牛玉圃来往。事后，牛玉圃知道是牛浦郎搞的鬼。在苏州找到牛浦郎后，牛玉圃把他带到一个偏僻之地，一顿暴打，并把他推进粪窖里。

（4）牛浦郎牵连多讼事。牛布衣的夫人在老家得知牛布衣在芜湖，决定千里寻夫。到了甘露庵，她发现了牛布衣的棺椁，但不确定牛布衣是否死了。牛夫人后来一直找到牛浦郎安东的家里（得安东董知县照应，牛浦郎娶了黄老爹的第四个女儿），并闹到了向知县那里。这位向知县接任时，董知县曾让他照顾这假布衣，向知县便糊里糊涂地给结了案。

假布衣，真浦郎，欺世盗名；认祖孙，泄私愤，心胸狭隘。一直没被揭穿，一直被人青睐，可谓相当讽刺了。

13. 鲍文卿："须是骨头里挣出来的钱才做得肉"

鲍文卿乃是崔按察（负责上参失职官员）门下一戏子。然而向知府（曾做知县）却这样夸赞鲍文卿："而今的人，可谓江河日下。这些中进士、做翰林的，和他说到传道穷经，他便说迂而无当；和他说到通今博古，他便说杂而不精。究竟事君交友的所在，全然看不得！不如我这鲍朋友，他虽生意是贱业，倒颇多君子之行。"

（1）善良体恤。向知府在做知县时，因祖护牛浦郎被人检举，崔按察夜读奏本，鲍文卿偶然听到，便斗胆替向知县求情："……这老爷是个大才子，大名士，到现在二十多年了，才做得一个知县，好不可怜！今天又要因这事被参处了。"一番话竟然让崔按察动了恻隐之心，消除了参处念头，并推荐鲍文卿拿信去告知向知县。当然，向知县的这种"糊涂官判糊涂案"的做法，本应受到参处。

（2）淡泊钱财。向知县礼遇、谢恩，如待上人，鲍文卿断然不受。酒后知县封五百两银子谢他，鲍文卿一厘不受，说："这是朝廷颁与老爷们的俸银，小的乃是贱人，怎敢用朝廷的银子？小的若领了这项银子去养家口，一定折死小的。大老爷天恩，留小的一条狗命。"替人请命，不受恩惠，乃名副其实的君子。

（3）忠心耿耿。向知府的两位书办，奉上银子五百两，想让鲍文卿在向知府面前替人求情。鲍文卿笑道："我知道自己是个穷命，须是骨头里挣出来的钱才做得肉，我怎敢瞒着太老爷拿这项钱？……依我的意思，不但我不敢管，连二位老爹也不必管他。自古道，'公门里好修行'，你们服侍太老爷，凡事不可坏了太老爷名声，也要各人保着自己的身家性命。"

鲍文卿作为底层戏子，有这样的君子品行，那些张嘴诗词歌赋、满口仁义道德的所谓儒者如若知晓，不知是否感到汗颜？

14. 杜慎卿："好细细看他们袅娜形容"

（1）才貌双全。杜慎卿的故事发生在南京。杜慎卿出身于一个"一门三鼎甲、四代六尚书"的官宦世家，人称"天长杜十七老爷"；生得"面如傅粉，眼若点漆，温恭而雅，飘然有神仙之概"；曾在二十七州县的诗赋考试中获得"案首"。说他才貌双全，并不夸张。

（2）声色犬马。杜慎卿生活奢靡，女色男色都爱。媒婆沈大脚替他物色到一个小妾，一听说姑娘长得标致，他立即动心，但在表面他做出一副无可奈何的模样，"这也为嗣续大计"。在一次微醉时，杜慎卿吐露出自己喜欢男色的癖好。于是，季苇萧给了杜慎卿一个不大不小的捉弄：季编个谎话，杜慎卿急不可耐，连第二天去看未来小妾的计划都打破了，结果呈现在面前的，却是一位50多岁的肥胖道士。这着实有点冷幽默。

（3）虚荣寡义。莫愁湖上，杜慎卿聚集了城中六七十个唱旦的戏子，让他们一个个装扮起来，一个人在他面前做一曲戏，"好细细看他们袅娜形容"。这一夜莫愁湖湖亭大会，杜慎卿花了不少银子，直闹到天明才散。杜慎卿"名震江南"，这正是他想要的虚名。当然，这位杜十七爷对待需要用钱的人，却是另一副模样。鲍廷玺（鲍文卿的继子）在他身边一直小心侍候，想从杜慎卿处借几百两银子，搭个戏班子，于是双膝跪在地上；没想到杜慎卿却把这"一脚球"踢到同族兄弟杜少卿那里去了。己所不欲，却施于人。杜慎卿只爱虚名，并无情义。

第32回中，娄太爷临死前对杜慎卿作了这样评价："慎卿虽有才情，也不是甚么厚道人。"的确，杜慎卿就是这样的一类儒人。

15. 杜少卿:"将来乡试也不应,科、岁也不考,逍遥自在"

(1)一个豪爽人,一个败家子。杜少卿的为人豪爽、乐善好施是出了名的。杨裁缝母亲得暴病去世,杨裁缝无钱办丧事,向他借四两或六两银子。杜少卿当时手头一个钱也没有,他让人当了一箱衣服,给了杨裁缝二十两。乡下黄大的房子倒了,杜少卿拿出五十两银子给黄大修缮房子。臧蓼斋(臧三爷)要补廪,杜少卿给了他三百两银子……杜少卿为了帮助他人,把田地都变卖光了,最后在南京居住时,手头几乎连一个子儿都没有。

一位高老先生这样评价杜少卿:"诸公莫怪学生说,这少卿是他杜家第一个败类!……不到十年内,把六七万银子弄的精光。天长县站不住,搬在南京城里,日日携着乃眷上酒馆吃酒,手里拿着一个铜盏子,就像讨饭的一般。不想他家竟出了这样子弟!学生在家里,往常教子侄们读书,就以他为戒。每人读书的桌子上写一纸条贴着,上面写道:'不可学天长杜仪。'"这位高先生夸张了吗?污蔑了吗?都没有,他说的这些都是实情。试想一下,哪家能容得下这样的败家子?

(2)一个傲气佬,一个淡泊人。臧三爷告诉杜少卿,县里王知县是他的老师,在他跟前说了几次,说仰慕少卿的大才,让少卿去拜访知县。没想到杜少卿这样回答:"像这拜知县做老师的事,只好让三哥你们做。……他果然仰慕我,他为甚么不先来拜我,倒叫我拜他?"他就是有这种傲骨的人。后来,王知县倒台了,许多人避之不及,但少卿却让他到自己家中无偿居住。

巡抚部院李大人为朝廷举荐贤才,认为杜少卿"品行端醇,文章典雅",便举荐了他。少卿当面回复:"小侄菲才寡学,大人误采虚名,恐其有玷荐牍。""大人垂爱,小侄岂不知?但小侄麋鹿之性,草野惯了,近又多病,还求大人另访。"他婉拒了朝廷征辟。之后,李大人又吩咐县里的邓老爷请杜少卿到京里做官,他却假装得了重病。

"不戚戚于贫贱,不汲汲于富贵",杜少卿就是这样一个淡泊名利、喜欢闲云野鹤的人。

（3）一个雅趣客，一个好男人。杜少卿夫人因初到南京，要到外面去看看景致。他当下叫了几乘轿子，约一位姚奶奶做陪客，两三个家人婆娘都坐了轿子跟着。也许是家人团聚，也许是风景优美，这日杜少卿喝得大醉，"竟携着娘子的手，出了园门，一手拿着金杯，大笑着，在清凉山冈子上走了一里多路"。两边看的人"目眩神摇，不敢仰视"。为何如此？封建礼教如此，男女授受不亲，即便是夫妻身份也不能在公众场合秀恩爱。有人建议他娶个小妾，他却说："娶妾的事，小弟觉得最伤天理。天下不过是这些人，一个人占了几个妇人，天下必有几个无妻之客。"

　　沈琼枝不甘为妾，逃到南京卖文过日子。人们都把她看作"倚门之娼"，或疑为"江湖之盗"。但杜少卿却认为她是"希奇的客"，并说道："盐商富贵奢华，多少士大夫见了都销魂夺魄。你一个弱女子视如土芥，这就可敬的极了。"可见少卿对沈琼枝不是出于怜悯，而是出于尊重；赞扬的不是她的姿色和才情，而是她不畏权势、不肯供人玩弄的反抗精神。

　　一夫一妻，男女平等，杜少卿的这种婚姻和两性思想在他所处的明代实在是非常先进了。杜少卿的确是一个难得的好男人。

　　（4）一个守道者，一个反对派。杜少卿遵从孝道，"但凡说是见过他家太老爷的，就是一条狗也是敬重的"。娄老伯是杜少卿父亲的一位门客，但娄老伯生病后，杜少卿把他"养在家里当祖宗看待，还要一早一晚自己伏侍"。娄老伯病故之后，杜少卿又亲自前往陶红镇祭吊，拿出百十两银子办丧事，一直到三天后送娄老伯归山。

　　杜少卿搬到南京之后，所剩不过千把两银子，但他却捐出三百两银子修建泰伯祠，用古礼古乐致祭，借此传经布道，弘扬正气。少卿与郭孝子素昧平生，但敬重他走遍天下寻访父亲的孝行，不避通叛的嫌疑，留他在家里歇息，并置酒款待，为他求虞博士写介绍信，自己找衣服、当银子给他准备盘缠。

　　同时，杜少卿又是一个不合时宜的反对派。他敢于对某些封建权威和封建礼俗提出大胆的挑战，似乎有些离经叛道。他的眼里没有封建的等级名分和尊卑秩序，因此，"和尚、道士、工匠、花子，都拉着相与"。当世人把朱熹对经书的注释钦定为标准答案时，他敢于挑战权威，认为"朱文公解经，自立一说，也是要后人与诸儒参看。而今丢了诸儒，只依朱注，这是后人固陋"。

吴敬梓为何在书中如此舍得为杜少卿花笔墨、用篇幅呢？想必杜少卿的原型就是他本人吧。吴敬梓也是这样一个充满矛盾与叛逆的儒者。

16. 市井四大奇人："古人动说桃源避世，我想起来，那里要甚么桃源？"

从第33回开始，随着杜少卿迁居至南京，全书的中心便转移到南京士林的活动。其中可以评述的人物不止杜少卿一个，还有迟衡山、庄绍光、虞博士、萧昊轩、萧云仙等。第32回以前，也有一些可以评说的人，但限于篇幅，我们姑且跳到第55回"市井四大奇人"。

这里似乎有个问题：作者为何不再写"儒林"而写"市井"呢？原来，作者认为，到了万历二十三年（1595年），"南京的名士都已渐渐销磨尽了"。"花坛酒社，都没有那些才俊之人；礼乐文章，也不见那些贤人讲究。"通俗地说，"儒林"里再也没有上得台面的人物了。好在此时的市井中间，又出了几个奇人。

第一个是会写字的季遐年。季遐年自小无家无业，总在寺院里安身。他的字写得最好。但他有些坏脾气，比如写字的时候，要三四个人替他拂着纸；他若不情愿时，任你王侯将相，大捧的银子送他，他正眼儿也不看。

第二个是卖火纸筒的王太。王太无以为生，每天靠到街上卖火纸筒过日子。但他自小最喜下围棋。一个被称为"天下的大国手"的马先生与他对弈，竟然投子认负。

第三个是开茶馆的盖宽。盖宽每日坐在书房里做诗看书，又喜欢画几笔画。他家里穷得揭不开锅了，各样的东西都变卖尽了，但几本心爱的古书始终不肯卖。

第四个是做裁缝的荆元。荆元每天除了给人家做衣服，闲空下来就弹琴写字，也很喜欢做诗。他在弹琴上造诣颇深，"弹起来，铿铿锵锵，声振林木,那些鸟雀闻之,都栖息枝间窃听"。

市井四大奇人,都是生活在社会底层的穷苦之人。他们与"儒林"关系不大,但他们又分别精通琴棋书画,同时还能自食其力。该四大奇人与书中的那些崇尚清谈、喜欢卖弄、尔虞我诈、偷奸耍滑的文人墨客相比,精神富足多了。

这四大奇人,是文人化的市井平民。他们恬淡闲适,安贫乐道。这应当是作者借此表达自己对完美人格的一种追求吧。

我们阅读此书,也可以从"讽刺时弊"之外的角度,去吸收,去品味,去批判。比如从张乡绅、王惠、匡超人等人的身上去反省自我:有多少自私的、虚伪的、不义的等负面的小心眼?从鲍文卿、杜少卿、虞博士等人身上,去学习他们忠诚的、善良的、淡泊的等朴实的好情怀。若能如此,善莫大焉。

考题集锦

1.【2021·成都市中考题】相似的情节设置,常出现在不同小说中。同是女性为了尊严的出走,《简·爱》与《儒林外史》中相似的情节分别是什么?请结合阅读体验,加以简要概括。

◎ 参考答案

简·爱得知罗切斯特已有妻子,从桑菲尔德庄园出走;沈琼枝不甘被骗而从扬州宋家偷跑。

2.【2021·自贡市中考题】结合《儒林外史》整本书阅读,完成下面的题目。

(1)第1回的主要人物是王冕,但是王冕与小说后面章节的人物关联不大,作者为什么要在小说的开端用一章来写他呢?

(2)《儒林外史》以功名富贵为核心:有醉心功名迂腐可笑者;有心艳功名泯灭人性者;有侬仗功名而假意清高者;有假托无意功名自命清高被人看破耻笑者;也有辞却功名释放个性者。以下人物属于哪种人?请任选一人,结合小说情节加以简述。

周进　杜少卿　匡超人

◎ 参考答案

（1）作者在小说开端用一章来写王冕，主要是因为他代表了作者心中的理想人物，具有不慕功名、安于贫贱的品格。同时，通过王冕的故事，作者也表达了对封建社会科举制度的批判态度，并引出了全文的主旨，即批判罪恶的社会根源。此外，王冕的故事还为全文奠定了基调，为后文的故事情节发展作了铺垫。

（2）周进示例：周进是醉心功名迂腐可笑者，他在60多岁仍是个童生，饱受秀才、举人的欺凌和嘲弄。当他看到省城贡院景象时，因悲哀过度而一头撞在号板上，昏死过去，醒来后又发疯，直到众人给他捐了个监生，他才恢复常态。

杜少卿示例：杜少卿是辞却功名释放个性者，他轻视功名富贵，讲究"文行出处"，朝廷征辟，他也装病拒绝出仕。他认为"做官的人，无一不贪赃枉法，而坏官吏、贪官污吏又层出不穷，把好好的一个高要县弄得'民穷财尽，绅士家家都像水洗了一般'"。

匡超人示例：匡超人是心艳功名泯灭人性者，他本是一个淳朴的农家子弟，为人乖巧、做事勤快，对父亲也十分孝顺，照顾瘫痪在床的父亲，但因马二先生的影响，把考取功名当作唯一出路，走上堕落之路。

3.【2022·宁波市中考题】读《儒林外史》中重复出现的"帽子"。请从下面两句中任选一句，为句中人物选择相应的帽子，并结合人物身份或人生追求说明理由。

（1）遇着花明柳媚的时节，把一乘牛车载了母亲，他（王冕）便戴了_____，穿了阔衣，执着鞭子，口里唱着歌曲，在乡村镇上，以及湖边，到处顽耍，……

（2）（周进）头戴一顶_____，身穿元色绸旧直裰，那右边袖子同后边坐处都破了，脚下一双旧大红绸鞋，黑瘦面皮，花白胡子。

备选帽子：旧毡帽　高帽

我选第_____句作答，_____（人名）戴的帽子是_____，理由是_____。

◎ 参考答案

选项（1）示例：我选第（1）句作答，王冕戴的帽子是高帽，理由是王冕是一个文人，他不慕功名，仰慕屈原，志向高洁。

选项（2）示例：我选第（2）句作答，周进戴的帽子是旧毡帽，理由是周进到了胡子花白的年纪，仍是一个穷困潦倒的童生。

4.【2021·广东省中考题】阅读下面的名著选段，完成小题。

说着，汤相公走了进来，作揖坐下，说了一会闲话，便说道："表叔那房子，我因这半年没有钱用，是我拆卖了。"虞博士道："怪不得你。今年没有生意，家里也要吃用、没奈何卖了，又老远的路来告诉我做啥？"汤相公道："我拆了房子，就没处住，所以来同表叔商量，借些银子去当几间屋住。"虞博士又点头道："是了，你卖了就没处住。我这里恰好还有三四十两银子，明日与你拿去典几间屋住也好。"汤相公就不言语了。杜少卿吃完了酒，告别了去。那两人还坐着，虞博士进来陪他，伊昭问道："老师与杜少卿是甚么的相与？"虞博士道："他是我们世交，是个极有才情的。"伊昭道："门生也不好说。南京人都知道他本来是个有钱的人，而今弄穷了，在南京躲着，专好扯谎骗钱。他最没有品行！"虞博士道："他有甚么没品行？"伊昭道："他时常同乃眷上酒馆吃酒，所以人都笑他。"虞博士道："这正是他风流文雅处，俗人怎么得知！"储信道："这也罢了；倒是老师下次有甚么有钱的诗文，不要寻他做。他是个不应考的人，做出来的东西，好也有限，恐怕坏了老师的名。我们这监里有多少考的起来的朋友，老师托他们做，又不要钱，又好。"虞博士正色道："这倒不然。他的才名，是人人知道的，做出来的诗文，人无有不服。每常人在我这里托他做诗，我还沾他的光。就如今日这银子是一百两，我还留下二十两给我表侄。"两人不言语了，辞别出去。（《儒林外史》）

吴敬梓320周年诞辰之际，某校文学社刊物开设"《儒林外史》'真儒'风采"栏目，请结合原著，完成下表。

"真儒"推荐表		
	推荐人物	推荐理由
1	虞博士	他中进士后如实上报年龄，为遭污蔑的杜少卿辩解，可见他是光明磊落、仗义执言的真儒。
2		

说明：推荐的人物不得重复。

◎ 参考答案

杜少卿示例：杜少卿。杜少卿厌恶乡里那些虚张声势的腐儒，称他们"未见得好似奴才"；皇帝征辟，他装病拒绝出仕。由此可见他豪放狂傲、傲岸不羁的真性情，堪称真儒。

5.【2022·昆明市中考题】打开《儒林外史》，我们发现匡超人的变化与他结交的朋友有关。请你从下图匡超人的朋友圈中选择一人，结合相关情节，说说此人对他的影响。

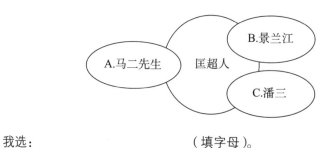

我选：_____（填字母）。

◎ 参考答案

选项 A 示例：我选择 A 项。在匡超人穷困潦倒之际，马二先生慷慨解囊，赠予他钱财衣物，使他得以回乡探望病重的父亲。并且，马二先生还不断劝勉匡超人要刻苦进学，以期光宗耀祖。正是在马二先生的影响下，匡超人踏上了科举考试的征途。

选项 B 示例：我选择 B 项。景兰江引领匡超人参加了西湖诗会，会上名士们关于名利的谈论让匡超人耳目一新。他意识到，除做官之外，成为一名备受尊崇的名士也是一条风光无限的道路。这使得匡超人对名利充满了向往。

选项 C 示例：我选择 C 项。潘三诱导匡超人涉足赌博，让他见识了伪造文书、替人考试的种种手段。在潘三的教唆下，匡超人逐渐失去了道德底线，一步步走向堕落。

6.【2019·天津市中考题】鲁迅曾评论《儒林外史》"婉而多讽"，是一部"讽刺之书"。请你以书中的严监生为例，结合与他相关的情节，简要说说作品的讽刺意味。

◎ 参考答案

严监生是《儒林外史》中一个典型的讽刺人物。他虽家财万贯，却吝啬成性。在临终之际，他迟迟不肯断气，伸出两根指头，原来是因为灯里点了两茎灯草，他担心费油。直到妾室赵氏挑掉一茎，他才肯咽气。这一细节描写，通过夸张的手法，将严监生的吝啬刻画得入木三分，极具讽刺意味。作者借此批判了那些被金钱异化、失去人性光辉的悭吝之人，同时也反映了当时社会世态的炎凉和人性的扭曲。严监生的形象，成了《儒林外史》中讽刺艺术的经典之笔。

7.【2022·新疆生产建设兵团中考题】不同的讽刺笔法，让作品具有多姿多彩的艺术风格。请结合具体语段说说《儒林外史》讽刺手法的运用。

语段一：

"……不瞒二位先生说，此五省读书的人，家家隆重的是小弟，都在书案上，香火蜡烛，供着'先儒匡子之神位'。"牛布衣笑道："先生，你此言误矣！所谓'先儒'者，乃已经去世之儒者，今先生尚在，何得如此称呼？"匡超人红着脸道："不然！所谓'先儒'者，乃先生之谓也！"牛布衣见他如此说，也不和他辩。

语段二：

席上燕窝、鸡、鸭，此外就是广东出的柔鱼、苦瓜，也做两碗。知县安了席坐下，用的都是银镶杯箸。范进退前缩后的不举杯箸，知县不解其故。静斋笑道："世先生因遵制，想是不用这个杯箸。"知县忙叫换去，换了一个磁杯，一双象箸来，范进又不肯举。……知县疑惑他居丧如此尽礼，倘或不用荤酒，却是不曾备办。落后看见他在燕窝碗里拣了一个大虾元子送在嘴里。

语段三：

牛玉圃道："只为我的名声太大了，一到京，住在承恩寺，就有许多人来求，也有送斗方来的，也有送扇子来的，也有送册页来的，都要我写字、做诗；还有那分了题，限了韵来要求教的。昼日昼夜，打发不清。才打发清了，国公府里徐二公子，不知怎么就知道小弟到了，一回两回打发管家来请。他那管家都是锦衣卫指挥，五品的前程……"

◎ 参考答案

语段一讽刺手法的运用：匡超人自称"先儒"，被牛布衣指出错误后仍固执己见，这一情节通过夸张和对比的手法，讽刺了匡超人自命不凡、爱慕虚荣的性格特点。他渴望得到社会的认可和尊重，却连"先儒"这一称谓的含义都未弄清，显得极其可笑。这种讽刺手法使人物形象更加鲜明，加深了读者对匡超人虚伪性格的认识。

语段二讽刺手法的运用：范进在宴席上对银镶杯箸的拒绝与对燕窝里大虾元子的享用形成鲜明对比，作者通过这一细节描写，讽刺了范进的虚伪和做作。他表面上遵制尽礼，实则内心贪婪，对美食无法抗拒。这种讽刺手法既揭示了范进的性格特点，也反映了当时社会的虚伪风气。

语段三讽刺手法的运用：牛玉圃吹嘘自己在京城的名声和地位，作者通过列举各种求字、做诗、分题限韵等情节，讽刺了他的虚荣和自吹自擂。他夸大自己的影响力和社交圈子，实则只是虚张声势。这种讽刺手法使人物形象更加滑稽可笑，同时也揭示了当时社会上的浮夸风气和人们对名利的盲目追求。

8.【2023·苏州市中考题】下面这段文字选自《儒林外史》第二十九回。在此之前,范进、严监生等儒林中人已经登场,以杀猪为业的胡屠户也因为女婿得以亮相……当你初读这部小说,在那些可笑的身影之间看到"雨花台上两个挑粪桶人"时,内心或许有过不一样的感受。现在,请重读这段文字,在范进、严监生、胡屠户中任选一人与这"两个挑粪桶人"作比较,你有什么新的感受和理解?请简述。

坐了半日,日色已经西斜,只见两个挑粪桶的,挑了两担空桶,歇在山上。这一个拍那一个肩头道:"兄弟,今日的货已经卖完了,我和你到永宁泉吃一壶水,回来再到雨花台看看落照。"

◎ 参考答案

范进示例:范进作为儒林中人,一生追求功名,最终在年迈时中举,却因过度兴奋而发疯。他与挑粪桶人相比,虽然社会地位看似更高,但精神世界却极为贫瘠,完全受制于科举制度和封建礼教。挑粪桶人虽然从事着卑微的职业,但他们之间的友情真挚,生活态度乐观,这种简单而纯粹的生活反而显得更为可贵。

严监生示例:严监生是一个典型的吝啬鬼形象,他一生都在为财富而奔波,临终前还因两根灯草不肯咽气。与挑粪桶人相比,严监生的生活充满了算计和贪婪,他失去了对生活的热爱和享受。而挑粪桶人虽然生活清贫,但他们懂得珍惜眼前的美好,享受生活的每一刻。

胡屠户示例:胡屠户作为范进的岳父,是一个市井小人的形象。他势利、庸俗,对女婿范进的态度随着其地位的变化而变化。与挑粪桶人相比,胡屠户缺乏真诚和善良,他的行为完全出于个人利益考虑。而挑粪桶人虽然身处社会底层,但他们之间的互助和友爱却体现了人性的美好。

《简·爱》领读

《简·爱》是英国女作家夏洛蒂·勃朗特（1816年4月21日—1855年3月31日）创作的一部具有自传色彩的作品。它通过一个孤女简·爱坎坷不平的人生道路，塑造了一个自尊自爱、自立自强、敢于抗争、敢于追求的女性形象。

一部《简·爱》就是一部心灵成长史，一部情感发展史。阅读此书，我们不妨从情感角度切入，一起走进这位寄人篱下而自强不息的少女情感世界。

一、童年：从倔强与仇恨到同情与善良

1. 被关

简·爱，一个寄养在舅父家里的10岁女孩。舅父去世后，简一直过着受尽歧视和诸多虐待的生活。因为拿了一本书看，她就被表哥约翰·里德打了一顿，头还磕出了血。表哥还大骂简。简不知哪来的勇气，竟然毫不示弱地骂表哥："你是个恶毒残暴的孩子！"之后，简又被揍了一顿，并被关进了红房子。

红房子，是舅舅的灵堂。简害怕、伤心，伤口还在流血，乞求舅妈饶了她。然而，舅妈把简看成满腔恶意、心灵卑鄙、阴险狡诈的角色，把简猛地

往屋里一推，便锁上了门匆匆离去。"不公平啊！"简的心里，埋下了仇恨的种子。之后，简昏了过去，失去了知觉。

马斯洛需求层次理论认为，人类的需求从最低层次开始，第一层次是生理上的需要，第二层次是安全上的需要，第三层次是情感和归属的需要，第四层次是尊重的需要，第五层次是自我实现的需要。此时的简，对这五种需求都迫切需要，但什么都没有。这对于一个 10 岁的女孩来说，太不公平。

2. 出身

简在红房子里一直被关到天黑。"我怕里德先生的鬼魂……太狠心了，这件事，我想我一辈子也忘不了。"第二天她对药剂师这样说。药剂师和舅妈建议，将简送到一所洛伍德义塾去。

就在这个晚上，简从使女那里知道了自己的出身：父亲是个穷牧师，母亲违背了外祖父和亲友们的意愿嫁给了父亲。外祖父勃然大怒，一气之下同母亲断绝了关系，没留给她一分钱的遗产。父母结婚才一年，父亲就染上了斑疹伤寒，之后母亲也被传染。不久后，父母相继去世。1 岁时，简就成了一名孤女。

"幸福的人用童年治愈一生，不幸的人用一生治愈童年。"简属于后者。本是孤女，又受虐待。倔强的性格，仇恨的种子，与童年的遭遇密不可分。

3. 义塾

几天过去了，几个星期过去了，简默默地盼望着，等待着。舅妈、表哥、两位表姐尽可能地不跟简说话。期间，舅妈又动手打了她。1 月 15 日那天，一位身穿黑衣服的人来了，舅妈告诉来者，说简爱骗人，让学监和教师对她严加看管。1 月 19 日，简一大早就被人带走了，离开了盖茨海德府，离开了舅妈一家人。

车子跑了一整天，直到晚上，简才到洛伍德义塾。这是一所半慈善性质的学校，这儿的女孩不是失去父亲或母亲，就是父母双亡。

简离开了盖茨海德府,离开了舅妈一家人,只身一人到洛伍德义塾这个完全陌生的环境里。期待、不安等多种情绪萦绕在简的心头。

4. 昭雪

在这里的第二天,简结识了一名叫海伦·彭斯的同学。彭斯被老师用笤帚狠狠地抽了十几下,但她的眼里没有涌出一滴眼泪。简对彭斯说,要是换了她,她会反抗,会把笤帚夺过来,当着老师的面把它折断。彭斯对简说,要忍着点儿,"命中注定要忍受的事,你净说受不了,那是软弱和愚蠢的"。

一天下午,义塾的司库和总监波洛克赫斯特先生来了。他对这里的老师和学生非常苛刻。他对其他同学说,要提防着简,不要学她的样子,不要跟她做伴,要惩罚她的肉体,以拯救她的灵魂,因为简是个说谎者。显然,这是简的舅妈事先告了状。波洛克赫斯特还让简在凳子上再站半个小时。简感到呼吸受阻、喉咙缩紧的时候,彭斯冲着她微微一笑。这一笑,在简看来是大智大勇的表现。

下课后,彭斯来了,学监谭波儿小姐来了,非常认真地倾听了简的诉说。谭波儿说,要当众给简洗清一切罪名。几天后,舅妈和总监对简所加的一切罪名得到了彻底的昭雪。

被体罚,在洛伍德义塾里是家常便饭。这几乎是今天中国学生无法想象的。更让简不能承受的,还是被戴上"说谎者"的帽子。幸亏,这里有好同学彭斯、好学监谭波儿。彭斯、谭波儿是简生命中的贵人,让简感受到人世间的温暖和善良。这对于简的性格完善很有好处。

5. 浩劫

5月来临,斑疹伤寒吹进了拥挤的教室和宿舍。80多个女孩中,一下子就病倒了45个。校园里充满了阴郁和恐惧。在这期间,彭斯病死了。彭斯临死前的晚上,简和彭斯紧紧地依偎在一起。

洛伍德经历斑疹伤寒浩劫之后,在当地激起了极大的公愤。在几位富有而爱好行善的人的捐助下,学校的环境、孩子们的伙食有了很大改善。那些人把通情达理和严格要求、讲究舒适和勤俭节约、富有同情和公正威严结合了起来,这所学校终于成了一个真正有益而高尚的慈善机构。

简的童年,是不幸的。然而,彭斯更为不幸。在洛伍德义塾里,彭斯给予简一种正面的指引;反过来,简在彭斯去世的时候,回报了一种极大的安慰。这也算是一种"赠人玫瑰,手留余香"。

6. 奋进

简在这里当了六年学生,做了两年老师。八年里,受到良好教育的机会,想在各方面都出人头地的愿望,以及博得老师欢心时所感到的喜悦,这些都在促使简努力奋进。简认为,她所获得的绝大部分学识,都归功于谭波儿小姐的教导;谭波儿担当的是她母亲、家庭教师、伴侣的角色。

受教育的机会,来自外在;出人头地的愿望,出自内在。在一定程度上,"愿望"更为重要。内生力,往往决定一个人的走向。

简的童年经历可制成以下思维导图,帮助我们掌握重要故事节点。

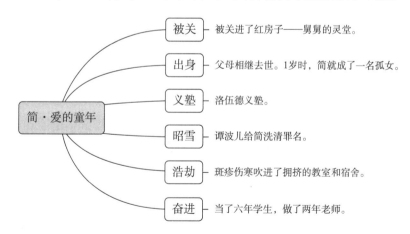

通过梳理,我们可以看到,简的童年是孤独的、悲惨的、受尽委屈的;她幼小的心灵里,充满了倔强、仇恨与对抗;直到遇到彭斯和谭波儿,简才慢慢地学会了爱和同情;也因为学校环境发生了变化,简逐渐地受到感染和影响,对工作和他人有了越来越多的善意和积极态度。

二、情感：从相恋相爱到决意离开

谭波儿因为结婚而离开洛伍德，简又似乎恢复了本性，往日的情绪又活跃了起来。她突然发现，她的经验只限于洛伍德的规章制度，而真正的世界是广阔的。在一个下午，她对八年来的生活常规感到了厌倦。在一位"好心的仙女"的指导下，简往某郡的先驱报上投了一则求职广告，想谋取一个家庭教师职位。这里，我们先来看书中的两段独白。

历经种种变迁，谭波儿小姐始终担任着这所学校的学监职务，她跟我的交往，一直是我的安慰。她担当的是我的母亲、我的家庭教师的角色。后来，又成了我的伴侣。就在这个时候，她结了婚，随她的丈夫一起搬到一个很远的郡去了，因而从此我失去了她。

从她离开的那天起，我就不再是原先的我了。一切稳定的感觉，一切使我觉得洛伍德有点像我的家的联想，全都随着她一起消失了。我的头脑中突然有了一个新的发现，那就是在这段时间里，我已经经历了一个变化过程，我心里已经抛弃了从谭波儿小姐那儿学来的一切——或者不如说，她已经把我在她身边一直呼吸的那种宁静气氛随身带走了——如今，我又恢复了我的本性，开始感到往日的情绪又活跃起来。（第十章　登报求职）

这两段文字，真切地表现了谭波儿小姐对简的巨大影响。"母亲""家庭教师""伴侣"这三个词，包括生活的照顾、心灵的呵护、知识的教导、为人处世方面的指引以及灵魂的契合等几乎全方位的影响。因而，简具有了"较为和谐的思想，较有节制的感情"，她"忠于职守，恪尽本分""安然文静，相信自己已心满意足"。在别人眼里，甚至在简自己看来，她都是一个循规蹈矩、安分守己的人。

因为谭波儿小姐对简的影响，才有了后来人见人爱的简出现。也因为被传授了那么多技能和学识，简才有机会来到桑菲尔德府当阿黛尔的家庭教师，并认识了罗切斯特。但也是因为谭波儿小姐的离开，简才意识到"真正的世界是广阔的"，她"渴望自由""要求变化和刺激"，于是登报求职，离开洛伍德。

大约一个半月后，简来到米尔科特城的桑菲尔德当家庭教师。这家的主人名叫罗切斯特，管家是费尔法克斯太太，一个七八岁的女孩阿黛拉是罗切斯特先生监护的对象，也成为简的学生。在这里，简的命运又将如何呢？

以下导图梳理了简的情感经历。

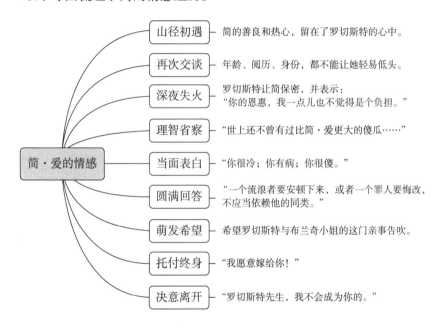

1. 山径初遇

1月的一个下午，简自告奋勇帮费尔法克斯太太送信去甘草村。路遇一人一马摔倒在地上。这位摔倒的先生中等身材，胸膛宽阔，脸色黝黑，面容严峻。在简的帮助下，这位被摔伤脚筋的先生终于跨上了马背。这位先生就是罗切斯特。

次日傍晚，罗切斯特先生邀请简一起用茶点。在罗切斯特的询问下，简告诉了他她在洛伍德的八年经历。在简的眼里，罗切斯特喜怒无常，态度生硬。后来，在与费尔法克斯太太的交流中，简感觉到罗切斯特和这座老房子有许多神秘感。

这是简与罗切斯特的第一次相逢。罗切斯特并没有给简留下好印象。但简的善良和热心，留在了罗切斯特的心中。

2. 再次交谈

有一次晚饭后，罗切斯特突然问简，觉得他漂亮吗。简回答，不漂亮。罗切斯特说简有点儿特别："你的样子就像个修女似的，古怪、安静、严肃而又单纯。"罗切斯特告诉简，今晚想有个伴聊聊。

罗切斯特告诉简，他在 21 岁时就走上了歧途，而且从此就没有再回到正道上来，并表示他羡慕简有平静的心境、清白的良心和没有污点的记忆。简并没有因为双方地位、年龄的差别而顺从和奉承，反而处处都维护自己的人格尊严。这让罗切斯特感到几许意外和几分欣喜。这里，我们来看简对罗切斯特说的两段话。

我并不认为，先生，仅仅因为你比我年龄大，或者比我阅历丰富，你就可以对我发号施令。你究竟能不能说比我高明，还要看你怎样利用你的年岁和阅历了。

我相信，先生，我绝不会把不拘礼节错当成傲慢无礼。前一种我反倒喜欢；而后一种，没有哪个生来自由的人肯低头忍受的，哪怕是看在薪水的份上。（第十四章 再次交谈）

简的个性，在这两段话中再次表现了出来。年龄、阅历、身份，都不能让她轻易低头，她不卑不亢、不为五斗米折腰，她所坚守的既是自己的独立判断，更是双方的人格平等。因为这份坚守，罗切斯特才很君子地说，"我不希望把你当作一个比我低微的人来看待""我羡慕你有平静的心境、清白的良心和没有污点的记忆"。

3. 深夜失火

一天下午，罗切斯特邀请简一起散步，告诉简关于阿黛尔的身世。阿黛尔是一名法国舞蹈演员的女儿。这名舞蹈演员曾和罗切斯特有一段"炽热的爱情"，说阿黛尔是罗切斯特的女儿。简知道了阿黛尔的身世后，表示会比过去更加疼爱她。

这个夜晚，似睡非睡之间，简突然听到一阵奇怪而凄惨的喃喃低语声，接着是一阵魔鬼般的笑声。此后，一股浓烟从罗切斯特先生的房间里冒了出来，简奔了过去。在烟熏火燎之间，罗切斯特睡得正香。简用水扑灭了火，也扑醒了罗切斯特。

简告诉了罗切斯特具体情形，罗切斯特竟然说，跟他预料的一样。罗切斯特让简保密，并表示："你的恩惠，我一点儿也不觉得是个负担。"简感到，罗切斯特的声音里有股异样的力量，目光中有种异样的激情。

下面这段话，是简获悉阿黛尔的身世后，对罗切斯特的一段表白。

不会的。阿黛尔不应该对她母亲的过错或者是你的过错负责。我一向关心她。现在我又知道了，从某种意义上说，她已经没有父母——母亲遗弃了她，而你又不认她。先生——我会比过去更加疼爱她。（第十五章　着火）

阿黛尔是法国一名歌剧舞蹈演员的女儿，她的妈妈曾和罗切斯特有一段"炽热的爱情"，而她的父亲大概只有她妈妈才知道是谁，但阿黛尔妈妈却硬说阿黛尔是罗切斯特的女儿，便扔下阿黛尔，跟某个男子跑到意大利去了。这样，阿黛尔实质上成了一名孤儿。当简知晓阿黛尔的身世后，非但没有对阿黛尔有丝毫嫌弃之心，反而更加疼爱她，并认为阿黛尔没有任何过错。这实际上是简的一种"生而平等"的思想表现，也应当包括简的"同理心"在自然流露，因为简自己也是孤儿。她懂得孤儿的孤立无助，更懂得孤儿最需要爱的呵护。

4. 理智省察

次日,费尔法克斯太太告诉简:罗切斯特吃完早饭就去埃希敦先生那儿去了,估计在一周之后才回来;埃希敦太太有两个女儿,还有英格拉姆爵爷家的布兰奇和玛丽小姐;布兰奇小姐不但长得美,还多才多艺;罗切斯特先生看中了布兰奇,尽管两人年龄相差了十多岁。

等到一人独处时,简开始省察自己的内心世界:"世上还不曾有过比简·爱更大的傻瓜,还没有一个更异想天开的白痴,那么轻信甜蜜的谎言,把毒药当作美酒吞下。""盲目的自命不凡者,睁开那双模糊的眼睛,瞧瞧你自己该死的糊涂劲儿吧!"之后,简感觉心安了许多。

客观地说,这是简的初恋。初恋总是那么纯洁,那么美好。尤其对孤女出身、义塾长大的简来说,最容易让情感冲昏了头脑。然而,简没有因为情感的萌动而泛滥,而是适时地进行自我省察。未经省察的人生没有价值,未经省察的情感容易犯错。此时,一个自知的、理智的简·爱浮现在我们面前。

5. 当面表白

两个多星期后,罗切斯特先生带回18名高贵的客人,其中就包括上面所说的布兰奇和玛丽小姐等人。家庭宴会后,罗切斯特在过道里和简进行了交谈,告诉简:"只要我的客人还在这儿,我就希望你每天晚上都来客厅。这是我的愿望,千万别置之不理。"

有一天,罗切斯特出门了,客人到晚上还没看到罗切斯特回来。夜里,一位"本齐妈妈"硬缠着要给客人算命。布兰奇小姐第一个走进书房,出来后告诉大家,算得太准了。

其他人一个一个地算完了,算命人叫简进去,给简算道:"你很冷;你有病;你很傻。""你很冷,因为你孤身一人,没有交往,激发不了内心的火花。你有病,因为给予男人的最好、最高尚、最甜蜜的感情,与你无缘。你很傻,因为尽管你很痛苦,你却既不会主动去召唤它靠近你,也不会跨出一步，到它等候你的地方去迎接它。"

每一句话似乎都说中了简的想法，简分不清是在梦中还是醒着。最后，算命人变成了罗切斯特。这一切，其实都是罗切斯特导演的一场戏，一场深度交流和情感直白的戏。"很冷""有病""很傻"，换一种说法就是孤傲、善良、理智。这与简的家庭出身、童年遭遇、义塾经历密切相关。也许罗切斯特爱上简，正是因为这三点。

6. 圆满回答

半夜，桑菲尔德的宁静被一声狂野、尖利、刺耳的喊声给撕裂了，并传来三声"救命"的呼叫声。一位叫梅森的男子被咬伤。简被留下来给梅森处理伤口。一名女凶手几乎与简只有一门之隔。简很害怕，但继续坚守岗位。各种各样的念头困扰着简。

黎明到了，梅森被卡特医生秘密送走。显然，简已经是罗切斯特最信赖的人。罗切斯特对简说："生活对我来说，简，就像站在火山口上，说不定哪天它就会裂开，喷出火来。"

简回答："我高兴为你效劳，先生，只要是正当的事，我都乐意听你吩咐。"罗切斯特表示，他曾经犯了大错，痛苦、自卑、流浪、纵情声色，问简能否越过习俗的障碍。

简作了一个自认为是明智而圆满的回答："一个流浪者要安顿下来，或者一个罪人要悔改，不应当依赖他的同类。男人和女人都难免一死；哲学家们会在智慧面前踌躇，基督教徒会在德行面前犹豫。要是你认识的人曾经吃过苦头，犯过错误，就让他从高于他的同类那儿，企求改过自新的力量，获得治疗创伤的抚慰。"

罗切斯特表示，他相信自己已经找到了治愈自己的方法。作为读者，我们可以理解为，两人在情感上都相互接纳，并越发默契。

在这里，我们可以看到一个勇敢的简，一个热心的简，一个智慧的简。此时的简，既是罗切斯特的一位忠诚属下，也是他的一位心灵导师。

7. 萌发希望

一位身着重孝的男子——里德太太的车夫来到桑菲尔德，告诉简，她的表兄约翰已在伦敦去世；里德太太中风，情况非常不好，她想在临终前跟简说几句话。

简向罗切斯特请假后，便随着车夫赶往盖茨海德府。简曾经发誓不再叫舅妈，但等里德太太苏醒后，简还是叫道："亲爱的舅妈，你好吗？"

十多天后，舅妈再次清醒时，对简说，她做了两件对不起简的事：一件是没有遵守对丈夫许下的诺言，把简当成亲生女儿一样抚养；另一件是三年前她收到了简叔父的一封信，叔父希望在有生之年收简为养女，并在去世后将生平所有财产全部遗赠给简，舅妈为了报复简，便回信说简在洛伍德染上伤寒病死了。听完后，简表示，自愿地完全宽恕舅妈。

下面这段话，是简看到病危的舅妈后的一段内心感受。

那张熟悉的脸就在那里，依旧是从前那样严酷无情——还有那什么也不能使它软化的独特目光，那稍微扬起的专横傲慢的眉毛。这张脸曾对我投来过多少次威胁和憎恶啊！此时此刻，当我望着它严厉冷酷的模样时，童年时代的恐惧和悲伤的回忆是怎样地涌上了心头啊！然而，我还是弯下身子吻了她，她看着我。

"是简·爱吗？"

"是的，里德舅妈。亲爱的舅妈，你好吗？"

我曾经发过誓，再也不叫她舅妈了，不过我认为现在忘记和违反这个誓言并不是罪过。我用手握住了她伸在被子外面的一只手，如果她也慈祥地回握我的手，我肯定会发自内心地感到欢乐。（第二十一章　里德太太的秘密）

里德舅妈，这个几乎毁掉简的童年乃至一生的女人。她把简关进红房子，让简恐惧不安；她把简逼进洛伍德学校，并搞臭简的名声……然而此时，面对这个即将去世的舅妈，简选择了原谅，回来看望，吻她，叫她舅妈，主动握手。感念亲情，以德报怨，这便是善良的简。而此时的里德舅妈，临终之前向简坦诚认错，这大概就是"人之将死，其言也善"吧。

舅妈去世后，简又在那里和表姐们一起住了一段时间。从出门之日起，差不多一个月，简才回到桑菲尔德。当简看见罗切斯特时，她全身的每根神经都突然变得极度紧张起来。简表白："你在哪儿，哪儿就是我的家——我唯一的家。"

简在心里萌生了一种"不该有的希望"：希望罗切斯特与布兰奇小姐的这门亲事告吹，希望这只是谣传，希望有一方或者双方都改变主意了。

显然，空间和时间并没有阻隔简对罗切斯特的想念与思恋，相反，这一段别离，使简的情感更加浓烈。此时，一个不食人间烟火的修女式的简逐渐退场，一个有着七情六欲的简登场。

8. 托付终身

一个仲夏之夜，罗切斯特邀请简一起散步。简无法拒绝。罗切斯特告诉简，大约一个月后，他就要当新郎了，并为简安排工作和安身之地。

简心中的痛苦和爱情激起强烈的感情："想到非得永远离开你，这让我感到害怕和痛苦。"但她强调，她非走不可："你难道认为，我会留下来甘愿做一个对你来说无足轻重的人？……难道就因为我一贫如洗、默默无闻、长相平庸、个子瘦小，就没有灵魂，没有心肠了？……我的心灵跟你一样丰富，我的心胸跟你一样充实！……彼此平等——本来就如此！"

哪里知道，这又是罗切斯特的一个计谋："简，你愿意嫁给我吗？"他说，他对布兰奇小姐没有爱情，只有对简，才爱得像自己的心肝。简回答，没有人会干涉的，"我愿意嫁给你！"

"彼此平等"，是简一如既往的心灵坚守。即便爱得死去活来，也必须坚守着这个底线。简就是这样一个有原则的女性。

9. 决意离开

距离婚期还有一个月，两人准备着婚礼，并计划着旅行。罗切斯特建议简马上放弃家庭教师这个苦活儿，但简说，绝不放弃。

我们来看简对罗切斯特的一段表白。

不！对不起，先生，我绝不会放弃，我要像往常那样继续干下去，我还要像我已习惯的那样，整天都避开你。你想要见我的话，可在傍晚时派人来叫我，我会来的，但别的时候不行。（第二十四章　婚前一个月）

婚前一个月，简即将成为罗切斯特的太太，也就是即将成为桑菲尔德女主人时，罗切斯特劝简马上放弃家庭教师这个苦活儿。按照一般思维，罗切斯特这个安排并不过分。然而，一是一、二是二，简始终坚守着自己的身份、自己的尊严。独立自主，从不将就，简就是这样一个女性。

婚礼的头天晚上，简似乎听到了一种悲哀的呜咽声，还梦见桑菲尔德成了一片荒凉的废墟。之后，一个没有一点血色的女人把婚纱撕成了两半。简吓昏了过去。次日，他们走进那肃穆而简陋的教堂，牧师正为他们举行婚礼。

一个声音传来："婚礼不能进行，我宣布存在障碍。""障碍就在于他已经结了婚，罗切斯特先生有一个现在还活着的妻子。"简的神经大为震动。伦敦的律师掏出一张证词，由梅森签字。原来，罗切斯特的妻子——那个放火、咬人、撕婚纱的女人——梅森的姐姐，就在桑菲尔德。原来，是简那正卧病在床的叔父恳求梅森采取措施，及时阻止这桩欺诈的婚事。

屋子里的人走空了，简把自己关进房间，非常冷静地作出一个决断，"马上离开桑菲尔德"。罗切斯特一直坐在房门口，等候着简打开房门。之后，他向简一五一十地讲了他的家庭、他的婚姻，并劝简留下来："既然现在要可靠得多——未来要光明得多，那何必还一味想着过去呢？"

听到这种痴迷的语言，简打了个寒战："罗切斯特先生，我不会成为你的。""依了你就不道德了。""别了，永别了！"简决意走出桑菲尔德府。

简的决意离开，是因为她不可能去做罗切斯特的一个没有法律承认、没有道德认同的女人。所以她说"依了你就不道德了"。

通过梳理，我们可以看到，简与罗切斯特从相遇到相恋，从隐藏到表白，从谈婚论嫁到简决意离开的情感发展过程。在这一过程中，简没有因为地位卑下而仰人鼻息，没有因为物质贫穷而贪图富贵，没有因为相貌平平而自卑自怨，没有因为遇到真爱而委曲求全。相反，简一直表现出一种超越时空的女性特质：自尊自爱、自立自强、积极追求、勇敢舍弃。

三、归途：从拥抱亲情到回归爱情

简之后的经历可以提炼成以下思维导图：

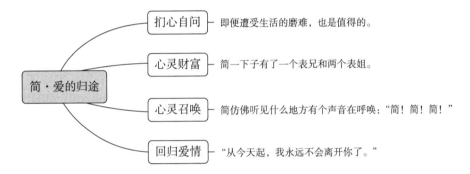

1. 扪心自问

简出走时，除付给车夫 20 先令外，身上一分钱都没有。简在一个叫惠特克劳斯的地方下了车，三天三夜，饥寒交迫，幸好有一位叫圣约翰的先生在沼泽山庄救了她的命。

一个月之后，圣约翰把她安排在他刚办的一所乡村小学里当老师，这对于简而言，"终于有了一个家"。在这里，简问自己，哪一个好：是"经不住诱惑听凭欲念摆布，不作痛苦的努力……做了罗切斯特先生的情妇，一半的时间因为他的爱而发狂"，还是"在健康的英国中部一个山风吹拂的角落，做一个无忧无虑、老老实实的乡村女教师"？

简认为，自己坚持原则和法规，蔑视和控制狂乱时刻缺乏理智的冲动是对的；即便遭受生活的磨难，也是值得的。

《简·爱》领读 | 263

2. 心灵财富

圣约翰经细细询问，告诉简，她的叔叔去世了，他把他的两万英镑都留给了简；简是一个不折不扣的财产继承人。毫无疑问，这是一个巨大的恩惠。同时，圣约翰还告诉简，他的母亲是简父亲的姐姐。也就是说，简一下子有了一个表兄和两个表姐。

简无比喜悦："对孤苦伶仃的可怜人儿来说，这是个何等重大的发现！其实这就是财富！——心灵的财富！——一个纯洁温暖的感情矿藏。这是一种幸福，光辉灿烂，生气勃勃，令人振奋！"简突然兴奋得拍起手来。

她当机立断，把两万英镑与表兄妹们平分，每人五千。圣约翰让简冷静后再作决定。简告诉圣约翰："你根本想象不出我是多么渴望有兄弟姐妹之爱。我从未有过家，从未有过哥哥和姐姐。现在我必须有而且就要有了。"

亲情，便是简的心灵财富。这种财富，在她看来比金钱更为重要。即便她一直非常贫穷。

3. 心灵召唤

圣约翰恳请简和他一起去印度，前提是他们必须是夫妻。在圣约翰的反复说服下，简先是拒绝，再是顺从，直至差点答应。圣约翰仿佛认定简属于他了。

突然间，简仿佛听见什么地方有个声音在呼唤："简！简！简！"这是一个熟悉的、亲爱的、铭记在心的声音，罗切斯特的声音。简遵从自己的内心感受，飞奔到门口，但外面空无一人。

一波三折，这是简作为一个"正常人"的心理反应。一个声音在呼唤，这是心有灵犀还是执着真爱？或许后者分量更重。

4. 回归爱情

6月1日，下午三点，简离开了沼泽山庄。其时正好有一辆马车经过，行了 36 个小时，距离桑菲尔德只有两英里了。她下了马车，一个人步行着，然而，眼前的桑菲尔德成了一片焦黑的废墟。

听附近的店老板介绍，桑菲尔德在去年一个半夜发生了一场火灾。罗切斯特的疯妻子趁人不注意，点了一把火。罗切斯特要把包括疯妻在内的每一个人都救出来，但不幸被一根大梁砸中，瞎了眼睛，一只手被砸断、截肢了。他的疯妻跳楼身亡。罗切斯特现在居住在距此 30 英里的芬丁庄园里。

简乘着马车，当天就赶到庄园。几天里，简这样和罗切斯特表白：

从今天起，先生，我永远不会离开你了。

我要成为你的邻居，你的护士，你的管家。我发觉你很孤独，我要跟你做伴——给你念书，陪你散步，坐在你身边，伺候你，做你的眼睛和双手。

对我来说，做你的妻子，就是我在世上能得到的最大幸福。（第三十七章 我最爱的人）

时间不长，简便成了罗切斯特的妻子。让我们为简祝福吧，祝福她拥抱真爱，尽管这样的结局略显伤感。

罗切斯特曾这样评价简："要说到爱顶撞的天性以及固有的十足的自尊心，是没有人能比得上你的了。"

圣约翰曾这样评价简："钱财对你没有过分的影响力。""你温顺、勤奋、无私、忠实、坚定、勇敢，非常文雅，又非常英勇。"

简自始至终都在追求着做一个独立自主、保持尊严的人。当罗切斯特健康、富有的时候，简选择了离开，因为她无法成为有尊严的妻子；当表兄恳求她一起去印度时，她选择了离开，因为她和表兄之间没有真正的爱情；当罗切斯特的家被火烧、人已残疾的时候，她却选择了照护、陪伴，并与之走进婚姻殿堂，这不是怜悯，也不是为了报答，而是因为爱情，因为这样的婚姻有尊严。

这，或许是《简·爱》这部作品在历经一个多世纪后依然熠熠生辉的原因所在吧。

考题集锦

1.【2021·毕节市中考题】根据选段，回答问题。

【甲】在他的眼里，她是个最美的女子，美在骨头里，就是她满身都长了疮，把皮肉都烂掉，在他心中她依然很美。她美，她年轻，她要强，她勤俭。假若祥子想再娶，她是个理想的人。

【乙】你以为，因为我贫穷、低微、相貌平平、矮小，我就没有灵魂，也没有心吗？——你想错了！我的灵魂跟你一样，我的心也跟你的完全一样。如果上帝赋予我财富和美貌，我会让你难以离开我，就像我现在难以离开你一样……我们的精神是平等的，就像我们的灵魂穿过坟墓，站在上帝面前，彼此平等——本来就是如此。

（1）上面文字分别出自哪部名著？作者分别是谁？

（2）【甲】【乙】文中涉及的两个女性人物是谁？【乙】文中的"你"指谁？

◎ 参考答案

（1）分别出自《骆驼祥子》《简·爱》。作者分别是老舍、夏洛蒂·勃朗特。

（2）【甲】文是小福子；【乙】文是简·爱。【乙】文中的"你"是罗切斯特。

2.【2023·黑龙江省龙东地区中考题】《简·爱》是英国作家夏洛蒂·勃朗特以第一人称口吻创作的一部长篇自传体小说，小说的主人公简·爱具有怎样的性格特点？

◎ 参考答案

简·爱人格独立，心灵强大，具有强烈的自尊心和反抗精神，敢于追求自由、平等，热忱刚烈。

3.【2021·兰州市中考题】《傅雷家书》中傅雷认为："人需要不时跳出自我的牢笼，才能有新的感觉、新的看法，也能有更正确的自我批评。"请从下列两个人物中任选一个，结合作品中该人物的相关情节谈谈你对这句话的理解。

A.孙悟空（《西游记》）　　　　B.简·爱（《简·爱》）

◎ 参考答案

选项 B 示例：以《简·爱》中的简·爱为例，她从小受尽磨难，但从未放弃自我。在爱情面前，她也始终保持清醒和独立。当发现罗切斯特已有妻子时，她毅然决定离开，因为她知道，如果继续留在他身边，她会失去自我，成为他的附属品。这一选择虽然痛苦，但却让她跳出了情感的牢笼，实现了自我成长和独立。

4.【2022·烟台市中考题】根据《简·爱》内容，完成下面的小题。

（1）参照示例填写表格。

（2）简·爱离开桑菲尔德庄园的原因是_____，表现了简·爱_____的性格特点。

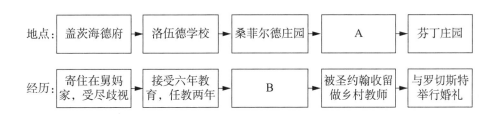

◎ 参考答案

（1）A.沼泽居；B.担任家庭教师，与罗切斯特相爱。

（2）罗切斯特先生在 15 年前已经结婚，其妻仍活着，简·爱追求独立、自尊、平等；独立自强，自尊自爱。

5.【2022·衡阳市中考题】阅读下面的文字，完成下面小题。

你以为，就因为我贫穷，低微，不美，矮小，我就既没有灵魂，也没有心吗？你想错了！我跟你一样有灵魂，也完全一样有一颗心！要是上帝赋予我一点美貌和大量财富的话，我也会让你难以离开我，就像我现在难以离开你一样。我现在不是凭习俗、常规，甚至也不是凭着血肉之躯跟你讲话，——这是我的心灵在跟你的心灵说话，就仿佛我们都已经离开人世，两人一同站立在上帝面前，彼此平等——就像我们本来就是的那样。

（1）根据你对选段的了解，选出对文本理解不正确的一项（　　）

A. 以上语段摘选自英国女作家夏洛蒂·勃朗特的《简·爱》，这是女主人公对桑菲尔德庄园主人罗切斯特说的一段话。

B. 小说以第三人称叙述女主人公为寻求人格独立、爱情和尊严而挣扎奋斗的故事，是一部带有自传色彩的长篇小说。

C. 小说具有浓郁的抒情色彩，娓娓道来的内心自白、色彩斑斓的景物描写、巧妙的悬念设计等，增强了作品的艺术感染力。

D. 女主人公虽然貌不惊人，但她具有强烈的反抗精神，追求有尊严的爱情，改写了传统女性逆来顺受的形象，是现代女性美的象征。

（2）你最喜爱上述语段中女主人公性格的哪一点？她的故事对你的成长有何启发？

◎ 参考答案

（1）B。

（2）我特别欣赏简·爱身上那种坚定的自尊心以及对自由独立的执着追求。她的故事让我领悟到，一个人唯有自尊自爱，坚守自己的人格独立，才能在人生的道路上不断进步，最终达成自己的心愿，赢得真正的幸福。

6.【2022·眉山市中考题】子瞻中学开展"演绎名著·再现经典"戏剧表演活动，学校拟征集《骆驼祥子》《简·爱》两部名著的改编创意。下面是小娟同学拟写的部分剧情提纲。请参照示例，结合小说内容，将提纲补充完整。

《简·爱》第一幕《艰难成长》：自幼父母双亡，寄居舅妈家的简·爱饱受欺辱，被送孤儿院求学又遇不公正待遇，简·爱在倔强抗争中成长。

第二幕《重写命运》：_____。

第三幕《_____》：简·爱遵从内心终于找到罗切斯特，尽管他已经失去健全的身体和巨额的财产，但简·爱依然选择与他相守。

◎ 参考答案

简·爱在桑菲尔德庄园任家庭教师，靠学识与能力获得了尊重。在与主人罗切斯特互生爱意后，简·爱不顾世俗，勇敢追爱。

示例1：终获幸福；示例2：相守终老；示例3：收获爱情。

7.【2022·绍兴市中考题】人生之路，有"舍"有"守"。请从下列名著人物中任选一个，结合相关情节简要阐述。

备选人物：王冕（《儒林外史》） 简·爱（《简·爱》） 孙少安（《平凡的世界》）

示例：我选择《红岩》中的江姐。人生之路，有"舍"有"守"。为了执行任务，她忍痛离开了年幼的孩子；在渣滓洞，面对严刑拷打、威逼利诱，她坚贞不屈；为了保护同志，她从容就义。江姐舍了平凡的生活、无价的自由乃至宝贵的生命，守住了革命信仰，守住了共产党人的崇高气节。

我选择_____（人名）。我的阐述：_____

◎ 参考答案

简·爱示例：简·爱。简·爱在人生之路上很好地诠释了"有舍有守"的智慧。她舍弃了卑微的依附，坚守了人格的尊严与独立。如，当得知罗切斯特已有妻子后，她毅然选择离开，舍弃了这段没有名分的爱情，这是她的"舍"。而她之后拒绝了圣约翰的求婚，不愿牺牲自己的爱情和幸福，坚持去寻找罗切斯特，这是她的"守"——坚守对真爱的追求。最终，简·爱收获了真正属于自己的幸福。

《红岩》领读

一、整体感知

《红岩》是一部描述重庆解放前夕地下斗争的长篇小说。故事发生在1948—1949年,其时正值国民党统治下的重庆处于黎明前最黑暗的时期。这个时期,中国共产党正领导着人民进行艰苦卓绝的斗争,为迎接新中国的诞生而奋斗。其主要内容包括以下几个方面。

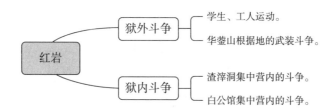

小说中,地下党的英勇斗争构成了主体部分。故事以"中美合作所"集中营(涵盖渣滓洞和白公馆)内的敌我较量为核心,交织展现了地下党在城市中的地下斗争、学生运动、工人运动,以及华蓥山区的武装斗争。这些斗争充分展现了革命者在逆境中的坚强信念和英勇精神。

在人物塑造方面,小说成功刻画了许云峰、江姐、成岗、刘思扬、余新江等众多令人敬佩的革命英雄。他们面对敌人的严刑拷打和残酷折磨,始终坚守对党的忠诚和对革命的信念,彰显了共产党人的高尚精神境界和光辉思想。

在狱中，革命者遭受了极端恶劣的考验。敌人为了获取口供，采用饥饿、干渴、毒刑等手段企图动摇革命者的意志。然而，革命者凭借坚强的意志和坚定的信念，成功克服了这些困难，最终让敌人的阴谋破产。

在斗争胜利的曙光初现之际，敌人为了假装和谈的诚意，释放了部分政治犯。但在解放军的猛烈攻势下，敌人变得歇斯底里，秘密杀害了许云峰、江姐、成岗等人。然而，在狱内党组织的精心策划下，渣滓洞和白公馆同时发生了暴动，更多同志得以逃脱魔窟，迎来了新中国的诞生。

《红岩》的作者罗广斌、杨益言是国民党集中营的幸存者，他们基于回忆录《在烈火中永生》创作了这部作品。历时十年的创作过程，使这部作品更加真实、深刻地反映了那个时代的斗争历史和革命精神。

《红岩》一书自出版以来，在社会上引起了巨大反响。它不仅是一部文学作品，更是一部激励人心的红色经典。它通过讲述革命者在逆境中的英勇斗争和崇高精神境界，激发了无数读者的爱国热情和革命斗志。同时该作品也被改编为电影、电视剧等多种形式，在更广泛的范围内传播着革命精神。

二、书名含义

"红岩"一词，在书中主要出现在三个章节。以下为笔者基于原文所做的概述。

第三章：

吃罢晚饭，成岗、成瑶两兄妹亲昵地踱到楼口的阳台上，向远处瞭望。这地方，面对着嘉陵江，风景好，地势高，差不多每次回家，成瑶都要习惯性地把二哥拖到这里，向他讲学校里最近发生的事情。成岗的目光正望着远处的一片红岩，不肯移开。那是中共办事处住过的地方，有名的红岩村。……

成岗完全没有想到，持着他们的信，悄悄找到家里来访问的，竟是抗日战争初期到延安去的久已失去联系的大哥！"去年才调到中共办事处工作，住在红岩村。"大哥解释道。成岗入党，是他大哥介绍的。……

时局的发展，一天天恶化。蒋介石在美帝国主义的支持指使下，不顾全国人民的反对，撕毁了停战协议，公开进攻解放区。1947年春天，内战的烽火日紧，国民党反动派突然包围了中共办事处和《新华日报》。住在红岩村的成岗的大哥和中共办事处的工作人员一道，被强迫撤回延安。……

"我们的党，敌人破坏不了。红岩村给我们留下了革命的种子和斗争传统，党的工作，永远不会撤退！"心里充满了激烈的共鸣，使成岗来不及告诉对方：每天黄昏，遥望着嘉陵江对岸的红岩村，那中共办事处附近的红色巨岩，他都在想，明天，明天党一定会派人来的！"我叫许云峰。很高兴认识你，党决定派你帮助我工作。"停了一下，像征求意见似的，热情地低声问道："你愿意吗？""只要是为党工作，我没有不愿意的！"从此，成岗成了许云峰同志的交通员。

第四章：

江姐出了舱房，缓步走向船头。这时，雾散天青，金色的阳光，在嘉陵江碧绿的波涛里荡漾。……这时轮船正从长江兵工总厂前面驶过，她隐约望见了成岗住的那座灰色的小砖楼。晨雾初散，嘉陵江两岸炊烟袅袅，才露面的太阳，照着江边的红岩。……阵阵江风，吹动她的纱巾，她站在船头上，两眼凝望着远方，心里充满了美好的希望……

第三十章：

齐晓轩蔑视的目光，俯瞰着山脚下的敌人，崛立在一块巨大高耸的岩石上，吸引着全部毒弹的袭击，他决心让自己的战友们赢得时间，转危为安。"扫射吧！"他把双手叉在腰间，一动也不动地分开双脚，稳稳地踏住岩石。"子弹征服不了共产党人！"齐晓轩苍白带血的脸上露出冷笑，让鲜血从洞穿的身上流出，染遍了脚下的红岩……

"华子良领着解放军来啦！"齐晓轩听见一阵狂热的欢呼与呐喊。禁不住满脸须眉颤动，无限喜悦地倾听着胜利的枪声指向山下溃散的魔影……探照灯骤然熄灭了。可是齐晓轩仍然双手叉腰，张开两腿挺立在鲜血染遍的红岩上，一动也不动。……他的嘴角微微一动，朝着胜利的旗海，最后微笑了。炮声隆隆，震撼大地。

从上述内容以及全书来看，"红岩"一词在《红岩》这部作品中，具有深刻而丰富的象征意义。它不仅是地理坐标的指代，更是革命精神与革命历程的生动写照，以及红色岩石这一自然景象的深刻寓意。

第一，从字面意义上看，"红岩"直接指向书中提及的具体地点——红岩村。这个地点在小说中不仅是革命者们活动的重要场所，更承载着无数革命历史的记忆。中共办事处在此驻扎，无数英勇的共产党员在这里策划斗争、传递情报、宣传革命理念，使红岩村成为革命斗争的缩影和象征。

第二，从象征意义出发，"红岩"代表着革命精神和革命力量。红色在中国文化中一直与热情、革命、牺牲和坚韧不拔的精神紧密相连。而岩石则象征着坚固、不屈和永恒。将两者结合，"红岩"便成为革命者们坚定信念、顽强斗争的象征。在小说中，无论是成岗、江姐还是其他革命先烈，他们都像红岩一样，在敌人的残酷迫害下依然坚守信仰、不屈不挠，用自己的行动诠释革命精神的真谛。

第三，"红岩"还代表着胜利的曙光和希望。在书中，共产党员们虽然面临着极其严峻的考验和危险，但他们从未放弃对革命的信念和对胜利的追求。他们坚信，只要党存在，就永远有胜利的可能。最终，在他们的不懈努力下，革命取得了胜利，迎来了新中国的诞生。这种胜利不仅是对共产党员们英勇斗争的肯定，更是对全体中国人民的鼓舞和激励。

总之，"红岩"在《红岩》一书中是一个多义而丰富的词汇。这些含义相互交织、相互映衬，共同构成了作品深刻而感人的主题内涵。

三、情节梳理

《红岩》一书共 30 章。我们按照斗争地点的转换，分五个部分来理解。

第一部分：沙坪书店联络站。在革命斗争的洪流中，沙坪书店作为地下党的联络站经历了从建立到暴露的波折，成员们面对重重困难与背叛，仍坚持斗争，传承革命火种。

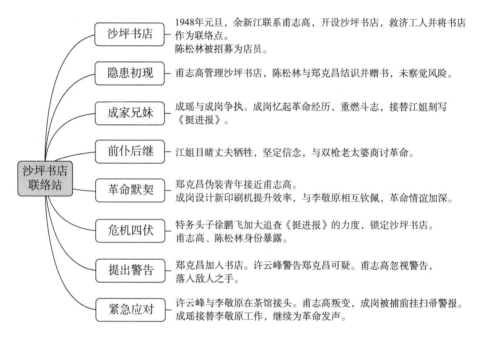

第二部分：西南长官公署第二处。徐鹏飞审讯成岗，利诱许云峰，均无果。

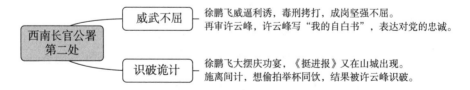

第三部分：渣滓洞集中营。主要讲述刘思扬、余新江、丁长发、龙光华、许云峰、江姐等人在渣滓洞集中营里的斗争，以及成瑶、刘思扬在监狱

外的斗争。

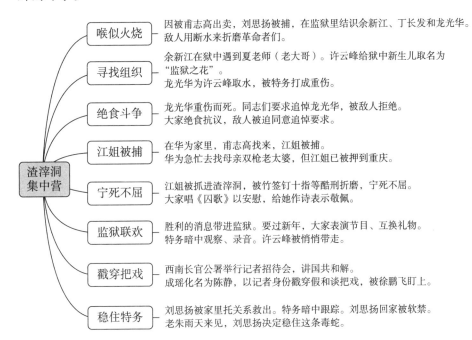

第四部分：白公馆集中营。主要讲述刘思扬、齐晓轩、成岗、华子良、许云峰在白公馆里和敌人斗争，以及余新江等人在渣滓洞里除掉特务郑克昌。

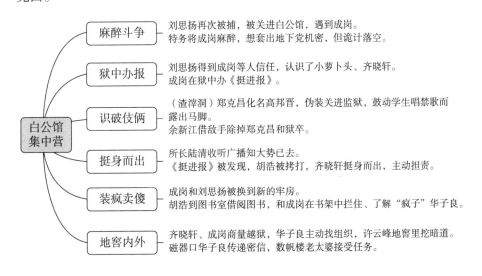

第五部分：监狱内外。敌人知大势已去，开始"分批密裁"地下党。监狱外策划营救，监狱内主动越狱。胡浩狱中申请入党，江姐、李青竹、许云峰慷慨赴刑场，丁长发、刘思扬、齐晓轩等人壮烈牺牲。

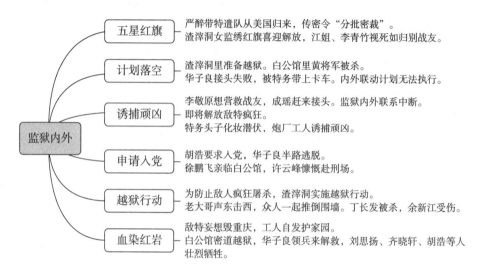

四、方法点拨

言为心声，革命英雄的话语，往往散发着理想的光芒；言行一致，一个真正的革命英雄一定能够言必信、行必果，百折不挠，一往无前。我们可以采用"倾听式"的阅读方法，用心倾听革命英雄的话语，深刻感受他们身上所具有的理想信念。以下举例说明。

1. 用心倾听英雄们话语中蕴含的斗争经验

在渣滓洞集中营里，一位被称作"老大哥"的地下党，把自己的斗争经验传授给年轻战士刘思扬。他对刘思扬说："记住新年献词里的话。就是遇到化为美女的毒蛇，我们也要把它识破。"他还说，担心刘思扬不能再回渣滓洞了，因为这是敌人的习惯，很可能从这里押出去，又关到旁的地方；如果转移到白公馆，就找齐晓轩同志联系，并嘱托刘思扬，"不能一去就找，到白公馆更要十分警惕……"后来的事实证明，老大哥的判断是非常正确的。

2.用心倾听英雄们话语中蕴含的担当精神

在监狱里,被毒刑拷打后刚刚醒来的成岗,目光惊诧地和许云峰相遇。许云峰低下头来对成岗解释了一句:"叛徒早已告诉敌人了。"接着,许云峰对准特务头子徐鹏飞沉着地说:"我是《挺进报》的负责人。可是叛徒,他连这点也未必知道。"其实,许云峰早就没参与《挺进报》的编辑、发行工作。但为了不让敌人知道更多的秘密,许云峰有意说他是《挺进报》的负责人。这是为了保护组织,也为了保护同志。

3.用心倾听英雄们话语中蕴含的钢铁意志

城门前,江姐忽然发现,城门上被斩首示众的,竟然是自己的丈夫彭松涛!她热泪盈眶,悲痛无比。但想到党交给自己的任务,想到肩上承担的责任,便忍住悲痛,更加坚强起来。她低声地,但却非常有力地对华为说:"走吧,不进城了。"若非钢铁意志,岂能如此坚定?

此外,英雄们话语中还蕴含着坚定的革命信念、大无畏的牺牲精神等。这些话语,代表着无数革命先烈、仁人志士在推翻旧世界、建立新社会的艰苦卓绝的斗争中所发出的共同心声。这些话语,在今天和平年代,仍然有着不可磨灭的光辉和力量。这些话语,能够时刻激励着我们坚持理想信念,坚定意志信心,继而克服学习、工作、生活中的各种困难。

五、人物名片

许云峰,从一出场,就显示出高度的政治敏感。甫志高叛变,为了掩护李敬原同志,许云峰临危不惧,迎着叛徒走去,保护了李敬原。这表现了他顾全大局、独当危难的英雄气概。狱中斗争,突出地展示了他钢铁般的意志和丰富的斗志经验。更让人刻骨铭心的是,在阴森潮湿的地窖里,他竟然仅用自己的双手就挖开了石壁。然而,他没有从石洞逃走,而是把越狱的通道留给了其他同志。他自己则带着对胜利的坚定信念，从容就义。

江姐（江雪琴），是一名思想成熟、意志顽强的女共产党员。作为一名地下工作者，她有着丰富的经验和高度的警惕。在重庆朝阳码头，她识破了甫志高的阴谋诡计，表现了她有着过人的警觉性。在监狱里，面对敌人惨无人道的酷刑，她忍受毒刑拷打，对党的秘密守口如瓶。行将就义，她神态平静，举止从容，吻别"监狱之花"，始终带着胜利的笑容，展示了她作为共产主义战士的生死观。江姐用自己的一言一行，坚定地实践了自己的人生观和价值观。

华子良，是一名潜伏最深的共产党员，忍辱负重、忠贞不屈。因装疯卖傻而被特务称为"疯老头"，被关押在白公馆。特务对他比较放心，常让他去磁器口卖菜。得知"提前分批密裁"的罪恶计划后，他趁机逃走，为实现越狱的计划作了巨大贡献。

成岗，真实人物陈然烈士是他的原型。1947年7月起，他参加重庆市委地下刊物《挺进报》的编辑、印刷和发行工作。1948年4月被捕，先后被关押于集中营渣滓洞、白公馆看守所。在敌人的威逼利诱下，成岗始终坚持自己的气节，在狱中坚持出版《挺进报》。被注射致幻药物，但他仍能控制自己的理智。这一切，都表现了成岗有着坚定的革命信仰和钢铁一般的意志。

小萝卜头，在敌人的监狱里长大，不知道外面的世界是什么样子。6岁时在黄将军的帮助下学习。他学习非常刻苦，记忆力很强，经常帮助大人做秘密工作。遇害时不满9岁，但在监狱中关了八年。小萝卜头不畏艰险，顽强不屈，在艰苦的条件下不放弃学习，不放弃希望。

六、片段赏析

成岗想说的话太多了，不知怎么写，才能表达自己的感情，最后他写上一句简单而准确的话："致以革命的敬礼！"

这几天，成岗正在等着对方的回信，谁知道对方是个什么人呢？是个老年还是个青年，是男同志还是女同志？只有一点是可以确定无疑的：那是个很好的同志。

成岗兴奋地从李敬原手上接过了回信。他仔细地看了看，回信也只有一句话："紧紧地握你的手！"

赏析：成岗为了印刷《挺进报》，不但废寝忘食，还想方设法改进刻写和印刷的速度。他的身上，既有钉子精神，也有工匠精神：精益求精，锲而不舍。"致以革命的敬礼！""紧紧地握你的手！"短短的话语，包含了革命同志之间最真挚的友谊。

胜利的欢乐和永诀的悲哀同时挤压在孙明霞心头，她从未体验过这种复杂而强烈的感情。"江姐，我宁愿代替你去……不能，不能没有了你！"

"明霞，别这样。你们要坚持到底，直到最后胜利。即使只剩下你一个人，也要坚持！"江姐略停了一下，又轻声说道："如果需要为共产主义的理想而牺牲，我们每一个人，都应该、也可以做到——脸不变色，心不跳。"

赏析：1949年10月1日，中华人民共和国成立了。然而，此时的重庆依然在国民党反动统治之下。丧心病狂的敌人，把屠杀提前了，江姐即将被处决。此时，江姐毫无畏惧，梳好头发，整好衣服，嘱托战友，真正做到了为共产主义的理想而牺牲，脸不变色，心不跳。

"我受谁利用？谁都利用不了我！信仰共产主义是我的自由！"他从来没有听过这样无理的话，让党和自己蒙受侮辱，这是不能容忍的事，当然要大声抗议那个装腔作势的处长。

……

"阶级出身不能决定一切，三民主义我早就研究过了，不仅是三民主义，还研究了一切资产阶级的理论和主义，但我最后确认马克思列宁主义才是真理。"

赏析： 刘思扬，乃是"资产阶级出身的三少爷"。但他始终信仰着共产主义，坚信共产党。这便是信仰和信念的力量。也正是这种信仰和信念，让他在监狱里不折不挠，经受住诱惑，为解放事业献出了宝贵的生命。

小萝卜头刚刚转回头，要说什么，突然又被什么新事物吸引住了。他追着，跑着，直跑到刘思扬靠近的铁窗附近，不住地挥着小手，叫着。

"哟，你看！"一只长着光亮的翠绿翅膀的小虫，越过栏杆，飞到走廊上来。虫子的头上，长着一块美丽的透明的薄壳，像小姑娘披上了薄薄的蝉翼般的纱巾。这虫子纤细而温柔，透过薄壳还可以看见它红珠子似的小眼睛。入春以来，这种虫子很多，常常撞进铁窗，陪伴着长年没有呼吸过自由空气的人们。又飞来一只，它们并排在一起，故意在人面前骄傲地爬着。

"哟，多好看的小虫！"小萝卜头尖叫了起来，伸手捉住了一只。当他去捉第二只时，它张开翠绿的翅膀飞走了。

小萝卜头两手轻轻捧着那只虫子，惟恐伤害了它。刘思扬摸了摸口袋，摸出一只偶然带来的，被特务没收了火柴的空火柴盒，丢出铁窗，送给小萝卜头。小萝卜头打开火柴盒，把虫子放了进去。他正要关上盒子的时候，突然瞥见那只虫子，在盒子里不安地爬动。啊，它失去了自由。小萝卜头若有所思地停住了手。他把盒子重新打开，轻声说道："飞吧，你飞呀！"

虫子终于轻轻扇动翅膀，飞起来，缓缓飞出栏杆，一会儿就看不见了。小萝卜头高兴地拍着手叫："飞了，飞了，它坐飞机回家去了！"回过头来，小萝卜头把火柴盒还给铁窗里的刘思扬。"解放了，我们也坐飞机回去！"

赏析： 小萝卜头对那只翠绿小虫的喜爱与怜悯，展现了他纯真无邪的童心和对自由的深切向往。他小心翼翼地捕捉、呵护小虫，却在意识到虫子失去自由时，毅然选择放飞，这一举动不仅是对生命的尊重，更是他内心对自由世界的渴望与憧憬。通过小虫子的"飞翔"，小萝卜头仿佛看到了自己心中的自由之梦，那份纯真的快乐与对解放的期盼，让人动容。他的"飞了，飞了，它坐飞机回家去了！"不仅是对小虫的祝福，也是对自己未来自由生活的美好憧憬。

考题集锦

1. 【2021·河北省中考题】阅读下面从名著中摘录的文字，回答后面的问题。

摘录一：

许云峰大步上前，扶着成岗的肩头，满怀信心地朗声说道："让我们迎着胜利的曙光——看共产主义的红日出现在东方！"

摘录二：

人们背诵着江姐信中光芒四射的词句："毒刑拷打是太小的考验！竹签子是竹做的，共产党员的意志是钢铁！"

摘录三：

齐晓轩慢慢抬起头来，望着旁边的窗口，窗外一片蓝天，几朵白云轻轻地浮在空中，缓缓飘动。随眼望着远处油绿的青山，齐晓轩的嘴唇动了一下："告诉你们，我永远是共产党员。"

（1）上面摘录的文字选自长篇小说《_____》，这本书塑造了众多的英雄人物形象。

（2）请从语言描写作用的角度对上面摘录的文字作简要批注。

◎ 参考答案

（1）红岩。

（2）对许云峰、江姐、齐晓轩的语言描写，生动形象地表现了他们对革命胜利充满必胜的信心、坚定的革命意志和对党的无比忠诚。

2. 《红岩》中称"小萝卜头"为烈士，而作者为什么要强调"其实你还是个孩子"？

◎ 参考答案

强调是个孩子，是说他不是政治犯，他是无罪的，揭露了反动派连一个孩子也不放过的惨无人道的本质。

3. 下面文段中对江姐的描写，表现了她怎样的性格特点？请简要分析。

"要提人？"黑牢中传来一声惊问。

"江雪琴！李青竹！收拾行李，马上转移。"特务喊道。

江姐一听见叫她的名字，心里全都明白了。她站起来，走到墙边，拿起梳子，在微光中，对着墙上的破镜，像平时一样从容地梳理她的头发。

江姐放下梳子，换上了蓝色的旗袍，又披起那件红色的绒线衣。她习惯地拍拍身上干净的衣服，再用手拉平旗袍上的一些褶痕，又弯下身去，拭擦鞋上的灰尘。

◎ 参考答案

（1）小说描写江姐注重修饰、整洁的细节，着重表现了她对美的追求，对生活的热爱；（2）江姐临刑前梳头、整理衣物从容淡定，表现出共产党人刚毅坚定、视死如归的英雄气概。

4.【2022·营口市中考题】名著阅读。

A无动于衷地笑了笑："这点，我完全可以奉告。我从一个普通的工人，受尽旧社会的折磨、迫害，终于选择了革命的道路，变成使反动派害怕的人。回忆走过的道路，我感到自豪。我已看见了无产阶级在中国的胜利，我感到满足。风卷残云般的革命浪潮，证明我个人的理想和全国人民的要求完全相同，我感到无穷的力量。人生自古谁无死？可是一个人的生命和无产阶级永葆青春的革命事业联系在一起，那是无上的光荣！这就是我此时此地的心情。"

选段中的"A"是谁？从选段中可以看出他具有怎样的精神品质？

◎ 参考答案

许云峰；大义凛然、英勇无畏、意志顽强、信念坚定、革命乐观主义精神。

5.【2020·河南省中考题】名著阅读。（任选一题作答）

（1）在小说《红岩》中，有一个名叫宋振中（小萝卜头）的9岁小男孩。请结合他的故事，说说这一形象带给你哪些情感体验。

（2）在小说《简·爱》中，简·爱与罗切斯特的爱情故事感人至深。从这个故事中，你体会到了简·爱的哪些可贵品质？请结合相关情节简要分析。

◎ 参考答案

《红岩》示例：在《红岩》中，小萝卜头宋振中的故事带给我很多深刻的情感体验。他那么小，就身陷囹圄，却依然保持着纯真、乐观的心态，这让我感到既心疼又敬佩。他渴望自由，渴望学习，对外面的世界充满好奇，这种对生命的热爱和对知识的渴求，让我深受感动。同时，他也展现了坚强勇敢的一面，面对敌人的威胁和折磨，毫不畏惧，这种精神力量让我震撼。

6. 歌曲《红梅赞》是《红岩》中英雄群像的生动写照，请根据小说内容，诠释《红梅赞》讴歌了英雄们怎样的精神品质。

红岩上红梅开 / 千里冰霜脚下踩 / 三九严寒何所惧 / 一片丹心向阳开 / 红梅花儿开 / 朵朵放光彩 / 昂首怒放花万朵 / 香飘云天外 / 唤醒百花齐开放 / 高歌欢庆新春来

◎ 参考答案

歌曲《红梅赞》生动诠释了《红岩》中英雄们的崇高精神品质。

"红岩上红梅开，千里冰霜脚下踩"，描绘了英雄们身处艰难险恶的斗争环境，依然坚韧不拔，毫不退缩。

"三九严寒何所惧，一片丹心向阳开"，展现了英雄们面对敌人的严刑拷打和残酷折磨，始终保持对党的忠诚和对革命的坚定信念，无所畏惧，勇往直前。

"红梅花儿开，朵朵放光彩"，象征着英雄们虽然身处逆境，但他们的精神却如红梅般璀璨夺目，熠熠生辉。

"昂首怒放花万朵，香飘云天外"，表达了英雄们不屈不挠、英勇斗争的精神力量，像红梅一样傲然绽放，香气四溢，激励着更多的人投身到革命斗争中去。

"唤醒百花齐开放，高歌欢庆新春来"，预示着革命胜利的曙光即将到来，英雄们用他们的鲜血和生命换来了新中国的诞生，他们的精神将永远激励后人，为祖国的繁荣富强而努力奋斗。

7. 【2021·山西省中考题】从经典作品中汲取精神营养可以使你成为拥有信念的人。以下是小光和小辉同学分享的读书笔记，请你从摘录（一）（二）中任选其一，将表格中空缺的内容补充完整。

	读书笔记		
摘录（一）	埃德加·斯诺说，这些革命青年们使本书描写的故事活着。从中我们可以约略窥知，使他们变得不可征服的那种精神，那种信念，那种力量，那种热情。从来没有见过这样的战士——这些人当兵不只是为了有个饭碗，这些青年为了胜利而甘于牺牲。	出处	
		关键词	那种信念
		启示	

	读书笔记		
摘录（二）	江姐说：如果需要为理想而牺牲，我们都应做到脸不变色心不跳！ 江姐说：不要用眼泪告别，美蒋反动派的一切垂死挣扎，都不能阻挡中国无产阶级的胜利！胜利属于我们，属于我们的党！	出处	
		关键词	那种理想
		启示	

◎ 参考答案

摘录（二）示例：《红岩》；江姐对党的胜利充满信心，她那种为了理想勇于牺牲的革命精神，鼓舞着我们不断追梦、奋勇向前。

《唐诗三百首》领读

一、作者作品

蘅塘退士，本名孙洙，字临西，又字芩西，生于康熙五十年（1711年），祖籍安徽休宁县，后定居无锡。他早年家境贫寒，勤奋好学，以"木生火"之法（隆冬读书，手中握有一块木头）御寒苦读，终得功名。乾隆年间，孙洙中举后步入仕途，历任多职，以清廉爱民著称，深受百姓爱戴。

在文学领域，孙洙最为人所知的成就是编撰了《唐诗三百首》。此书源于他对当时通行的《千家诗》选诗标准的不满，认为其"工拙莫辨"，难以作为学习唐诗的典范。于是，他携手继室徐兰英，以沈德潜《唐诗别裁》及王士禛等人的唐诗选本为基础，广泛搜罗，精心挑选，最终编成了这部流传至今的唐诗选集。

《唐诗三百首》共选录唐代77家诗，共311首诗作（版本不同，诗作数量会略有差别）。该书题材广泛，从政治风云到边塞军事，从宫闱幽怨到田园隐逸，几乎涵盖了唐代社会生活的方方面面，展现了唐诗的多样性和丰富性。同时，选诗标准兼顾了艺术性与普及性，既选取了脍炙人口的佳作，又确保了诗作的通俗易懂，且以温柔敦厚的诗教为大归，有助于正风俗、明人伦。因此，《唐诗三百首》成为后世学习唐诗、了解唐代文化的必读之书。

《唐诗三百首》自乾隆二十九年（1764年）问世以来，广泛传播，几乎达到了"家置一编"的程度，其影响力跨越时空，至今不衰。它不仅是中国古代文学教育的重要教材,也是连接古今、传承文化的重要桥梁。而蘅塘退士孙洙,也因此书而名垂青史,被后人尊为唐诗选编的杰出代表。

二、编排体例

《唐诗三百首》首先以诗体为分类的标准,将所选诗歌分为五言古诗、七言古诗、五言律诗、七言律诗、五言绝句、七言绝句等。

在各类诗体内部,又按照诗歌的发展状况和作者的年代为序进行排列。具体来说,古诗、乐府在前,律诗、绝句在后,这样的编排方式保证了选编的整体性与条理性。

请看下页导图。

三、单篇吟诵

在进行古诗词的单篇阅读时,我们可以采取一种沉浸而深入的方式——吟诵,作为探索诗歌灵魂的起点。吟诵不仅能帮助我们感受诗词的韵律美与节奏感,还能让我们在声音的起伏中初步捕捉到诗人情感的脉动。在诵读过程中,不妨放慢节奏,细细品味每一字、每一句,让心灵随着诗句的流淌而缓缓展开。

随后,结合书中提供的作者简介,我们能够更好地理解诗人所处的时代背景、个人经历与情感世界,这些都是解读诗歌不可或缺的钥匙。作者的生活轨迹、思想倾向乃至性格特征,往往会在其作品中留下深刻的烙印,为我们揭示诗句背后的深层含义提供线索。

接着,利用注释部分,我们可以扫除阅读中的障碍,尽量对诗歌中的每一个字词、每一个典故都有准确的理解。注释如同一座桥梁,连接着古代与现代,让我们能够跨越时空,与诗人进行心灵的对话。

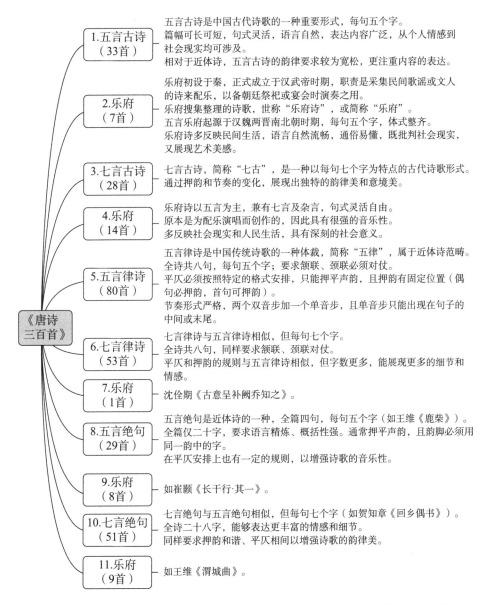

有了对诗句的基本理解后，译文则为我们提供了一个现代语言的版本，有助于我们更直观地把握诗歌的整体内容和情感倾向。但值得注意的是，译文虽好，却不能完全替代原文的魅力，因此在阅读译文的时候，也要不断回归原文，品味其独特的韵味和表达方式。

最后，我们可以进一步挖掘诗歌的意象、意旨和意境。意象是诗歌中具体可感的形象或画面，它们往往蕴含着丰富的象征意义；意旨是诗人通过诗歌想要传达的思想或情感；而意境是意象与意旨相互融合所构成的艺术境界，是诗歌美的集中体现。在赏析的过程中，我们可以尝试用自己的语言去表述这些意象、意旨和意境，将诗人的情感转化为自己的感悟，让诗歌的美在心中生根发芽。

下面，笔者结合具体诗篇，略作分析。

1. 张九龄：《感遇·其一》

感遇·其一

兰叶春葳蕤，桂华秋皎洁。

欣欣此生意，自尔为佳节。

谁知林栖者，闻风坐相悦。

草木有本心，何求美人折！

张九龄的《感遇·其一》是五言古诗的佳作，以其精炼的语言和深邃的意境，展现了诗人对自然与人生的独特感悟。诗中，春日里茂盛的兰叶与秋夜中皎洁的桂华，作为核心意象，不仅呈现了自然界的季节变换之美，更寄托了诗人高洁自守、不慕荣华的品格。兰桂之香，无须人折，自成一派"佳节"，象征着诗人内心的纯净与独立，不受外界纷扰。

写作背景上，张九龄身处唐朝盛世，却屡遭政治风波，此诗或为其仕途坎坷、心境淡泊之际所作。诗中"谁知林栖者，闻风坐相悦"一句，或暗指那些虽身处山林却能感知诗人高洁品质的知音，同时也反映了诗人对世态炎凉的淡淡哀愁。

意旨上，诗人借草木之"本心"，表达了自己不求名利、坚守本真的高尚情操。在复杂多变的政治环境中，他如同那兰桂一般，虽处幽暗，却自放光华，不求美人折枝，只愿保持那份最初的纯真与坚韧。

意境上,全诗以自然景物为媒介,营造出一种清新脱俗、淡泊宁静的艺术氛围。读者在品味诗句时,仿佛能穿越千年时光,与诗人一同漫步于那兰桂飘香、岁月静好的世界,感受那份超脱世俗、回归本真的心灵之旅。

2. 王昌龄:《塞上曲》

塞上曲

蝉鸣空桑林,八月萧关道。
出塞入塞寒,处处黄芦草。
从来幽并客,皆共沙尘老。
不学游侠儿,矜夸紫骝好。

王昌龄的《塞上曲》以五言乐府的形式,展现了边塞生活的苍凉与战士的坚韧。诗中,"蝉鸣空桑林,八月萧关道"开篇即勾勒出一幅边塞秋景图,蝉鸣与空旷的桑林、萧瑟的关道相互映衬,营造出一种荒凉而寂静的氛围。黄芦草遍地,不仅描绘了边塞的自然环境,也暗喻了战士们艰苦的生活条件与坚韧不拔的精神。

写作背景上,此诗反映了唐代边塞战争频繁,战士们长期戍守边疆的艰辛。诗人通过描绘边塞风光与战士形象,表达了对战士们无私奉献与牺牲精神的崇敬。

意旨上,诗人以"从来幽并客,皆共沙尘老"一句,概括了边塞战士的命运,他们远离家乡,与沙尘为伴,直至老去。同时,通过"不学游侠儿,矜夸紫骝好"的对比,赞扬了战士们朴实无华、不慕虚荣的高尚品质,批判了那些只知炫耀财富、不事生产的游侠儿。

意境上,全诗以边塞风光为背景,将战士形象与自然环境融为一体,形成了一种苍凉而悲壮的艺术效果。读者在品味诗句时,仿佛能听到那遥远的蝉鸣,看到那满地的黄芦草,感受到那份来自边塞的孤独与坚韧。

3. 李颀：《古意》

古　意

男儿事长征，少小幽燕客。
赌胜马蹄下，由来轻七尺。
杀人莫敢前，须如猬毛磔。
黄云陇底白云飞，未得报恩不得归。
辽东小妇年十五，惯弹琵琶解歌舞。
今为羌笛出塞声，使我三军泪如雨。

李颀的《古意》以七言古诗的形式，深情描绘了边塞战士的英勇与柔情，展现了复杂的情感世界。诗中，"男儿事长征，少小幽燕客"开篇即塑造了一位自幼立志从军、来自幽燕之地的英勇男儿形象。意象上，"赌胜马蹄下，由来轻七尺"通过激烈的马上竞技，展现了战士们不畏生死、勇猛好斗的性格特征；"杀人莫敢前，须如猬毛磔"则以夸张的手法，进一步强化了其威猛无匹的形象。

写作背景上，此诗反映了唐代边塞战争的背景下，战士们既渴望建功立业，又难舍家国情怀的矛盾心理。诗人通过描绘战士的英勇与柔情，表达了对他们无私奉献与牺牲精神的赞颂，同时也透露出对战争给个人生活带来的苦难的同情。

意旨上，诗人不仅颂扬了战士的英勇与忠诚，更通过"辽东小妇年十五"的描写，展现了他们内心深处的柔情与牵挂。那惯弹琵琶、通晓歌舞的少女，如今却因羌笛的出塞声，让战士们泪如雨下，展现了战争对人性情感的摧残与考验。

意境上，全诗将边塞的苍凉与战士的柔情交织在一起，形成了一种悲壮而又不失温情的艺术效果。读者在品味诗句时，既能感受到战士们的英勇与豪迈，又能体会到他们内心深处的柔情与无奈。

4. 李白：《长相思·其一》

长相思·其一

长相思，在长安。

络纬秋啼金井阑，微霜凄凄簟色寒。

孤灯不明思欲绝，卷帷望月空长叹。

美人如花隔云端！

上有青冥之长天，下有渌水之波澜。

天长路远魂飞苦，梦魂不到关山难。

长相思，摧心肝！

李白的《长相思·其一》以乐府诗的形式，深情地抒发了诗人对远方亲人的深切思念与无尽愁绪。诗中，"长相思，在长安"直抒胸臆，点明主题，长安成为思念的焦点。意象上，"络纬秋啼金井阑，微霜凄凄簟色寒"通过秋虫啼鸣、井阑金辉、微霜铺地等景物，营造出一种清冷孤寂的氛围，映衬出诗人内心的凄凉与孤独。"孤灯不明思欲绝，卷帷望月空长叹"则进一步刻画了诗人独对孤灯、望月长叹的形象，表达了其思念之深、愁绪之浓。

写作背景上，此诗或作于李白远离家乡、离开长安、漂泊异乡之时，对远方亲人或爱人的思念之情油然而生。诗人借乐府古题，以细腻的笔触和丰富的意象，展现了内心的情感波澜。

意旨上，诗人通过描绘一系列凄清孤寂的意象，表达了对远方亲人的深切思念与无法相见的痛苦。同时，"美人如花隔云端"一句，既是对远方亲人的美好想象，也寓含了两人之间难以逾越的距离与隔阂。

意境上，全诗情感深沉而真挚，意境悠远而悲凉。诗人在清冷孤寂的环境中，独自品味着思念的苦楚，将内心的情感化作一曲深情的相思之歌，令人动容。

5. 李隆基:《经邹鲁祭孔子而叹之》

经邹鲁祭孔子而叹之

夫子何为者,栖栖一代中。
地犹鄹氏邑,宅即鲁王宫。
叹凤嗟身否,伤麟怨道穷。
今看两楹奠,当与梦时同。

唐玄宗李隆基的《经邹鲁祭孔子而叹之》是一首五言律诗,以庄重的笔触缅怀了孔子,并抒发了对儒家之道的深刻感慨。诗中,"夫子何为者,栖栖一代中"开篇设问,引出对孔子一生奔波、不懈传道的赞美,同时"栖栖"二字也暗含了孔子在乱世中坚持理想的孤独与不易。

意象上,"地犹鄹氏邑,宅即鲁王宫"通过对孔子故里与故居的描绘,展现了其深厚的文化底蕴与历史传承,同时也隐含了对孔子身份与地位的尊崇。而"叹凤嗟身否,伤麟怨道穷"则借古喻今,以"叹凤""伤麟"的典故,表达了诗人对孔子生前未遇明君、道不得行的遗憾与同情。

意旨上,此诗不仅是对孔子个人的缅怀,更是对儒家思想及其在历史长河中所起作用的肯定与反思。唐玄宗作为一代帝王,亲自祭拜孔子并作诗感叹,体现了他对儒家文化的重视与推崇,同时也透露出对治国理政、传承道统的深沉思考。

意境上,全诗语言凝练而意境深远,既有对历史的回顾与反思,又有对现实的感慨与展望。诗人在缅怀孔子的同时,也寄托了自己对儒家之道能够发扬光大、泽被后世的殷切期望。

6. 崔颢:《行经华阴》

行经华阴

岧峣太华俯咸京,天外三峰削不成。

　　　　武帝祠前云欲散，仙人掌上雨初晴。
　　　　河山北枕秦关险，驿路西连汉畤平。
　　　　借问路旁名利客，何如此处学长生？

　　崔颢的《行经华阴》以七言律诗的严谨格律，描绘了华山的雄伟壮丽，并寓含了对人生追求的深刻思考。诗中，"岧峣太华俯咸京，天外三峰削不成"开篇即展现出华山的巍峨高耸，仿佛能俯视整个京城，而"天外三峰"更以夸张的手法，强调其非凡之势，削不成之态，令人叹为观止。

　　意象上，诗人通过"武帝祠前云欲散，仙人掌上雨初晴"两句，巧妙地将历史与自然景观融为一体，武帝祠的庄严与仙人掌的神奇，在云散雨晴中更显神秘莫测，为华山增添了几分仙灵之气。

　　意旨上，诗人借华山的险峻与仙境，反衬出世间名利的虚无与短暂。尾联"借问路旁名利客，何如此处学长生？"直接发问，表达了对追求长生不老、超脱世俗生活的向往，同时也透露出对世俗名利客的淡淡嘲讽与劝诫。

　　意境上，全诗语言优美，意境开阔，既有对自然景观的细腻描绘，又有对人生哲理的深刻探讨。诗人在行经华阴之时，不仅被其雄伟壮丽所震撼，更在内心深处引发了对生命意义的深刻思考，展现了一种超脱世俗、追求永恒的精神追求。

　　7. 王维：《鹿柴》

鹿　柴

　　　　空山不见人，但闻人语响。
　　　　返景入深林，复照青苔上。

　　王维的《鹿柴》是一首典型的五言绝句，以其静谧空灵之美著称。

　　意象上，诗人以"空山""人语""返景""青苔"等自然元素构建了一幅幽静深邃的画面。空山之中，虽不见人影，但人声隐约可闻，营造出一种"空而不寂"的氛围。夕阳的余晖穿透林间，斑驳地照在青苔之上，更添几分静谧与祥和。

意旨上，此诗表达了诗人对自然之美的热爱与向往，以及追求心灵宁静的境界。在繁忙尘世之外，诗人寻觅到这片未被打扰的净土，感受大自然的纯净与和谐。

意境上，全诗通过精炼的语言和巧妙的构图，展现了一种超然物外、物我两忘的意境。读者仿佛能跟随诗人的笔触，步入那片幽静的山林，感受那份宁静与美好，心灵得到净化与升华。

8. 张旭：《桃花溪》

桃花溪

隐隐飞桥隔野烟，石矶西畔问渔船。
桃花尽日随流水，洞在清溪何处边。

张旭的《桃花溪》是一首充满诗意的七言绝句，以其清新脱俗的意象和深远的意境引人入胜。

意象上，诗中"隐隐飞桥隔野烟"描绘了飞桥横跨、野烟缭绕的朦胧美景，营造出一种神秘而幽静的氛围。"石矶西畔问渔船"则通过诗人向渔船询问的场景，增添了画面的生动性和互动性。桃花随流水漂去，更是将春天的生机与溪流的灵动完美结合。

意旨上，此诗或寄托了诗人对隐逸生活的向往，以及对世外桃源般理想境界的追寻。诗人通过询问渔船，似乎在探寻那通往理想之地的秘密路径。

意境上，全诗以景寓情，情景交融，展现出一种超脱尘世、向往自然的意境。读者在欣赏美景的同时，也能感受到诗人内心的那份宁静与淡泊，仿佛自己也置身于那片桃花溪畔，与诗人一同探寻那未知的秘境。

四、寻踪阅读——坐观垂钓者：孟浩然诗选读

下面，我们从中观层面，也就是从某一位诗人的人生轨迹角度，通过"读人·读诗·读时代"的方式，进行一些"寻踪阅读"，这样，我们的阅读收获将更多。

这里，笔者以孟浩然诗歌为例略谈。

1. 作者简介

孟浩然（689—740年），字浩然，号孟山人，襄州襄阳（今湖北襄阳）人，唐代著名的山水田园派诗人，世称"孟襄阳"。与张九龄、王维、李白、杜甫、王昌龄等人关系甚好。其诗作《春晓》《早寒江上有怀》《宿建德江》《过故人庄》《望洞庭湖赠张丞相》等，都是脍炙人口的名篇。有《孟浩然集》三卷传世。

2. 读人·读诗

谈起孟浩然，我们会很自然地吟诵起童谣一般的《春晓》。

春　晓

春眠不觉晓，处处闻啼鸟。
夜来风雨声，花落知多少。

《春晓》一诗以清新自然、明快流畅的语言，描绘了春天清晨的景象，表达了诗人对春天的热爱和怜惜之情。

"春眠不觉晓，处处闻啼鸟"一句，通过听觉感受，生动地描绘了春天清晨的鸟鸣声，让读者如临其境、如闻其声，感受到春天的气息。而"夜来风雨声，花落知多少"则暗示了春天的短暂和无常，进一步表达了诗人对春天的珍惜和热爱。这首诗也启示我们，要珍惜生命中的每一个美好瞬间。

闻一多在《唐诗杂论》中这样评价孟诗："淡到看不见诗了，才是真正孟浩然的诗。"《春晓》就是这样的一首"淡到看不见诗"的天然之作。

为了更全面地了解孟浩然，更深入地理解孟浩然的诗，这里，我们以"年谱"的形式来"读人·读诗"。

689年，孟浩然出生于襄阳城中一个薄有恒产的书香之家。他自幼聪慧好学，深受家学熏陶，展现出对诗歌的浓厚兴趣。

698年，孟浩然开始与弟弟一起读书学剑。他勤勉刻苦，期望有朝一日能够施展才华，实现抱负。

708年，孟浩然年满20岁，开始游历鹿门山，作《题鹿门山》诗："清晓因兴来，乘流越江岘。沙禽近初识，浦树遥莫辨。渐到鹿门山，山明翠微浅。岩潭多屈曲，舟楫屡回转……"这首诗标志着他独特的诗风基本形成：清新自然，意境深远。

711年，孟浩然23岁，与张子容（襄阳人）同隐鹿门山，过着简朴的隐居生活。在此期间，他深入自然，感受山水之美，创作了《夜归鹿门歌》等山水田园诗。"山寺钟鸣昼已昏，渔梁渡头争渡喧……岩扉松径长寂寥，惟有幽人自来去。"诗句描述夜归鹿门山的所见所闻所感，抒发了隐逸情怀。

712年，孟浩然开始漫游求仕生涯。冬天，他送别张子容应考进士，并作诗《送张子容进士赴举》："夕曛山照灭，送客出柴门……"以此表达自己对友人张子容的祝愿和惜别之情。此后，孟浩然辞亲远行，漫游长江流域，广交朋友，拜谒公卿名流，寻求进身之机。《早寒江上有怀》《宿建德江》应当是作者漫游长江时的两首诗作。

早寒江上有怀

木落雁南度，北风江上寒。

我家襄水曲，遥隔楚云端。

乡泪客中尽，孤帆天际看。

迷津欲有问，平海夕漫漫。

《早寒江上有怀》是一首怀乡思归的抒情诗。这首诗通过描绘落叶、大雁、北风等自然景象，营造了一种凄凉、孤独的氛围，使读者能够感受到诗人内心的孤独和思乡之情。"迷津欲有问，平海夕漫漫"，想必更多的是作者表达自己求仕之路的迷茫吧。

宿建德江

移舟泊烟渚，日暮客愁新。
野旷天低树，江清月近人。

这首诗是孟浩然在旅途中停宿于建德江畔时所作。当时他怀揣着对自然和生活的热爱，以及仕途上的失意和漂泊的孤独，写下了这首广为流传的《宿建德江》。这首诗以"宿"字为诗眼，通过描绘日暮时分的江景，抒发了诗人旅途中的孤独和思乡之情。

孟浩然的漫游生活延续多年。他游历各地名胜古迹、乡村田舍，亦与友人饮酒题诗。《过故人庄》就是其中一首。

过故人庄

故人具鸡黍，邀我至田家。
绿树村边合，青山郭外斜。
开轩面场圃，把酒话桑麻。
待到重阳日，还来就菊花。

这首诗用简洁自然的语言，描述了诗人去拜访一位乡村老朋友的情景。该诗通过孟浩然的笔触，让我们感受到了田园生活的宁静和美好，以及朋友之间的深厚情谊。

718年，孟浩然在家中闲居。他用诗歌表达对清贫和失意的感慨，渴望有人能向皇帝推荐他，但未能如愿。

722年，孟浩然漫游至长安，寻求仕途发展。然而，他不愿逢迎权贵，未能得到皇帝的赏识和重用。尽管如此，他在长安期间结识许多文人墨客，相互唱和，诗歌技艺得到进一步提升。

724年，唐玄宗在洛阳，孟浩然便前往，欲寻求官职。但他在洛阳逗留了三年，最终一无所获。

725年，李白离开蜀地，游历洞庭湖和襄汉地区，期间与孟浩然结识并成为好朋友，两人友谊深厚无比，有诗为证。

赠孟浩然

李　白

吾爱孟夫子，风流天下闻。
红颜弃轩冕，白首卧松云。
醉月频中圣，迷花不事君。
高山安可仰，徒此揖清芬。

726年3月，孟浩然游历扬州，途经武昌，不期遇到了李白。李白在黄鹤楼上为孟浩然送行，并以一诗为纪念。

黄鹤楼送孟浩然之广陵

李　白

故人西辞黄鹤楼，烟花三月下扬州。
孤帆远影碧空尽，唯见长江天际流。

727年，孟浩然赴长安参加科举考试，期望通过这一途径实现自己的政治抱负。然而，在这次考试中，孟浩然名落孙山。这无疑是一次沉重的打击。不过，这一年他结识了王维，两人成了忘年之交。

尽管科举不中，孟浩然并未放弃追求政治理想的愿望。他继续留在长安,通过献赋等方式寻求赏识和机会。他的才华和诗名逐渐在公卿间传开,甚至引起了唐玄宗的注意。

  据说孟浩然去拜访王维,两人正谈诗论道,恰逢唐玄宗突然来到,孟浩然惊避床下。王维不敢隐瞒,据实禀告,唐玄宗命孟浩然出来相见。毫无心机的孟浩然,吟诵自己的《岁暮归南山》,至"不才明主弃"一句时,玄宗很不高兴:"卿不求仕,而朕未尝弃卿,奈何诬我!"孟浩然虽然没有丢掉自己的性命,但他的政治梦想暂时破灭。

  《岁暮归南山》到底是怎样的一首诗呢?我们来看看它的全貌。

岁暮归南山

北阙休上书,南山归敝庐。
不才明主弃,多病故人疏。
白发催年老,青阳逼岁除。
永怀愁不寐,松月夜窗虚。

  《岁暮归南山》是孟浩然在人生低谷时所作。诗中表达了他对政治理想的失望和回归自然的渴望。因为这次遭遇,孟浩然被迫返回襄阳。

  729 年,孟浩然游历了洛阳,并在夏季乘船游览了风景如画的吴越地区。期间,他感慨万千,写了《自洛之越》一诗。

自洛之越

遑遑三十载,书剑两无成。
山水寻吴越,风尘厌洛京。
扁舟泛湖海,长揖谢公卿。
且乐杯中物,谁论世上名。

  《自洛之越》一诗描述了诗人从洛阳到越地(今浙江一带)的旅程和他的心境变化。这首诗表达了诗人对过去 30 年生活的感慨,对繁华都市生活的厌倦，以及追求自由、享受当下的决心。

733 年，孟浩然再次前往长安寻求仕途机会。张九龄与孟浩然、王维为忘年之交。孟浩然写了《望洞庭湖赠张丞相》一诗赠给张九龄，希望得到他的引荐和帮助，以实现自己的政治理想。

望洞庭湖赠张丞相

八月湖水平，涵虚混太清。
气蒸云梦泽，波撼岳阳城。
欲济无舟楫，端居耻圣明。
坐观垂钓者，徒有羡鱼情。

孟浩然在诗中并没有直接表达自己的政治诉求，而是通过描绘自然景观和隐喻手法，将自己的情感和抱负融入其中，传达自己对于政治舞台的向往和渴望。整首诗情感丰富，意境深远，是一首千古名作。然而，这次长安之行，孟浩然并未能成功入仕。于是，他选择了回到故乡襄阳。这次失败并未让他气馁，反而激发了他对自然的热爱和对生活的热情。

735 年，韩朝宗担任襄州刺史。他十分欣赏孟浩然的才华。为了推荐他入仕，韩朝宗特意邀请他参加饮宴。然而，孟浩然考虑到自己之前京城拜谒张九龄未果的经历，认为即使是刺史也无法让他成功入仕。因此，他并未赴约。同年，李白来到襄阳与孟浩然游玩。李白离开后，孟浩然决定入蜀游玩，继续他的漫游生涯。

736 年，孟浩然回到襄阳。此时的他已年近 50，但仍然保持着对诗歌的热爱和创作激情。他在襄阳期间创作了《秋登兰山寄张五》等名篇。

737 年，张九龄担任荆州长史，孟浩然受到邀请加入张九龄幕府。但不久后，孟浩然选择回到了自己的故乡。

738 年，孟浩然在荆州一带游览了许多地方。但这一年夏天，他不幸患上了背疽，只能躺在襄阳休养。到了第二年，病情有所加重。

740 年，王昌龄因为贬官路过襄阳，特地拜访了孟浩然，两人的相见非常愉快。当时，孟浩然的背疽已经接近痊愈，但过量饮酒并食用了一些不利于康复的食物，导致病情复发，最终逝世，终年五十有二。

孟浩然的一生虽然未能实现仕途上的显赫成就，但他在诗歌领域的贡献却是不可磨灭的。他的诗作以自然山水、田园风光为主题，风格清新自然，意境深远，对后世影响深远。他被誉为"诗中的隐者"，成为盛唐山水田园诗派的第一人。

3. 回顾·传承

孟浩然作为唐代著名的山水田园诗人，他的诗歌充满了自然之美与人文情感，对后世产生了深远影响。下面，我们从不同角度探讨孟浩然的诗歌及其在现代社会的意义。

孟浩然的诗歌以其清新自然、意境深远而著称。比如，《春晓》一诗，诗人通过细腻入微的笔触，描绘出春天早晨的宁静与美好，让读者仿佛置身于那生机盎然的场景中。这种对自然的热爱与敬畏，提醒我们要珍惜并保护自然环境。

孟浩然的诗歌中充满了对人生的深刻思考。比如，《早寒江上有怀》一诗，以大雁南飞为象征，表达了诗人对家乡的思念和对人生的感慨。这种思乡之情和对人生的反思，在快节奏的现代社会中同样具有普遍性。《宿建德江》一诗中，诗人独自泊舟于烟波浩渺的江面上，展现了他孤独而深沉的内心世界。这种对个性与情感的表达，使孟浩然的诗歌具有独特的艺术魅力，能够触动读者的心灵。

孟浩然的诗歌体现了对友情的珍视。《过故人庄》一诗中，诗人描述了与友人相聚的欢乐时光，展现了他对友情的珍视和感激之情。这种对友情的重视，提醒我们要珍惜身边的友谊。

孟浩然的诗歌具有一定的政治寓意和政治抱负。《岁暮归南山》一诗中，诗人借归隐南山之举，表达了对官场的不满和对自由生活的向往。这种对政治现实的批判与反思，虽然具有一定的时代局限性，但同样能够引发我们对现实社会的思考。而《望洞庭湖赠张丞相》一诗，则体现了孟浩然对仕途的渴望。孟浩然一生都在寻求政治上的支持与推荐,希望能够实现自己的政治抱负。在今天,我们也应该有自己的追求和目标,并为之努力奋斗。奋斗的人生,本身就是一道绝美的风景。

五、宏观梳理

唐诗是中国文学史上一座巍峨的高峰。它不仅在数量上浩如烟海,题材广泛,涵盖了政治、历史、自然、爱情等多个领域,而且在艺术成就上达到了极致。它以韵律和谐、意境深邃、语言精炼著称,展现了唐代诗人卓越的文学才华和深邃的思想情感。这与唐代的政治、经济、文化密不可分。下面,笔者按照唐代不同的历史时期作简要的宏观梳理。

唐诗宏观梳理

- 初唐时期(618—712年),著名诗人包括王勃、杨炯、卢照邻、骆宾王、陈子昂等。
诗歌风格较为古朴、清新,注重音韵和意境的描绘,具有浓郁的民族主义色彩和民族精神。

- 盛唐时期(713—755年),著名诗人包括李白、杜甫、王维、孟浩然、高适、岑参等。
诗歌风格更加豪放、奔放,主题多样,既有对自然风光的赞美,也有对社会现实的深刻反映。

- 中唐时期(756—824年),著名诗人包括白居易、柳宗元、韩愈、刘禹锡、李贺等。
诗歌风格逐渐转向内敛、深沉,更加关注个人情感和佛教哲学等思想。

- 晚唐时期(825—907年),著名诗人包括李商隐、杜牧、温庭筠、韦庄等。
诗歌风格呈现感性抒情的特点,大量关注个人情感和内心世界。

初唐:较为普遍的划分是618年(唐朝建立)至712年(唐玄宗先天元年)。初唐是唐朝的奠基时期,政治、经济、文化等方面逐渐走向稳定,诗歌创作也开始进入一个新的阶段,完成了诗歌声律化过程,奠定了中国诗歌中律诗的形式。初唐时期著名诗人包括王勃、杨炯、卢照邻、骆宾王(初唐四杰),以及陈子昂等。他们的诗歌作品在声律、意境等方面都有较高成就,为唐诗的发展奠定了基础。

盛唐：713年（唐玄宗开元元年）至755年（安史之乱前）。盛唐是唐朝的鼎盛时期，政治清明，经济繁荣，文化昌盛，诗歌创作达到了前所未有的高峰。这一时期出现了大量优秀的诗人和作品，诗歌主题多样，风格豪放。盛唐时期著名诗人包括李白、杜甫、王维、孟浩然、高适、岑参等。这一时期的诗歌作品主题多样，风格豪放，尤其是李白和杜甫的诗歌作品更是达到了唐诗的巅峰。

中唐：756年（安史之乱发生后）至824年（唐穆宗长庆四年）。中唐是唐朝由盛转衰的时期，经历了安史之乱等重大历史事件后，社会动荡不安，诗歌创作也受到了影响。这一时期的诗歌主题更加关注社会现实和个人情感，风格多样。中唐时期著名诗人包括白居易、柳宗元、韩愈、刘禹锡、李贺等。他们的诗歌作品在反映社会现实和个人情感方面有着深刻的见解和独特的艺术风格。

晚唐：825年（唐敬宗宝历元年）至907年（唐朝灭亡）。晚唐是唐朝的衰落时期，政治腐败，社会动荡，诗歌创作也呈现夕阳返照的特点。晚唐时期著名诗人包括李商隐、杜牧、温庭筠、韦庄等。他们的诗歌作品多描写个人情感、怀古追古、佛教思想等，风格感性抒情，充满了对生命和宇宙的深刻思考。

唐代四个时期的诗歌都注重音韵、意境和情感的表达，体现了唐诗的精髓。诗歌主题涵盖了政治、爱情、人生哲理等多个方面。相对而言，初唐时期诗歌风格较为古朴、清新，注重音韵和意境的描绘，具有浓郁的民族主义色彩和民族精神。盛唐时期诗歌风格更加豪放、奔放，主题多样，既有对自然风光的赞美，也有对社会现实的深刻反映。这一时期的诗歌作品在思想性和艺术性上都达到了很高的水平。中唐时期诗歌风格逐渐转向内敛、深沉，更加关注个人情感和佛教哲学等。这一时期的诗歌作品形式更加灵活多变，注重韵律自由和内涵挖掘。晚唐时期诗歌风格呈现感性抒情的特点，大量关注个人情感和内心世界。这一时期的诗歌作品形式同样多样化，但更加注重音韵、意象和情韵，充满了复古之风。这些不同特点构成了唐诗的丰富性和多样性。

考题集锦

1.【2024·湖北省中考题】阅读下面古诗,完成两则批注。

章台①夜思

韦 庄

清瑟怨遥夜,绕弦风雨哀。

孤灯闻楚角②,残月下章台。

芳草已云暮,故人殊③未来。

乡书不可寄,秋雁又南回。

[注释] ①章台,即章华台,在今湖北境内。②楚角,楚地的号角声。③殊,尚,还。

这首诗先写"夜",后写"思"。请结合提示,完成填空题。

(1)批注一:立象尽意。首联、颔联借"清瑟""孤灯""_____""_____"等意象,写尽孤凄悲凉。

(2)批注二:炼字传情。尾联"又"字写出了_____。

◎ 参考答案

(1)楚角;残月。

(2)作者的无限秋思与哀愁,表达了作者无尽的怀人思乡之情。

2.【2024·内江市中考题】阅读杜甫《春望》,完成下面题目。

国破山河在,城春草木深。

感时花溅泪,恨别鸟惊心。

烽火连三月,家书抵万金。

白头搔更短,浑欲不胜簪。

(1)首联的"_____"和"_____"二字描绘出衰败凄凉的景象,虽是写景,但实为抒情。

(2)颔联与白居易的"几处早莺争暖树""乱花渐欲迷人眼"同是写花鸟,二者表达的情感有何不同?请简要分析。

◎ 参考答案

（1）破；深。

（2）颔联"感时花溅泪，恨别鸟惊心"深刻地表达了诗人在国家动荡、战乱频仍的背景下，内心的悲愤与哀愁。花因感伤时事而落泪，鸟因痛恨离别而惊心，诗人借花鸟之景抒发了自己对时局的忧虑和对家人、国家的深切思念。

而白居易的"几处早莺争暖树""乱花渐欲迷人眼"描绘的是早春时节钱塘湖畔生机勃勃的景象。早莺争抢向阳的树木，繁花似锦渐渐使人眼花缭乱，诗人通过细腻的笔触，展现了大自然的美丽与和谐，表达了对春天美景的喜爱和对生活的热爱。

两者虽然都写了花鸟，但杜甫的诗句更多地体现了内心的悲愤与哀愁，而白居易的诗句则更多地展现了春天的生机与活力。这种差异源于两位诗人所处的时代背景、个人经历以及所要表达的主题不同。

3.【2024·新疆维吾尔自治区中考题】古代诗歌阅读。

雁门太守行

李 贺

黑云压城城欲摧，甲光向日金鳞开。
角声满天秋色里，塞上燕脂凝夜紫。
半卷红旗临易水，霜重鼓寒声不起。
报君黄金台上意，提携玉龙为君死。

对这首诗的理解和分析不正确的一项是（　　）

A. 一二句用比喻和夸张渲染战前敌军压境、我军严阵以待的危急形势和紧张气氛。

B. 三四句分别从视觉和听觉写出战争规模大、战斗持续久，正面写出战争的悲壮。

C. 最后两句用燕昭王招揽贤士的典故，含蓄表达将士们舍生忘死、报效朝廷的决心。

D. 这首诗把一场战争高度集中在昼夜的时间里加以表现，构思奇特，想象丰富。

◎ 参考答案

B。

◎ 解析

B项错误。三四句分别从听觉（角声满天）和视觉（燕脂凝夜紫）的角度描绘了战场的景象，但这两句诗并没有正面写出战争的悲壮，而是通过对战场环境的描绘，烘托出战争的惨烈和悲壮氛围。此外，"战争规模大、战斗持续久"这一解读也过于笼统，没有准确捕捉到诗句的深层含义。

4.【2024·辽宁省中考题】阅读下面两首诗，完成下面题目。

甲：

白雪歌送武判官归京

岑 参

北风卷地白草折，胡天八月即飞雪。
忽如一夜春风来，千树万树梨花开。
散入珠帘湿罗幕，狐裘不暖锦衾薄。
将军角弓不得控，都护铁衣冷犹著。
瀚海阑干百丈冰，愁云惨淡万里凝。
中军置酒饮归客，胡琴琵琶与羌笛。
纷纷暮雪下辕门，风掣红旗冻不翻。
轮台东门送君去，去时雪满天山路。
山回路转不见君，雪上空留马行处。

乙：

送边将

李 频

防秋戎马恐来奔，诏发将军出雁门。
遥领短兵登陇首，独横长剑向河源。

悠扬落日黄云动，苍莽阴风白草翻。

若纵干戈更深入，应闻收得到昆仑。

下面对两首诗的理解和分析不正确的一项是（　　）

A. 甲诗分别描写了饯别时、临别时以及送别后的雪景，三次描写巧妙地转换了时空。

B. 乙诗中的"出""登"二字展现了边将接到诏书后踏上征途奔赴战场的飒爽英姿。

C. 两首诗都描写了黄昏之景，又分别借助意象"暮雪"和"黄云""白草"勾画雪景。

D. 两首诗都是送别诗，甲诗表达对友人的不舍之情，乙诗表达对边将得胜的期待。

◎ 参考答案

A。

◎ 解析

本题考查诗歌鉴赏。甲诗中有四处提及"雪"，分别是送别之前的雪景、饯别之时的雪景、临别时刻的雪景，以及送别之后的雪景。四次描写巧妙转换了时空，用画面展现了不可直观的别情。

5.【2022·日照市中考题】阅读下面两首诗歌，完成下面小题。

晚　春

韩　愈

草木知春不久归，百般红紫斗芳菲。

杨花榆荚无才思，惟解漫天作雪飞。

移家别湖上亭

戎　昱

好是春风湖上亭，柳条藤蔓系离情。

黄莺久住浑相识，欲别频啼四五声。

（1）下列对两首诗的理解与分析，不正确的一项是（ ）

A. 两首诗描绘的都是春景。在诗人们笔下，草木仿佛都有了情思，成了精灵。

B. 朴实无华的杨花榆荚也不甘寂寞，像雪花般漫天飞舞，寥寥数笔，风光满眼。

C. 黄莺频频啼叫，在诗人戎昱看来，是它在离别之际向久住的湖上亭告别。

D. 韩愈诗语言轻灵，戎昱诗风格清新。两首诗构思角度新颖，读起来饶有情趣。

（2）《晚春》中的"斗"字和《移家别湖上亭》的"系"字用得生动传神，请从拟人手法的角度分别加以赏析。

◎ 参考答案

（1）C。

◎ 解析

黄莺频频地啼叫，在诗人戎昱看来，是它在离别之际，向"我"告别，而不是向住的湖上亭告别。

（2）在《晚春》中，"草木知春不久归，百般红紫斗芳菲"一句，诗人用"斗"字来描绘晚春时节花草树木竞相开放、争奇斗艳的情景。这个"斗"字，将花草树木赋予了人的竞争意识，仿佛它们也在为春天的离去而奋力一搏，展现出一种生机勃勃、不甘落后的生命力。这种拟人化的手法，使诗句充满了趣味性和画面感，让读者能够更直观地感受到晚春时节的繁华与热闹。

而在《移家别湖上亭》中，"好是春风湖上亭，柳条藤蔓系离情"一句，诗人用"系"字来表达自己对湖上亭的依恋之情。这里的"系"字，将柳条藤蔓赋予了人的情感和行为，仿佛它们也在为主人的离去而依依不舍，用自己的枝条和藤蔓来挽留主人。这种拟人化的手法，不仅使诗句更加生动形象，还巧妙地传达了诗人对湖上亭的深厚感情和离别时的惆怅与不舍。

6.【2022·枣庄市中考题】 阅读下面两首诗歌，完成下面小题。

甲：

春 望

杜 甫

国破山河在，城春草木深。
感时花溅泪，恨别鸟惊心。
烽火连三月，家书抵万金。
白头搔更短，浑欲不胜簪。

乙：

我爱这土地

艾 青

假如我是一只鸟，/我也应该用嘶哑的喉咙歌唱：/这被暴风雨所打击着的土地，/这永远汹涌着我们的悲愤的河流，/这无止息地吹刮着的激怒的风，/和那来自林间的无比温柔的黎明……/——然后我死了，连羽毛也腐烂在土地里面。/为什么我的眼里常含泪水？/因为我对这土地爱得深沉……

（1）对诗歌理解不正确的一项是（　　）

A. 杜甫长于律诗，有"杜律"之称。《春望》为五言律诗，表达了忧国伤时、念家悲己之情。

B. 艾青是"土地的歌者"，代表作《我爱这土地》，诗节形式自由，句子长短错落，不讲究押韵和对仗。

C. 甲诗颈联写出了战争离乱中人们共有的一种心情，能够引起广泛的同情和共鸣。

D. 两首诗都是基调沉郁、感情凝重，深沉中蕴含着炽烈昂扬，悲愤中预示着新生希望。

（2）甲诗以"_____"字领起前四句，由远及近，视域开阔；乙诗以"_____"一词统领四句，由近及远，虚实相映，以声夺人。

（3）情到深处，诗人"泪目"。杜甫和艾青之"泪"有什么相通之处？

◎ 参考答案

（1）D。

◎ 解析

D项不正确,虽然两首诗都表达了深沉的悲愤和对未来的某种期待,但它们的基调并不完全相同。《春望》更多地体现了杜甫在安史之乱中的个人感受,基调更为沉郁和哀伤,虽然结尾有对未来的忧虑,但并未明显预示新生希望。而《我爱这土地》则通过象征和比喻的手法,表达了对祖国深沉的爱和对未来的坚定信念,虽然基调也是沉郁的,但其中蕴含着更强烈的激昂和期待新生的情感。因此,将两首诗的基调完全等同起来是不准确的。

(2)望;歌唱。

(3)因为他们都有一腔爱国热情,而且国家都在遭受战争的摧残。

图书在版编目（CIP）数据

特级教师思维导图名著领读/吴再柱著. —上海：华东师范大学出版社，2025.
— ISBN 978-7-5760-6005-8

I. G634.333

中国国家版本馆 CIP 数据核字第 2025D18M41 号

大夏书系 | 阅读教育

特级教师思维导图名著领读

著　　者	吴再柱
策划编辑	张　宁
责任编辑	潘琼阁
责任校对	杨　坤
封面设计	奇文云海·设计顾问

出版发行	华东师范大学出版社
社　　址	上海市中山北路 3663 号　邮编　200062
网　　址	www.ecnupress.com.cn
电　　话	021-60821666　行政传真 021-62572105
客服电话	021-62865537
邮购电话	021-62869887
地　　址	上海市中山北路 3663 号华东师范大学校内先锋路口
网　　店	http://hdsdcbs.tmall.com/

印 刷 者	北京密兴印刷有限公司
开　　本	700×1000　16 开
印　　张	20
字　　数	296 千字
版　　次	2025 年 5 月第一版
印　　次	2025 年 5 月第一次
印　　数	3 100
书　　号	ISBN 978-7-5760-6005-8
定　　价	82.00 元

出 版 人　　王　焰

（如发现本版图书有印订质量问题，请寄回本社市场部调换或电话021-62865537联系）